ÉTUDE

DROIT DE LA GUERRE

DE GROTIUS

PAR

L'abbé V. HÉLY

LICENCIÉ EN THÉOLOGIE, DOCTEUR ÈS LETTRES

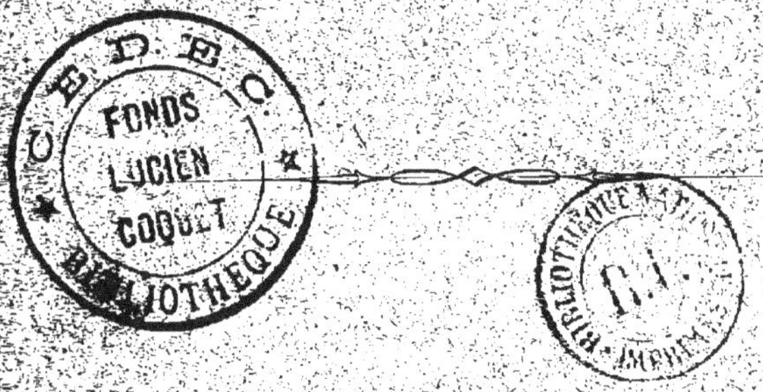

GUILLAUMIN ET C⁰, LIBRAIRES,

Éditeurs du *Journal des Économistes*, de la *Collection des principaux Économistes*,
du *Dictionnaire de l'Économie politique*, etc.

RUE RICHELIEU, 14.

1875

ÉTUDE

SUR LE

DROIT DE LA GUERRE

DE GROTIUS

PAR

L'abbé V. HÉLY

LICENCIÉ EN THÉOLOGIE, DOCTEUR ÈS LETTRES

PARIS

IMPRIMERIE JULES LE CLERE ET Cie
RUE CASSETTE, 29.

1875

A

SA GRANDEUR

MONSEIGNEUR THIBAUDIER

ÉVÊQUE DE SIDONIE

COADJUTEUR DE Mgr L'ARCHEVÊQUE DE LYON

ÉTUDE

LE DROIT DE LA GUERRE

DE GROTIUS

PRÉAMBULE

La période de soixante-deux ans qui s'étend de 1583 à 1645, dates de la naissance et de la mort de Grotius, est riche en hommes et en événements.

En effet, elle vit naître, briller ou mourir Sixte-Quint et Grégoire XV; Henri III, Henri IV, Louis XIII, Louis XIV, Philippe II, Charles Ier, Gustave Adolphe; Richelieu, Mazarin, Oxenstiern; Condé, Turenne, Wallenstein, Bernard de Weimar; Bacon, Galilée, Képler, Descartes, Pascal, Bossuet, Malebranche; Corneille, Racine, Shakespeare, Milton, Lope de Véga, Le Camoëns, etc., etc.

Elle vit les vingt-cinq dernières années de la guerre de l'indépendance des Provinces-Unies; les troubles de la Ligue et la guerre de trente ans; les batailles de Coutras et d'Ivry, de Rocroy, de Fribourg, de Lutzen; les siéges fameux de La Rochelle et d'Ostende; les assassinats de Guillaume d'Orange, de Henri III, de Henri IV, de Marie Stuart, de Barneweld et de Wallenstein.

1

C'est alors que les Français et les Anglais s'établirent dans l'Amérique du Nord, les Jésuites au Paraguay et les Hollandais aux Indes Orientales.

C'est alors que Galilée inventait le microscope et Salomon de Caus les machines à vapeur.

C'était un temps d'études et de découvertes, de vices et de vertus, de crimes et de dévouements. C'était encore la renaissance et déjà le grand siècle.

Or, au milieu de ces illustres personnages, Grotius ne parut pas sans éclat ; et son livre *du Droit de la guerre et de la paix* ne resta pas inaperçu parmi ces grands événements. De nos jours même, ni l'œuvre ni l'auteur ne sont tombés dans l'oubli ; et, à deux cent cinquante ans d'intervalle, on peut entendre encore, comme des échos lointains de leur ancienne renommée, les louanges que leur décernent de fidèles et parfois trop enthousiastes admirateurs.

Dès son enfance, Grotius est regardé comme un prodige. A quinze ans, il est proclamé par Henri IV le miracle de la Hollande. Tout jeune encore, il est honoré dans sa patrie, de hautes fonctions administratives. Il lutte, de concert avec Barneveld, contre l'ambition du capitaine général. Il se fait le promoteur et l'apôtre de la paix politique et religieuse. Ses services sont désirés par plusieurs cours de l'Europe, et il devient ambassadeur de Suède à Paris. Il est tout ensemble littérateur, poëte, historien, jurisconsulte, politique, philosophe et théologien. On l'appelle un grand homme, un initiateur, un génie, le père du droit de la nature et des gens, et la postérité accepte et répète ces jugements.

Quant au livre, il produit à son apparition, en 1625, une émotion extraordinaire. Comme le *Cid* de Corneille, on le traduit dans la plupart des langues de l'Europe. On en fait des abrégés, des catéchismes, des commentaires détaillés. On le publie bientôt, avec les notes comparées de divers interprètes, comme un texte antique et précieux. L'Université de Heidelberg crée une chaire spéciale pour l'expliquer. Il devient le manuel des avocats et des juges, le vade-mecum des rois, le code juridique le plus autorisé, la somme universelle du droit naturel, du droit des gens, du droit public, du droit civil, du droit de la guerre et de la paix. Il exerce une influence incontestable. Il imprime un nouvel élan aux études de droit ; et plus d'un professeur, en songeant aux ambassades que valut le *de Jure,* non-seulement à Grotius, mais à de simples commentateurs, croit voir s'ouvrir devant lui, au bout de sa pénible carrière de juriste, le chemin de la fortune et des dignités. Au dire de Hallam, le célèbre traité fait époque dans l'histoire philosophique et même dans l'histoire politique de l'Europe. Enfin, d'après un publiciste plus récent, il change la scène de l'Europe en préparant la paix de Westphalie.

C'est ce livre et cet homme que je me propose d'étudier.

Mais je n'ai pas la prétention de faire connaître l'homme tout entier et de révéler tous ses talents. Je n'essaierai pas de le faire poser en pied au milieu du groupe majestueux de ses contemporains, et dans le cadre splendide des événements qu'il a vus s'accomplir. Laissant à d'autres le soin de montrer en Grotius le littérateur, le poëte ou l'historien, je m'efforcerai de mettre surtout en lumière le promoteur de la paix civile et religieuse, son caractère pacifique qui ne se dément jamais dans les phases si diverses de son existence agitée ; son rôle pacificateur comme fonctionnaire hollandais, comme ambassadeur, comme auteur du *de Jure.* J'exposerai les origines, le but, le caractère pacifique de ce traité célèbre ; je dirai l'accueil qui lui fut fait et les premières influences qu'il exerça.

Ce sera la première partie de cette étude. Dans une deuxième partie, je donnerai l'analyse de ce livre que l'on a si diversement interprété et que l'on n'a pas, ce semble, toujours suffisamment compris. Je mettrai en relief la théorie fondamentale de Grotius sur la guerre, sa nature, ses causes justificatives, ses lois, ses remèdes.

Enfin, dans la troisième partie, j'essaierai d'abord d'apprécier d'une manière absolue la valeur des idées de Grotius ; puis je déterminerai son mérite relatif, en demandant à l'histoire ce qu'il doit à ses devanciers et en le comparant à ses successeurs. Si, après cet examen, l'impartiale vérité m'empêche d'attribuer au grand jurisconsulte le titre de père du droit naturel et des gens qu'on s'est plu à lui décerner, du moins je revendiquerai pour lui une gloire qui ne me paraît pas moindre et à laquelle on ne songeait pas assez, la gloire des pacificateurs, qui lui assigne une place d'honneur auprès de Henri IV et de Sully, d'Emeric Lacroix, de l'abbé de Saint-Pierre, de Kant et des autres illustres *amants* de la paix.

PREMIÈRE PARTIE

ETUDE HISTORIQUE

Il y avait sur le tombeau de Virgile un distique qui résumait avec un merveilleux laconisme la vie du poëte et ses œuvres :

Mantua me genuit....., etc.

Grotius imita Virgile en composant lui-même son épitaphe :

Grotius hic Hugo est : batavus, captivus et exsul,
Legatus regni, Suecia magna, tui.

Ces deux vers un peu durs marquent les principales périodes de l'histoire de leur auteur : sa jeunesse et sa vie de fonctionnaire en Hollande; sa vie anxieuse et laborieuse de captif et d'exilé; son rôle d'ambassadeur et de pacificateur.

Ce sera le programme de cette courte étude.

CHAPITRE PREMIER

JEUNESSE DE GROTIUS.

Le protestant hollandais Huig van der Groot, plus connu sous le nom de Grotius, naquit à Delft, en 1583, juste un siècle après Luther. Il avait pour bisaïeul un gentilhomme franc-comtois qui, pendant un voyage, épousa la fille d'un bourgmestre de Delft, à condition de donner aux enfants futurs le nom de leur mère, parce que ce nom rappelait des distinctions civiles et des illustrations de famille. Le gentilhomme s'appelait des Cornets, et Grotius se faisait gloire d'avoir du sang *français* dans les veines[1]. Jean de Groot, le père de Grotius, fut curateur de l'Université de Leyde et docteur en droit. C'est lui qui dirigea la première éducation de son fils avec l'aide d'un précepteur. A douze ans, l'enfant suit les cours de l'Université de Leyde, où il étudie trois ans sous les Junius et les Scaliger. A quatorze ans, grâce à une précoce intelligence, à un travail opiniâtre et à des maîtres habiles, il se trouve en état de soutenir des thèses de mathématiques, de jurisprudence et de philosophie. Le chœur des littérateurs et des poëtes se met à le célébrer. On le compare à Erasme ; on l'appelle prodigieux génie ; on dit que son enfance a tous les dons précieux de l'âge mûr[2]. Il y a certainement de l'exagération poétique dans ces louanges des Fontanus, des Meursius et des Douza ; mais il est incontestable que Grotius fut d'une étonnante précocité d'esprit et qu'il secondait par un travail extraordinaire, ses puissantes facultés. Souvent, dit-il lui-même, dans l'une de ces poésies charmantes composées pour d'aimables anniversaires de famille, souvent mon père m'apprit à dérober à la nuit du temps pour mes études, et à diminuer mon sommeil pour augmenter ma vie[3].

N'est-ce pas une consolation pour le vulgaire de voir ceux qu'on appelle des hommes de génie s'astreindre à un labeur constant et démontrer que le génie impose un lourd fardeau et n'est qu'une longue patience ?

Dès l'âge de quatorze ans, le jeune travailleur nocturne, qui avait pris pour devise de sa vie âpre et dévorante ces mots caractéristiques : *Ruit hora*, préparait une édition de Capella, une véritable encyclopédie. Dans sa préface, le jeune érudit déclare qu'il a mis en parallèle avec Capella tous les

---

[1] Lettre 264, 1er recueil. Amsterdam, 1687.
[2] DE BURIGNY, *Vie de Grotius*, t. I, p. 13. Paris, 1752.
[3] *In natalem Patris*.

auteurs qui ont traité les mêmes sujets : pour la philosophie et la grammaire, Apulée, Albéric et une multitude d'autres qu'il serait trop long d'énumérer ; pour la rhétorique, Cicéron et Aquila ; pour la dialectique, Porphyre, Aristote, Cassiodore, Apulée ; pour la géographie, Strabon, Mela, Ptolémée, Pline… ; pour l'arithmétique, Euclide ; pour l'astronomie, Hygni ; pour la musique, Cléonides, Vitruve, Boëce…, etc., etc.

Grotius était donc déjà célèbre lorsqu'il accompagna en France le grand pensionnaire Barneveld qui venait prier Henri IV de rompre les conférences de Vervins pour prendre la défense des Pays-Bas contre l'Espagne. Le roi distingua le jeune savant. Il lui fit cadeau de son portrait orné d'une chaîne d'or, et l'appela gracieusement le « miracle de la Hollande [1]. »

Le Béarnais s'était montré moins hautain que les fiers ministres qui gouvernèrent après lui, et qui refusèrent de donner la main à Grotius devenu ambassadeur.

Ce fut pendant ce voyage en France que Grotius se fit recevoir docteur en droit. Il plaida sa première cause à Delft, sa ville natale. Mais la carrière du barreau avait peu d'attraits pour le littérateur passionné et l'ami de la paix [2]. En 1600, il publie une édition des *Phénomènes* d'Aratus, au moins aussi savante que celle de Capella. Aussi tous les admirateurs du Capella s'extasièrent-ils de nouveau devant l'Aratus. L'auteur, à cette occasion fut comparé à Phébus Apollon.

Il ne tarda pas à prendre la lyre pour chanter le fameux siége d'Ostende dans une ode que traduisit Malherbe [3].

> Toute la question n'est que d'un cimetière :
> Prononcez hardiment qui le doit posséder.

C'était un premier trait contre la guerre.

A cette prosopopée d'Ostende s'ajoutèrent des épigrammes et des tragédies qui furent portées aux nues par des admi-

[1] Burigny, t. I, p. 34.
[2] *Minime convenit tam pacato.* Lettre 146.
[3] *Mémoires de Du Maurier*, t. II, p. 286. Londres, 1754.

rateurs enthousiastes. L'un d'entre eux appelait Grotius « le prêtre de Thémis et la coqueluche des muses [1] ».

Le prêtre de Thémis, tant vanté par ses amis, eut le malheur de déplaire à Balzac pour avoir mis en vers les *Instituts* de Justinien. Evidemment Balzac se montrait trop sévère à l'égard de ces jeux poétiques qui n'ôtaient rien au mérite du jurisconsulte et du littérateur [2]. Aussi les concitoyens de Grotius lui confièrent-ils successivement les fonctions d'historien des Provinces-Unies et d'avocat général du fisc pour la Hollande et la Zélande.

C'était en 1607. Grotius n'avait que vingt-quatre ans. Deux ans après, il épousait cette Marie de Reigesberg qui partagea avec tant de dévouement son orageuse et changeante fortune. Mais alors il était heureux. Avocat de deux provinces et historien de son pays, il prit ses fonctions au sérieux. Il essaya de conférer des titres de noblesse à la jeune République batave en prouvant sa haute antiquité [3]. Il revendiqua pour ses compatriotes, dans son traité *de la Liberté de la mer*, le droit de naviguer partout, et réduisit à néant les prétentions égoïstes des Anglais. Enfin, il commença cet ouvrage où il mit tant d'exactitude et d'impartialité et dont il s'occupa toute sa vie, je veux dire les *Annales de la guerre de l'Indépendance*.

En 1613, Grotius fut nommé pensionnaire de Rotterdam. Les horizons s'élargissaient devant lui. Il devenait un personnage politique. Sa nouvelle dignité lui conférait le droit d'entrer aux Etats de Hollande et aux Etats généraux. Il remplaçait à Rotterdam Elie Oldenbarneveld, frère de cet illustre Barneveld qu'il avait accompagné à la cour de France, et qui était luimême grand pensionnaire ou avocat général de Hollande. La similitude des fonctions resserra entre Grotius et Barneveld les liens d'une affection et d'une estime déjà anciennes. Les deux amis devaient se trouver bientôt réunis dans la communauté du malheur. Ils devaient être victimes de ces querelles religieuses qui, depuis Luther, avaient fait verser tant de

[1] Baudius, lettre 100.
[2] Balzac, lettre 12.
[3] *De Antiquitate reipublicæ Bataviæ.*

sang catholique ou protestant. Mais, cette fois, c'était le protestantisme qui se frappait lui-même, et nourrissait la discorde dans son sein.

Deux professeurs distingués de l'Université de Leyde, Arminius et Gomar, soutenaient des opinions contraires sur la grâce et la prédestination [1]. Gomar enseignait la prédestination absolue, la nécessité indispensable de la grâce divine, et l'impuissance radicale de la nature humaine pour le bien. Arminius, lui, professait une doctrine plus humaine et plus vraie, plus compatible avec la bonté de Dieu et la liberté de l'homme [2].

C'était, avec quelques modifications, cette vieille querelle qu'avaient commencée Pélage et S. Augustin et qui devait diviser encore les jansénistes et les jésuites.

La dispute des deux professeurs de Leyde n'occupa pendant un certain temps que les élèves de l'Université ; puis elle retentit dans la ville et passionna bientôt toute la Hollande. Elle allait prendre le caractère et les proportions d'une lutte politique, d'une guerre civile.

Dès l'année 1609, Grotius avouait dans une lettre qu'il ne comprenait rien à toutes ces subtilités théologiques. Il ne laissa pas toutefois de s'en mêler. Il se posa en juge des controverses religieuses. Et pourquoi pas ? n'était-il pas magistrat ? Or, c'était un des dogmes d'Arminius que l'Eglise doit être soumise à l'État ; que le pouvoir civil, armé des deux glaives spirituel et temporel, est juge suprême de la foi et a le devoir de mettre fin aux troubles.

C'est l'idéal de l'Église anglicane. C'était celui d'Aristote : car, dit ce maître suprême, c'est à l'État qu'il appartient de surveiller jurisconsultes, médecins, paysans, pharmaciens, prêtres et orateurs.

Cette erreur, Grotius la soutint toute sa vie, tout en déplorant plus d'une fois l'absence, dans son parti, d'un tribunal aussi autorisé et aussi obéi que celui de Rome [3].

---

[1] *Annales de Grotius*, p. 656.
[2] Bossuet, *Histoire des Variations*, liv. XIV, n. 30.
[3] *Opera Grotii*, t. IV, p. 195.

Les gomaristes, eux, défendaient la théorie de Calvin, qui proclame l'indépendance de l'Église, et même sa supériorité sur l'État.

Fidèles à leur doctrine, les arminieus réclament, en 1610, l'appui des États de Hollande; les gomaristes repoussent toute intervention civile. Les États, à l'instigation de Barneveld, conseillent aux partis la tolérance réciproque. La querelle ne fait que s'envenimer davantage. Les adversaires pendant plusieurs années ne cessent de se provoquer.

En 1613, Grotius est allé demander la protection du roi d'Angleterre Jacques Ier. Il a consulté Casaubon, dont il partage l'opinion sur les rapports de l'Église et de l'État. « C'est aux magistrats, aux princes, aux lois à maintenir l'ordre dans l'Église. Quant aux articles de foi, il faut en laisser l'interprétation première à l'Église elle-même et à ses pasteurs, mais le pouvoir souverain a le droit de juger en dernier ressort [1].

En conséquence, Grotius rédige, en 1614, un décret qui est approuvé par les États et qui ordonne de nouveau la modération et la paix [2].

L'édit a pour effet de porter au comble l'irritation des gomaristes et d'augmenter les troubles. C'est alors que le grand pensionnaire croit devoir recourir à la force, et qu'il propose aux États de lever des troupes pour réprimer les séditieux. C'était presque une déclaration de guerre. Les États de Hollande ratifient la proposition de Barneveld le 4 août 1617. La Hollande va courir aux armes.

Mais Barneveld comptait sans le stathouder. Maurice, nommé capitaine général en 1587, détestait le grand pensionnaire et ne cherchait qu'une occasion de le perdre. Sa haine était ancienne et profonde. Ce Barneveld, grand pensionnaire de Hollande depuis 1586, gouvernait non-seulement la Hollande, mais encore les autres provinces. C'était lui qui passait pour l'organisateur de la république naissante, le défenseur de la liberté, tandis que Guillaume d'Orange, le père de Maurice, le chef du mou-

---

[1] Lettre 28, 1er recueil.

[2] « Decretum pro pace, » etc. *Œuvres de Grotius*, t. IV, p. 141.

vement de 1567, l'ancien capitaine général sous Charles V, le promoteur de l'Union d'Utrecht de 1579, cet acte de naissance de la patrie belge et batave, avait misérablement péri assassiné en 1584! Le bénéfice de la vie et de la mort de Guillaume, c'était Barneveld qui l'avait recueilli. Maurice, il est vrai, avait succédé à son père, [et Barneveld avait même favorisé son élection, mais le service rendu par un tel homme provoquait sa colère, et la reconnaissance du bienfait semblait trop lourde à son orgueil.

Le stathouder avait encore bien d'autres griefs contre son rival. C'était lui, en effet, qui avait négocié la paix de 1609 avec l'Espagne. Il avait fait cause commune avec les ambassadeurs anglais et français qui appuyaient la trêve [1]; il avait envoyé aux archiducs, gouverneurs des provinces espagnoles, ce capucin trop heureux, Jean Ney, qui parvint à obtenir d'eux la reconnaissance des Provinces-Unies [2]. C'était lui, enfin, qui avait fait tomber les armes des mains victorieuses de Maurice, et qui l'avait fait monter dans la même voiture que Spinola [3]. Or Maurice ne voulait pas la paix, mais la guerre, car la guerre c'était pour lui l'influence sur un parti nombreux de la nation : c'était l'égalité entre le chef militaire et le chef civil; c'était la fortune, puisque, pendant les hostilités, ses appointements montaient de 30,000 florins à 120,000; c'était enfin le plus sûr moyen d'arriver au but caressé par son ambition : le principat et la dictature [4].

Tels étaient les motifs qui excitaient la haine de Maurice contre Barneveld, lorsque celui-ci voulut s'immiscer dans les affaires de la milice, en ordonnant des levées de troupes! La mesure, si comble déjà, déborda.

Le stathouder se souciait fort peu des discussions religieuses. Il se fit gomariste, parce que Barneveld était arminien [5].

Maurice avait pour lui les États généraux, une grande partie du peuple et des ministres. Il voulait un synode national pour

[1] Négociations du président Jeannin.
[2] GROTIUS, *Histoires*, p. 607.
[3] GROTIUS, *Histoires*, p. 606, 634.
[4] DUJARDIN, *Histoire des Provinces-Unies*, t. I, p. 301.
[5] DU MAURIER, t. I, p. 106.

dirimer le différend religieux. Les autres défendaient la souveraineté de chaque État, et prétendaient qu'un synode provincial en Hollande devait suffire. C'était la lutte de la fédération contre l'unité, de l'autonomie provinciale contre la centralisation. Cette lutte ne fut pas longue.

En vain Grotius alla exposer à Amsterdam ses théories politiques et religieuses et excita le peuple à résister aux États généraux ; en vain il organisa la défense à Utrecht et à Rotterdam ; Maurice n'eut qu'à faire une promenade militaire à travers les provinces séparatistes, et tout se soumit.

Le 29 août 1618 on put lire à La Haye un placard annonçant que Messieurs les États généraux, pour conjurer le péril qui menaçait les Provinces-Unies et rétablir la paix et la tranquillité, avaient fait emprisonner Jean de Barneveld, Romule Hoogerberz et Hugues Grotius, comme fauteurs des troubles [1].

Or, le plus grand crime des prisonniers, le seul même, était d'avoir été vaincus. Car, l'acte d'union d'Utrecht à la main, ils avaient raison. Chaque province, en entrant dans la confédération, conservait son indépendance, son autonomie, sa souveraineté, en face même des États généraux. Cet acte célèbre ne fondait pas un État, mais des États-Unis ; c'était une confédération semblable à la ligue de Smalkalden, aux amphictions de la Grèce [2]. Grotius et Barneveld voulaient protéger cette forme de république fédérative contre les ambitions de Maurice, qui aspirait à la principauté [3]. Ces juristes s'en tenaient à la formule du droit, au texte de la constitution. Ils voulaient dans les Provinces-Unies le jeu régulier de l'administration municipale, du gouvernement provincial et des États généraux, mais pas de centralisation [4].

Le procès de Barneveld ne dura pas longtemps. Boissise et du Maurier apportèrent, de la part de Louis XIII, des observations au stathouder. « Barneveld m'a offensé personnellement,

---

[1] Burigny, t. I, p. 130.
[2] Grotius, *Apologeticus*; *Annales*, p. 134 ; lettre 86.
[3] Lettre 13, 1er recueil.
[4] Grotius, *Annales*, p. 133.

répondit le vainqueur, et il s'est vanté de me chasser. »

De nouvelles instances de du Maurier, Boissise et Chatillon auprès des États généraux et des juges demeurèrent sans succès. Richelieu n'était pas encore là pour appuyer les envoyés de la France.

Barneveld fut condamné à mort le 12 mai 1619 et exécuté le lendemain. Il parut, dit du Maurier[1], en grande robe de damas noir sur l'échafaud dressé au milieu de la cour du château de La Haye. « Bourgeois, s'écria-t-il, je meurs pour la liberté et les droits de la patrie. » Le bourreau lui abattit la tête d'un seul coup. Le peuple se précipita pour recueillir quelques gouttes de son sang. Maurice était à une fenêtre du palais et regardait le spectacle avec des lunettes de Hollande[2].

L'instruction du procès de Grotius fut confiée aux commissaires qui avaient condamné Barneveld. C'était de mauvais augure. Un des prisonniers, effrayé, se suicida dans le cachot, et son cadavre fut pendu dans son cercueil[3].

L'acte d'accusation de Grotius était à peu près le même que celui de Barneveld ; mais il n'y avait pas contre lui les mêmes haines. Quoiqu'il eût osé, ainsi que sa femme, refuser de demander grâce en face de l'échafaud encore dressé de la victime, on ne condamna cet adversaire moins dangereux qu'à la prison perpétuelle dans une enceinte fortifiée et à la confiscation de ses biens.

C'était le 18 mai 1619. Le 6 juin suivant, il fut incarcéré dans la forteresse de Louvestein, située entre le Vahal et la Meuse. Il avait trente-six ans.

On demandera peut-être ce que devenait, dans ces luttes ardentes au sujet de la politique et de la religion, le grand amour de Grotius pour la paix. Mais on doit se souvenir que c'est précisément son zèle de pacificateur qui le lança au milieu de ces batailles. Il y fut blessé comme le sont souvent ceux qui veulent séparer des combattants.

Il voulait la paix religieuse et politique : ses lettres en font foi.

1 T. 1, p. 240.
2 Du Maurier, t. I, p. 106.
3 Dujardin, t. VII, p. 379.

Celui qui écrivait à Heinsius en 1603 que les procès, « cette image de la guerre, » ne convenaient pas à son caractère pacifique, projetait plus tard en Angleterre avec Casaubon la réunion des Eglises, et rêvait l'harmonie entre ces douze sectes qui avaient fondu toutes ensemble sur la Hollande [1].

Ses lettres du 27 octobre 1613 à Vossius, du 16 juin 1614 à Vytenbogard, un de ses anciens maîtres, sont remplies de ses aspirations à la paix. A de Thou, qui l'exhortait à ne pas prendre part aux querelles religieuses, il répondait en 1615 [2] : « Si j'écris des livres de polémique, ce n'est pas pour sacrifier à un goût naturel, car je ne suis nullement batailleur ; mais c'est pour obéir à je ne sais quelle impulsion supérieure, c'est dans l'intérêt de ma patrie et surtout de ma religion. »

Il déplorait les excès de ces gens, qu'une foi aveugle précipitait dans une révolte impie contre l'Eglise, ou qui, dans l'ordre politique, tombaient de l'oppression tyrannique dans l'anarchie. Il était partisan d'un juste milieu, qu'il appelait médiocrité dorée. Il espérait qu'il n'était pas impossible de rédiger un formulaire que pussent accepter à la fois Français, Anglais, Belges, Suisses, Allemands [3]. Il essaie même un jour, dans ce but, d'entrer en relations avec Molina [4]. Il déclare qu'il ne se décourage pas pour quelques insuccès et quelques déceptions. « Souvent les hommes les mieux intentionnés ne recueillent de leurs travaux que des fruits pleins d'amertume. Mais leurs efforts en faveur de la bonne cause ne doivent pas manquer d'être, quelque jour, couronnés de succès. Les grandes choses sont lentes à se produire..... Pour lui, il est déterminé à poursuivre son entreprise, dont il abandonne l'issue à la Providence.

La pacification religieuse était le but de tous ses travaux théologiques, et de ce fameux « décret pour la paix » qui fut l'origine première de son malheur. Persuadé que la puissance civile avait le droit d'intervenir dans les querelles religieuses,

---

[1] *Annales.*
[2] Lettre 58, 1er recueil.
[3] Lettre 62, 1er recueil.
[4] Lettre 67, 27 novembre 1615, 1er recueil.

il alla jusqu'à mettre la force au service de son idée pacifique, et il commença cette lutte armée où il fut vaincu. Il s'était [1] fait le soldat de la paix.

Quant à la paix civile, il l'avait appelée par ses vœux, et c'est de tout son cœur qu'il s'était associé aux efforts du président Jeannin pour faire conclure la trève de 1609 contre l'Espagne et les Pays-Bas [2].

La paix fut le mobile de tous ses actes pendant cette première période de sa vie. Elle ne cessera pas de l'être pendant sa captivité et son exil.

CHAPITRE II

CAPTIVITÉ ET EXIL DE GROTIUS.

Le prisonnier politique fut d'abord rigoureusement traité. On ne lui assigna, pour son entretien, qu'une somme insignifiante. La femme refusa ce subside mesquin et déclara qu'elle était assez riche pour nourrir son mari. Elle était fière de lui. Son dévouement fut sans bornes. La consigne était d'une extrême sévérité aux portes de la prison. Le père de Grotius lui-même ne réussit pas à la faire lever. Marie de Reigesberg ne put voir son mari qu'à la condition de ne le quitter jamais. Mais ces rigueurs finirent par se relâcher, quand on vit la résignation apparente de cette femme sublime. Elle obtint la permission de sortir deux fois par semaine. Grotius, lui, eut l'autorisation de se procurer des livres. Il chercha une consolation dans l'étude, sa passion favorite. Dès ce moment, théologie, droit, poésie, philologie, son esprit vaste et libre embrasse tout. Il compose en vers hollandais un Traité de la vérité de la religion chrétienne, et un petit Catéchisme à l'usage de ses enfants ; il rédige des Instituts de droit hollandais ; prépare les matériaux de

[1] Lettre 85, 17 novembre 1616.
[2] Lettre 10, 1er recueil.

son Apologie, traduit *Stobée* et les *Phéniciennes* d'Euripide, etc. Dans sa prison, les muses, dit-il, lui paraissent plus aimables que jamais[1].

Près de deux ans se passèrent ainsi. Pendant ce temps, Marie de Reigesberg n'avait cessé de méditer une évasion. Grotius ne paraissait nullement disposé à se sacrifier, comme Socrate, aux lois injustes de son pays. Voici le curieux stratagème qu'inventa l'amour conjugal. On faisait souvent aller et venir, de la ville à la forteresse, un coffre dans lequel Grotius recevait et envoyait des livres et du linge. Longtemps le poste de service visita rigoureusement ce coffre ; puis peu à peu, voyant qu'il ne s'y trouvait jamais rien de suspect, les surveillants devinrent moins attentifs, et cessèrent même entièrement leurs visites. L'évasion projetée devenait possible. Mais que de difficultés encore à surmonter ! Comment, en effet, un homme pourrait-il s'enfermer dans un coffre de trois pieds et demi de longueur, et y demeurer, au risque d'étouffer, pendant un assez long trajet ? Comment échapper à une garnison tout entière ? Quelle main amie ouvrirait au fugitif, une fois arrivé à Gorkum, la porte de son étroite prison ? Le désir de la liberté fait braver tous les dangers. On ménage des trous dans la planche pour laisser passer l'air. Grotius s'exerce à se tenir enfermé autant de temps que doit en demander le voyage, et l'on attend.

Un jour, en l'absence du gouverneur, le bruit court tout à coup que Grotius est malade. Sa femme paraît très-inquiète. Elle se plaint de l'excès de son travail, et obtient la permission de renvoyer ces livres si funestes à sa santé. Grotius est enfermé dans le coffre que deux soldats viennent enlever. L'un d'eux, étonné du poids inaccoutumé, demande s'il n'y a pas quelque arminien caché parmi les livres ; il veut s'en assurer, et fait prévenir la femme du gouverneur. Déjà on parle d'évasion, quand l'ordre arrive de porter le coffre au bateau. Un domestique fidèle accompagne son maître. On traverse une foule immense assemblée pour une kermesse, puis l'on arrive heureu-

[1] Lettre 125, 15 décembre 1619, 1er recueil.

sement à Gorkum chez un ami. Grotius était libre. Sous un habit de maçon ou de menuisier, il se rend en toute hâte à Anvers.

La fuite de Grotius ne mettait fin à sa captivité que pour commencer son exil.

A peine sorti de prison, il écrit à du Maurier, ambassadeur de France en Hollande[1], pour lui annoncer sa délivrance. Sa lettre est joyeuse comme le chant d'un oiseau échappé de sa cage. « Je renais à la vie, dit-il, ouvrons de nouveau notre cœur à l'affection. » Jeannin et du Maurier l'engagent à se réfugier en France, où ils lui promettent la protection de Louis XIII[2].

Grotius vint donc demander l'hospitalité à cette France qui lui avait fait un si gracieux accueil plus de vingt ans auparavant. Il arriva à Paris le 13 avril 1621[3]. Il vit aussitôt le président Jeannin, Boissise, ses autres amis. Tout d'abord il fut enchanté de son nouveau séjour. Il écrit le 14 mai « que son plaisir égale la douleur qu'il a éprouvée dans sa prison, et que la conversation des savants est pour lui une source de jouissances infinies[4]. »

La cour se trouvait alors à Fontainebleau. Grotius reçut de l'évêque du Vair, garde des sceaux, une lettre fort gracieuse[5], à laquelle il répondit[6] en faisant des offres de services. Malheureusement du Vair mourait six semaines après.

La femme de Grotius l'avait rejoint à Paris au mois d'octobre 1621. Il fallait faire quelques frais de représentation auxquels ne suffisaient pas les revenus des époux. Aussi Grotius écrivait-il confidentiellement à du Maurier, le 3 décembre 1621, que si l'on ne venait au plus vite à son secours, il se verrait forcé d'aller chercher quelque établissement en Allemagne, ou de se retirer dans quelque coin ignoré de la France.

C'est alors que commence la période la plus difficile de la vie de Grotius[7]. La curieuse collection de ses lettres nous révèle

[1] De 1613 à 1624.
[2] *Prostant. virorum Epist.*, p. 653-656.
[3] Lettres 136, 1ᵉʳ recueil.
[4] Lettres 138 et 144.
[5] *Præst. virorum Epist.*, p. 393.
[6] Lettre 150.
[7] Lettre 161, 1ᵉʳ recueil.

les angoisses poignantes de cet homme qui méritait des honneurs dans sa patrie, et qui, à l'étranger, outre les peines
morales de l'exil, fut souvent en proie aux vulgaires inquiétudes de la gêne et du dénûment.

Le roi, de retour à Paris, donna audience à Grotius en mars
1622[1] et lui accorda une pension de 3000 livres. Mais cette
pension fut toujours très-irrégulièrement payée par les agents
du fisc, que le titulaire compare malicieusement aux dragons
du jardin des Hespérides[2].

Au milieu de ses sollicitudes, Grotius continuait ses études
chéries[3]. Il publia son *Apologie,* qui lui attira, de la part des États
généraux, une condamnation à mort. Malgré cette animosité de
ses compatriotes, les tracasseries de l'ambassadeur hollandais
à Paris, le magnanime proscrit se montrait dévoué aux intérêts
de sa patrie[4]. Ses bons services lui méritèrent même une lettre
de reconnaissance de la part de Henri de Nassau, frère de
Maurice[5].

Grotius passa le printemps et l'été de 1623 à Balagni, dans
une maison de campagne que le président de Mesme avait
gracieusement mise à sa disposition[6]. C'est là que fut commencé
le *de Jure.*

Puisque l'ordre des temps m'amène à parler de ce traité
célèbre, j'en dirai immédiatement l'origine, l'occasion, le but,
le caractère; je dirai également comment il fut composé, et
comment il fut accueilli du public.

On a dit que c'était Peyresc, conseiller au parlement d'Aix,
qui avait engagé Grotius à écrire le *de Jure.* L'auteur lui écrivait
en effet le 11 janvier 1624 : «Je m'occupe de cet ouvrage que
vous savez sur le droit de la guerre... C'est à vous que la
postérité le devra, puisque c'est vous qui me l'avez fait entreprendre, en voulant bien m'aider[7].»

---

[1] Lettre 319, 1er recueil.
[2] Lettre 32, 2e recueil.
[3] Lettre 572.
[4] Lettre 50.
[5] BURIGNY, I, 222.
[6] Lettre 56, 2e recueil.
[7] Lettre 201, 1er recueil.

Mais l'idée première du traité, Grotius l'avait depuis longtemps. Son génie pacifique la lui suggérait tout naturellement. Le livre n'était que l'expression extérieure, la formule des sentiments intimes de sa jeunesse et de toute sa vie.

Dès l'année 1614 [1] en effet, il invitait son frère, habile jurisconsulte, à noter en marge de ses auteurs de droit tout ce qui aurait rapport au droit de la nature et des gens. Il a lu dans sa prison le traité de Gentilis sur le droit de la guerre [2] ; et, deux mois seulement après son arrivée en France, il demandait à son frère ses cahiers de notes sur le droit public [3].

S'il est des livres qui puissent être regardés comme le produit spontané de l'esprit de leur auteur, s'il en est qui soient le résultat des circonstances et des événements au milieu desquels ils apparaissent, le *de Jure* est de ceux-là.

Reportons-nous à l'année 1623. Grotius est en France depuis deux ans. Il touche, lui étranger, et sans autre mérite que son talent, une pension dont il veut se rendre digne. Il désire s'acquitter à sa manière envers le pays qui l'accueille. Il veut s'illustrer par une œuvre d'éclat qui le tire de sa situation précaire. La guerre de trente ans est déclarée et sévit depuis cinq ans déjà. Celle de l'indépendance des Provinces-Unies n'est terminée que depuis peu seulement, et les désastres qu'elle a occasionnés ne sont pas encore réparés. Grotius est jurisconsulte. Il est ami de la paix et ennemi de la guerre. Il y a quelques années qu'il médite un ouvrage sur le droit. Que fera-t-il ? Un traité du droit de la guerre. Etant donnés Grotius et son temps, la publication du *de Jure* semble toute naturelle. L'intervention du conseiller d'Aix n'était nullement nécessaire. Le fruit eût mûri sans culture étrangère, la flamme eût jailli sans excitation.

« Je voyais, dit Grotius, dans le monde chrétien, une débauche de guerres qui eût fait honte aux nations barbares. Pour les causes les plus légères, et même sans aucun motif,

[1] Lettre 3, 2ᵉ recueil.
[2] Lettre 46, 2ᵉ recueil.
[3] Lettre 146, 28 mai 1621.

on courait aux armes, et, lorsqu'on les avait une fois saisies, on n'observait plus aucun respect ni du droit divin, ni du droit humain. Il semblait qu'une loi générale et fatale déchaînait la fureur des hommes et autorisait tous les crimes [1]. »

Que d'horreurs, en effet, commises dans ces guerres politiques ou religieuses qui duraient plus d'un demi-siècle ! Alors, comme pendant la guerre de cent ans, les hommes devenaient des tigres et désapprenaient l'humanité.

Grotius lui-même a raconté dans ses annales les crimes de la guerre de l'indépendance, et il termine en émettant le vœu que cette histoire si pleine de terribles leçons serve du moins à inspirer aux générations futures l'amour de la paix.

Depuis le jour où Philippe II veut établir l'inquisition dans cette Hollande envahie par toutes les sectes à la fois; où les Gueux méditent la résistance, où le duc d'Albe institue son tribunal de sang, et où Guillaume le Taciturne, pour se venger d'une disgrâce, comme Narsès, et refaire sa fortune, comme Catilina, est redevenu protestant et s'est fait républicain, que de batailles, de siéges, d'incendies pendant plus de quarante ans, jusqu'à la paix tardive de 1609 !! [2]

Ici ce sont les Gueux qui noient les Espagnols deux à deux. Là, c'est le fils du duc d'Albe qui, pour punir Malines d'avoir ouvert ses portes au Taciturne, fait violer les femmes, même les religieuses, et passer au fil de l'épée les habitants, au mépris de la capitulation [3]. Généraux et soldats luttent de férocité [4] : Jean d'Autriche veut étouffer les Hollandais dans leur beurre ; des Espagnols boivent le sang de leurs victimes, et un paysan de Leyde dévore le cœur d'un Espagnol [5] ; Rotterdam, Zutphen, Narden, Maestricht, Anvers sont livrées au pillage, dévorées par le feu, baignées dans le sang. Le siége d'Ostende, qui dure trois ans, ne fait de cette ville qu'un désert et un cimetière [6]. Les troupes espagnoles n'ont pas d'autre solde que le

[1] *De Jure*, Prolégomènes, § 28.
[2] De 1507 à 1609.
[3] Du Maurier, *Mémoires*, t. I, p. 81.
[4] Du Maurier, t. I, p. 117.
[5] Grotius, *Annales*, p. 60.
[6] *Ibid.*, p. 401.

fruit de leur pillage, et, à Malines, des soldats anglais arrachent les marbres des tombeaux pour les vendre en Angleterre [1].

Au moment du rappel du duc d'Albe, en 1574, la guerre a déjà fait périr dix-huit cents Hollandais [2] ; trois ans plus tard, les bandes de don Juan d'Autriche se vantent d'en avoir immolé trente mille en six mois [3]. La malheureuse Hollande était devenue le champ de bataille où luttaient les ambitions rivales de l'Espagne, de l'Angleterre et de la France.

Puis, à ces guerres épouvantables succèdent les querelles politiques et religieuses des Arminiens et des Gomaristes, de Barneveld et de Maurice de Nassau, et enfin la guerre de trente ans qui bouleverse toute l'Europe centrale.

En face de ces débordements des passions guerrières, Grotius, comme si les malheurs publics eussent épuisé ses larmes, déclare un jour qu'il n'en a plus pour sa fille qui vient de mourir.

Or les dangers et les fléaux appellent les remèdes. Comme autrefois la licence des duels avait provoqué des interdictions sévères, de même alors le déchaînement de la guerre demandait une prompte répression.

Plusieurs moralistes, proscrivant la guerre comme un crime, voulurent l'interdire absolument au chrétien, dont le devoir est d'aimer tous les hommes [4].

C'était une réaction excessive provoquée par l'excessive licence.

Grotius, lui, ne voulait pas de remède si radical. Il eût craint de passer pour un utopiste et un rêveur. Il voulait se faire écouter et exercer une influence heureuse sur les mœurs. Il essaya non pas de détruire le mal, mais de le diminuer ; non pas de supprimer la guerre, mais de la réprimer.

Il écrivit le *de Jure*, qui n'est au fond qu'un code de guerre et un projet de paix.

Ce livre fut composé rapidement. Il répondait si bien aux

[1] Grotius, *Annales*, p. 82.
[2] *Ibid.*, p. 54.
[3] *Ibid.*, p. 63.
[4] *De Jure*, Prolégom., § 20.

besoins du temps, au caractère de son auteur, à son génie, à sa pensée longtemps caressée ! Il fut achevé en un an.

Les lettres de Grotius permettraient de le suivre presque jour par jour dans son travail, et de voir dans quelles conditions, trop souvent difficiles, il en poursuivit la rédaction et la publication.

Une lettre du 31 mars 1623[1] annonce qu'il va éditer Stobée. « Dès qu'il aura l'esprit un peu plus libre, il s'appliquera à un ouvrage sur le droit de la guerre. »

Le 23 avril[2], il s'est procuré des modèles pour son traité, entre autres Ayala et Gentilis. Au mois de juin, il est toujours à Balagni, dans la maison de campagne du président de Mesme, en compagnie de quelques amis. Il médite son œuvre, il y met la main ; mais il travaille assez peu et s'occupe surtout de sa santé et de ses plaisirs. C'est du moins ce qu'il dit à son frère[3], dans l'intention peut-être de le rassurer un peu sur son sort de proscrit, car son bonheur à Balagni n'était pas sans amertume. Le 12 juillet, il déclare à son frère qu'il irait volontiers chez quelque prince qui voudrait l'occuper. De plus, il paraît qu'on l'accusait de n'avoir pas observé le carême et de faire accomplir dans la villa du catholique de Mesme quelques cérémonies protestantes, car il se justifie de ces accusations dans une lettre à de Thou, qui l'avait averti[4]. Peu de temps après, apprenant que le propriétaire allait arriver dans sa maison, Grotius, par discrétion, se retire à Senlis, où il travaille le reste de l'été à son *de Jure*[5].

Les livres ne lui manquaient pas. Il écrit le 7 août qu'il a à sa disposition la bibliothèque de M. de Thou[6].

Il est de retour à Paris le 21 octobre[7]. Il continue son œuvre avec ardeur, malgré une grave maladie d'yeux, provenant apparemment d'un travail excessif. Aussi, dès le 2 février 1624,

---

[1] Lettre 49, 2e recueil.
[2] Lettre 53, 2e recueil.
[3] Lettre 57, 2e recueil.
[4] Lettre 196, 1er recueil.
[5] Lettre 197, 1er recueil.
[6] Lettre 198, 1er recueil.
[7] Lettre 59, 2e recueil.

le *de Jure* a-t-il ses « trois livres d'une longueur raisonnable[1]. »
Est-il toutefois achevé entièrement ? rien ne le prouve. Ce qui
est certain, c'est que l'auteur est encore occupé le 1er juin
à transcrire son manuscrit avec l'aide de son ami Graswinkel[2].
L'impression ne commence guère que vers le 15 novembre[3]. Le
libraire a des lenteurs qui impatientent Grotius pendant quatre
longs mois encore[4], puis le 28 mars 1625 il annonce en
triomphe l'apparition et l'envoi des premiers exemplaires à la
foire de Francfort[5].

Quelles étaient pendant ce temps la situation matérielle et les
dispositions morales de Grotius? Son journal intime, ou plutôt
ses lettres nous donnent à ce sujet des détails curieux.

Au mois de janvier 1624, il se promet d'aller saluer le
nouveau chancelier d'Aligre, et de s'assurer s'il peut espérer
son appui. Mais en attendant que les portes de l'hôtel du ministre
soient un peu désencombrées de la foule, si quelque souffle
heureux venait du Danemark ou des villes maritimes, il
aviserait[6]. Quelques jours après, le chancelier lui a promis au
delà de ses espérances[7]. Il convient donc de laisser de côté les
offres du Danemark[8]. Toutefois il commence à se blaser sur les
promesses et les officieuses paroles. On lui conseille d'aller à
Spire. Il prie son père de s'occuper le plus secrètement
possible de cette affaire. Il faut absolument prendre un parti,
et sortir de cette position précaire qui fait la ruine de sa
famille.

Il écrit un mois après[9] : « Ce que vous me dites du Danemark me séduit beaucoup. Mais il faut encore différer un peu.
On me fait espérer de toucher la plus grande partie de ma
pension dans un temps où les hauts fonctionnaires eux-mêmes
ne reçoivent qu'une partie de leurs appointements... Le garde

---

[1] Lettres 64 et 62, 2 février, 2e recueil.
[2] Lettre 74, 2e recueil.
[3] Lettre 79, 2e recueil.
[4] Lettres 83, 66, 85, 2e recueil.
[5] Lettre 71, 2e recueil.
[6] Lettre 62, 2e recueil.
[7] Lettre 63, 2e recueil.
[8] Une chaire de droit. Lettre 79, 2e recueil.
[9] Lettre 64, 2e recueil.

dee sceaux d'Aligre, qui aime la littérature, me tient en grand honneur et me promet une protection particulière. » Et en effet la bienveillance de d'Aligre lui obtient bientôt du roi un mandat qui lui permet de toucher à bref délai la majeure partie de sa pension [1]. Alors il fréquente « ceux qui sont au pouvoir ». Mais il regrette de ne pas connaître les grandes nouvelles politiques, qui lui fourniraient des sujets de conversation. Et puis, de temps en temps, fier et ayant conscience de ses talents, il se prenait à s'attrister et se sentait humilié de ne pouvoir procurer une situation plus indépendante à sa famille, et il méditait des projets de départ. Tantôt il veut aller se confiner dans quelque coin de la confession d'Augsbourg, en attendant des temps meilleurs s'ils doivent venir ; tantôt il se dispose à aller à Spire..... car il n'a toujours rien de certain à espérer en France ; et un jour, fatigué de sa longue attente, il félicite son frère « de savoir se contenter de son sort, au lieu de poursuivre des honneurs qui se paient si cher [2]. » Pendant toute cette année Grotius est en proie aux mêmes préoccupations. Il s'agite et s'inquiète ; il fait agir surtout ses parents, en leur recommandant la plus grande discrétion, de peur de le compromettre et d'offenser « un prince irascible ». Hôte de la France il ressemble à un naufragé qui, jeté sur une côte où il ne trouve pas d'établissement à son gré, interroge chaque matin l'horizon, sans qu'aucune voile lui apporte le salut, sans qu'aucun rivage lui envoie le bonheur [3].

Si l'on ajoute à ces peines une maladie assez grave [4], la longue absence de sa chère Marie, retenue elle aussi par les fièvres en Zélande, on comprendra que Grotius se montre parfois si avide de l'affection de sa famille, et si sensible aux consolations que ne cessent de lui prodiguer son père et son frère bien-aimés [5].

C'est dans ces circonstances et ces dispositions d'esprit qu'il achevait le *de Jure*, et qu'en attendant l'impression il préparait

[1] Lettre 65, 2ᵉ recueil.
[2] Lettres 67 et 68, 2ᵉ recueil.
[3] Lettres 69 et 70, 2ᵉ recueil.
[4] Lettre 77, 2ᵉ recueil.
[5] Lettre 81, 29 novembre 1624, 2ᵉ recueil.

avec son étonnante activité intellectuelle, un recueil de fragments
de tragédies et de comédies, achevait ses notes sur l'Evangile,
refaisait le manuscrit égaré de sa traduction des *Phéniciennes*
et revoyait ses notes sur Sénèque. [1]

Voilà une année de la vie de Grotius à Paris !

La publication, au printemps suivant, de ce *de Jure* sur lequel
l'auteur comptait tant, apporta-t-elle un heureux changement
dans sa situation ?

Burigny[2] parle « d'un prodigieux succès qui aurait mis
Grotius au comble de la gloire ». Mais il est bien probable que
le bruit qui se fit autour du livre ne commença pas dès son
apparition, car Grotius écrivait encore, le 15 et le 22 août
1625, à son père et à son frère, que « s'il avait leur approbation
et celle de quelques amis, il n'aurait pas lieu de se plaindre,
mais se tiendrait pour satisfait[3]. »

Il avait reçu de son libraire, comme droits d'auteur, deux
cents exemplaires, dont une soixantaine d'excellent papier et
douze reliés avec luxe[4]. Ces derniers furent immédiatement
offerts en hommage au roi, aux principaux seigneurs de la cour,
au cardinal Barberini, récemment arrivé à Paris, aux nombreux amis de l'auteur.

Le roi[5] daigna accepter l'hommage du livre, mais il
n'accorda aucune gratification, parce que, dit du Maurier[6],
Grotius n'avait plus auprès de Sa Majesté aucun patron qui
aimât les belles-lettres et qui fit état d'un travail de cette
importance.

Le cardinal Barberini, neveu du pape Urbain VIII, ne parut
pas mécontent de l'ouvrage, quoiqu'il eût été choqué, lui habitué
à des titres pompeux, du simple nom de pontife romain donné
au pape[7]. Le *de Jure* fut mis à l'index en 1627[8].

---

[1] Lettre du 8 novembre 1624.
[2] T. I, p. 235.
[3] Lettres 102 et 103, 2e recueil.
[4] Lettre 193, 2e recueil.
[5] Lettre 91, 2e recueil.
[6] *Mémoires*, t. II, p. 300.
[7] Lettre 1630, 1er recueil.
[8] Lettre 153, 2e recueil.

Les exemplaires restés aux mains de Grotius furent vendus à son compte [1]; mais, quoique le prix du volume fût d'un écu, l'auteur déclare qu'il ne fit pas ses frais [2].

A défaut d'avantages pécuniaires, le *de Jure* permettait à Grotius de payer à la France son hospitalité; il ajoutait à sa gloire un nouveau rayon ; il portait la preuve de son talent dans les principales cours de l'Europe et le faisait aimer et estimer des princes. Il devait enfin lui mériter une ambassade.

Mais cette ambassade, il fallait l'attendre dix années encore, et pendant ce temps bien des souffrances étaient réservées à Grotius : inquiétudes poignantes au sujet de son avenir, obsessions indiscrètes de la part des convertisseurs trop zélés, insinuations perfides et mesquines tracasseries, illusions suivies de prompts désenchantements, toutes choses qui devaient remplir sa vie d'amertume, en n'y laissant que peu de place au bonheur.

Une fois cependant, l'exilé se laissa charmer par une bien douce espérance. Il crut qu'il allait pouvoir rentrer dans sa patrie.

C'était en 1625. Maurice de Nassau était mort, et son frère, Frédéric Henry, stathouder à sa place. Ce prince avait écrit à Grotius, au lendemain de l'évasion de Louvestein, une lettre toute gracieuse et pleine de promesses; il venait de rendre naguère la liberté à Hoogerberz, l'une des victimes de Maurice. A l'invitation de son père et de son frère [3], Grotius écrit plusieurs lettres. Elles restent sans réponse. Les princes sont si oublieux ! « Peut-être, au lieu de s'adresser directement au stathouder, vaudrait-il mieux avoir recours à quelque personnage en crédit... » Néanmoins, il conserve tant d'espoir de revoir la Hollande, qu'il demande en colère pourquoi certain individu ose briguer sa succession de Rotterdam, comme s'il était mort [4].

Il n'est pas mort, mais la succession n'en est pas moins

---

[1] Lettres 85, 92, 97, 98, 2° recueil.
[2] Lettres 972, 1er recueil, et 193, 2° recueil.
[3] Lettres 95 et 98, 2° recueil.
[4] Lettres 99 et 101, 2° recueil.

ouverte. Il ne sera plus pensionnaire de Rotterdam, et encore moins grand pensionnaire, comme l'avait un jour espéré Barneveld, son illustre ami. C'est en vain qu'il cultive l'amitié de deux ou trois protecteurs[1] : dix années encore il traînera la double chaîne de ses espérances et de ses déceptions.

« Il ne faut rien demander pour moi, écrit-il à son frère le 29 août 1625[2]. Si ma patrie peut se passer de moi, je peux me passer d'elle. La terre est assez vaste... »

Un jour Grotius fut mandé chez le cardinal de Richelieu à Limours[3]. Que se passa-t-il entre ces deux hommes? On n'en sait rien. Mais il est bien probable que Richelieu fit les plus magnifiques promesses, à condition qu'on lui offrirait un dévouement absolu, car Grotius écrivait à son père quelques jours après : « Si j'oubliais ma patrie pour me consacrer à la France, je pourrais tout espérer[4]. Il ne crut pas devoir accepter la proposition de Richelieu, et celui-ci l'abandonna[5]. Sa pension ne fut plus payée, et il tomba dans un extrême embarras. « Il faut avoir éprouvé, dit-il, ce que c'est que de vivre à Paris à ses dépens, pour savoir ce qu'il en coûte[6]. »

Lui qui avait fini par aimer la vie privée, il était loin de jouir de cette « médiocrité dorée » dont il se serait contenté, et qui, si elle ne donne pas toujours le bonheur, en est du moins une condition bien essentielle. Ce n'étaient pas ses publications qui l'enrichissaient, puisqu'il y mettait plutôt du sien[7]. Il n'avait pas encore recouvré ses biens confisqués. Il était dans une situation très-voisine de la gêne. L'un de ses enfants, par exemple, reste avec un seul habit[8], et pendant plusieurs années, l'illustre proscrit reçoit de ses parents de l'argent, des vêtements et jusqu'à des provisions de bouche[9].

Pour tous ces dons devenus habituels, que leur rend-il? « des

---

[1] Lettre 104, 2ᵉ recueil.
[2] *Ibid.*
[3] Lettre 122, 2ᵉ recueil.
[4] Lettre 133, 2ᵉ recueil.
[5] Lettre 149, 2ᵉ recueil.
[6] Lettre 128, 17 juillet 1626, 2ᵉ recueil.
[7] Lettre 193, 2ᵉ recueil.
[8] Lettre 135, 2ᵉ recueil.
[9] Lettres 267, 305, 265, 132, 133, 135, 172 et 259, 2ᵉ recueil.

remercîments habituels; c'est tout ce qu'il peut offrir[1]. »

Et cependant, malgré cette pénurie, Grotius se plaît encore à Paris, où il trouve tant de gens distingués. Il ne veut quitter la France qu'à la dernière extrémité. Mais quand il s'est aperçu qu'il ne peut plaire au ministère, à ce Richelieu « qui va faisant le ménager et voulant économiser une petite somme, tandis qu'il donne quatre-vingt mille livres à divers poëtes qui le flouent comme une divinité[2] » c'est alors qu'il médite sérieusement son départ.

« Je sortirai de ce pays-ci trop tard, écrit-il le 27 décembre 1630[3], mais enfin j'en sortirai bientôt. » Où aller? On va jusqu'à lui indiquer Rome[4], refuge éternel de toutes les infortunes, asile toujours ouvert aux exilés, et dont le pontife d'alors, Urbain VIII, aime la poésie et les gens de lettres. Mais rien ne l'attire autant que sa patrie. Car il l'aime encore, cette ingrate patrie! il lui a sacrifié tous les avantages qu'il pouvait obtenir en France. Elle ne le rappelle pas! elle ne vient pas à lui! s'il allait à elle? Seulement « est-il convenable qu'un citoyen qui a rendu tant de services à son pays et qui n'a obtenu en retour que des affronts, cherche à y rentrer furtivement, surtout quand ses compatriotes n'ont plus pour lui la sympathie qu'il a conservée pour eux ?[5]

Il envoie sa femme sonder le terrain. Celle-ci, vraie Romaine, qui a déjà refusé d'implorer la pitié au moment de l'incarcération de son mari, refuse de nouveau en Hollande, malgré le conseil de ses amis, de recourir aux prières pour obtenir le retour de Grotius[6]. Elle est trop persuadée qu'il n'y a pas d'homme plus capable que lui de procurer le bonheur et la gloire de sa patrie! C'est à lui que la Hollande devrait demander pardon! Faire la moindre démarche ne serait-ce pas s'avouer coupable et se déshonorer?

A l'instigation de cette femme si énergique et si fière, Grotius,

[1] Lettre 267, 27 décembre 1630, 2e recueil.
[2] Du Maurier, t. II, p. 303.
[3] Lettres 267 et 226, 2e recueil.
[4] Lettre 85, 2e recueil.
[5] Lettre 276, 2e recueil.
[6] Lettre 223, 1e. recueil.

malgré l'avis de ses parents, partit pour la Hollande en octobre 1631.

Il revoyait enfin ce pays qu'il avait quitté dix ans auparavant! Il n'y fut pas bien accueilli partout. Il dut quitter Rotterdam pour Amsterdam, où il comptait s'installer comme avoué[1]. Deux fois, le 10 décembre 1631 et le 10 mars 1632, les Etats généraux, vexés de sa hardiesse et de son refus de s'humilier, lancèrent contre lui un mandat d'arrêt promettant deux mille livres à quiconque le livrerait[2]. Le stathouder approuva cette décision, tant il craignait, dit-on, de retrouver en Grotius un Barneveld[3].

Le proscrit partit pour Hambourg huit jours après cet édit[4]. Il préférait un second exil à l'amnistie conditionnelle qu'on lui avait laissé entrevoir.

. Malgré l'embarras de ses affaires à Hambourg, il eut la générosité de refuser ce que lui offrait la France. Il écrivit à Lusson[5], administrateur des finances, qu'il ne voulait pas toujours manger « au ratelier étranger, » et le 14 mai 1633[6] il déclarait à l'un de ses amis français·qu'il remerciait le roi de ses bienfaits, de ses offres nouvelles, se gardant bien toutefois de mépriser « les présents des dieux ».

Il tenait du reste à prouver que les liens qui l'attachaient à la France n'étaient pas éternels, et qu'il était libre d'accepter les postes qu'on lui offrait d'ailleurs. La Pologne, le Danemark, l'Espagne, l'Angleterre le désiraient à la fois. Gustave Adolphe, qui faisait le plus grand cas du *de Jure*, qu'il portait, dit-on, toujours avec lui, voulait s'attacher l'auteur[7]. Mais Grotius hésitait toujours, car l'obstiné hollandais, n'avait pas encore dit un adieu définitif à sa patrie. Le 23 mars 1634, il écrivit à son frère : « J'attends impatiemment vos lettres pour savoir ce que je puis espérer de mes compatriotes. Il y a trop longtemps

---

[1] Lettres 304, 305, 308. 2º recueil, et 289, 1ᵉʳ recueil.
Leclère, *Histoire de Hollande*, liv. XI, p. 139.
[3] Du Maurier, *Grotii Manes*.
[4] Dujardin, t. VI, p. 619.
[5] Lettre 309, 1ᵉʳ recueil.
[6] Lettre 317, 1ᵉʳ recueil.
[7] Lettre 309, 2ᵉ recueil.

que je suis dans l'incertitude. Je crains de voir s'échapper pendant ce temps les occasions qui se présentent d'autre part [1].»

Vaine attente. La Hollande ne veut pas de lui. Il la quittera pour la Suède. Avant de toucher Lutzen [2], Gustave avait recommandé Grotius à son chancelier Oxenstiern. Celui-ci se trouva régent du royaume dans un moment critique où l'empire, qui avait déjà fatigué deux champions dans ce long duel de trente ans, pesait de tout son poids sur la Suède. Il n'y avait plus de salut pour ce pays que dans la protection de la France. Oxenstiern jette les yeux sur Grotius pour la négociation du traité d'alliance [3]. Une entrevue a lieu entre eux à Francfort, puis à Mayence [4], et Grotius est nommé conseiller de la reine de Suède et ambassadeur à la cour de France.

CHAPITRE III

GROTIUS AMBASSADEUR ET APÔTRE DE LA PAIX.

Nommé ambassadeur au mois d'octobre 1634 [5], Grotius ne fit son entrée solennelle à Paris que le 2 mars suivant [6]. Il avait été arrêté en voyage par le mauvais temps et la maladie [7]. Il attendit pendant trois semaines à Saint-Denis le bon plaisir de ses introducteurs et du cardinal. Celui-ci ne cachait pas son dépit de voir revenir en France avec tant d'honneur l'homme qu'il avait mal traité dans l'exil, et il fallut toute l'énergie d'Oxenstiern pour triompher de ses répugnances.

Le 8 mars [8], Grotius envoyait à la jeune reine Christine le récit de sa réception officielle ; et le lendemain, à Saumaise,

1 Lettre 327.
2 6 novembre 1632.
3 Lettres 330, 335, 2e recueil.
4 Lettres 330 et 337, 2e recueil.
5 Lettre 337, 2e recueil.
6 Lettre 365, 1er recueil.
7 Lettres 359, 360, 1er recueil.
8 Lettre 367.

la description un peu emphatique de l'audience royale où l'on
« déploya pour lui une grande magnificence ».

Dans cette lettre, le nouvel ambassadeur parle déjà de littérature. Huit jours après, le 16 mars, il écrit à son frère qu'il
travaille à la tragédie de *Sophomphanée* ou Joseph en Egypte.

Ce n'était pas, cependant, pour s'occuper de littérature qu'il
était envoyé en France. Voici quelle était sa mission. Les protestants allemands venaient de conclure avec Louis XIII, contre
l'Autriche, un traité qui leur assurait des subsides, une armée
de six mille hommes et l'honneur de diriger les opérations de la
guerre. Le grand chancelier de Suède refusa de ratifier ce
traité, et Grotius fut chargé de revendiquer auprès du roi de
France les avantages qu'un traité antérieur conclu à Heilbronn
assurait à la Suède, savoir : des subsides particuliers et la direc-
tion des affaires en Allemagne[1]. Il eut dans ce but deux conférences avec le P. Joseph et Richelieu, mais sans succès[2]. Il
fallut que le grand chancelier vînt lui-même à Compiègne.
Au lieu de discuter contradictoirement sur la valeur respective
des traités d'Heilbronn et de Paris, l'habile ministre en conclut
un troisième qui sauvegardait l'honneur et les intérêts de la
Suède[3]. Ce qui avait été pour Grotius une difficulté invincible,
ne fut qu'un jeu pour Oxenstiern. La tâche de l'ambassadeur
était désormais simplifiée : il n'avait plus qu'à surveiller
l'exécution du traité de Compiègne et à faire donner les subsides
promis pour la guerre contre l'Empire.

C'était là une mission assez étrange pour un homme du caractère de Grotius. Elle devait mettre souvent en contradiction
ses idées et ses actes. Mais il crut que la qualité d'ambassadeur
donnerait du prestige et du crédit à l'apôtre de la paix, et, dans
l'intérêt de la pacification politique et religieuse, il se fit le
pourvoyeur de la guerre de trente ans.

C'est une étude intéressante que celle de cet apostolat et de
cette ambassade ! Si le succès ne couronna pas toujours les
efforts de Grotius ; si quelques échecs diplomatiques et quelques-

---

[1] Lettre 368.
[2] Lettre 392.
[3] Lettre 375, 380, 1er recueil.

uns de ces travers dont ne sont pas exempts les plus grands génies étonnent ou provoquent un sourire, on lui pardonnera volontiers, en considération de la sublime idée qui fut l'inspiration de toute sa vie et en particulier de ses dernières années, je veux dire la paix et l'union des Eglises et des peuples.

Dans les premiers temps de son ambassade, Grotius déploie un zèle remarquable pour les intérêts de la Suède.

Des trois cent cinquante lettres adressées au chancelier, ou envoyées directement à la reine, la plupart sont de 1635. A côté des dépêches chiffrées et mystérieuses où il prend le nom de Justin, il y a les rapports où il rend compte à son gouvernement des audiences chez le roi ou les ministres, de ses efforts pour obtenir les subsides, de ses espérances et de ses craintes, de ses déceptions et de ses succès.

Le 31 septembre 1635, il raconte ainsi une entrevue avec Richelieu au sujet de l'exécution du traité de Compiègne.

« Comme le roi, à son départ, avait chargé le cardinal d'entendre les ambassadeurs, je fus admis solennellement dimanche en présence du ministre pour lui donner communication des instructions que je venais de recevoir. Il répondit que Votre Sublimité avait des intelligences avec les Saxons... qu'il était inutile de conclure des traités, si l'on ne voulait pas les observer; qu'il était disposé à y demeurer fidèle, et qu'il aimait mieux être trompé que trompeur... Je répliquai que les Saxons vous avaient en effet soumis quelques propositions... que du reste, si la France abandonnait la Suède, personne ne devrait s'étonner que Votre Sublimité songeât à des alliances qui étaient actuellement bien loin de sa pensée... Le cardinal m'objecta que c'étaient là les excuses ordinaires des gens qui pensaient à leurs intérêts particuliers; j'affirmai qu'il n'y avait absolument rien de fait. Il ne fut pas question des subsides... Après cette conversation assez bienveillante, le cardinal, s'excusant sur sa mauvaise santé de ce qu'il ne me conduisait pas plus loin, me congédia à la porte de sa chambre où il m'avait reçu[1]. »

Rien de curieux comme la lutte engagée entre l'ambassadeur

---

[1] Lettre 481, 1er recueil.

qui réclame les subsides promis, et le ministre qui ne veut en fournir que le moins possible, et qui ne serait pas mécontent de voir les Suédois guerroyer à leurs frais contre la maison d'Autriche. Aussi bien, ce n'était pas chose facile de réunir une grande somme d'argent, à en croire ce tableau que fait Grotius de la France et de ses finances.

Les Français vantent leurs ressources, mais ce sont des plaisanteries. Une preuve évidente des difficultés et même des dangers que présente la levée des impôts anciens, ou la fixation de taxes nouvelles, c'est le grave soulèvement qui vient d'avoir lieu, non pas dans les provinces éloignées du royaume, mais à Chartres. Quant aux impôts qu'on parvient à recueillir, personne n'ignore comment ils sont administrés ! De toutes les sommes destinées à la guerre, à peine si l'on voit la troisième partie. La guerre, que l'on voulait porter en Allemagne, sévit en Lorraine et jusqu'au cœur du pays ; car ce n'est pas seulement autour de Metz, mais en Bourgogne, que les villages disparaissent incendiés par l'ennemi. Il en est de même en Picardie et dans les pays voisins ; les campagnes sont dévastées, les routes désertes. Or, à tous ces maux il n'est pas de remède à espérer. Le cardinal ne peut souffrir le travail et abandonne le soin des affaires à un moine qui s'en occupe peu. Boutillier le fils ne fait que courir ; son père ne fait que temporiser. Employés des finances, préposés à la guerre, tout le monde se croit « envoyé à une moisson d'or ». Leurs dilapidations irritent le cardinal, lequel, de plus, craint pour ses jours... Puisse le Dieu du ciel, arbitre de la guerre et de la paix, vous inspirer comme il convient pour le bien de la Suède et du monde chrétien [1].

Au commencement de l'année suivante, Grotius n'a pas encore obtenu de subsides [2]. Bernard de Weimar, impatienté sans doute, vient en personne comme Oxenstiern, voit le roi et emporte des fonds pour la campagne du printemps.

Dans la suite, Grotius fut plus heureux. L'armée suédoise combattait pour la France ; on devait payer ses services, ou

[1] Lettre 510, 25 novembre 1635.
[2] Lettres 540, 566, 581.

comme il dit, « ceux qui se servaient de la lampe devaient y mettre de l'huile[1] ». En 1643, la Suède recevait encore du trésor français des subsides semestriels[2].

Le crédit de l'ambassadeur et son habileté reçurent en d'autres circonstances encore une éclatante confirmation. C'est à l'intervention de Grotius que l'électeur palatin, incarcéré en France, dut son élargissement[3]. C'est lui qui obtint, après de longues négociations, l'échange du maréchal de Horn, gendre d'Oxenstiern, fait prisonnier à Nordlingen, contre Jean de Vert.[4]

Si tous les rapports diplomatiques envoyés par Grotius en Suède ne sont pas également intéressants, s'il en est qui ne renferment que des détails oiseux et peu dignes du représentant d'une grande nation, la plupart cependant font grand honneur à la sagacité de leur auteur et rappellent, pour la finesse des observations et pour l'intérêt des détails historiques, les fameuses relations des ambassadeurs vénitiens.

On pourrait faire un recueil très-curieux de toutes les spirituelles remarques, des critiques, des anecdotes qui les émaillent en grand nombre, et des portraits qui y sont esquissés.

On verrait tour à tour : ce Louis XIII que son adroit ministre amuse par des fêtes, quand il est inquiet de ses dispositions, et auquel il présente Mlle de Lafayette après Mlle de Hautefort pour varier ses innocentes distractions[5];

Ce Richelieu à l'âme superbe, lequel ne veut signer la paix qu'à des conditions qui l'honorent aux yeux de la postérité, tandis qu'il se laisse diviniser par les sorbonnistes[6] et appeler Richedieu;

Gaston le désœuvré, qui, ne sachant que faire, va au spectacle pour tuer le temps, et qui propose un jour, pour remplir les caisses de l'État, de vendre la permission de divorcer à ceux qui s'ennuient en ménage[7];

[1] Lettre 720, 1er recueil.
[2] Lettre 1593, 1er recueil.
[3] Lettres 1216, 1372.
[4] Lettres 1259, 1565.
[5] Lettre 894.
[6] Lettre 641.
[7] Lettre 447.

Le père Joseph, qui reçoit les affaires toutes «crues» et les porte toutes « cuites » au cardinal [1];

Cette noblesse besogneuse, obligée de venir dépenser sa fortune à la cour et retournant en province faire des économies [2];

Ce dauphin qui doit être Louis XIV, dont l'effrayante et précoce avidité est de si mauvais augure pour les peuples voisins; car il en est à sa neuvième nourrice, qu'il déchire et meurtrit comme les autres [3];

Ces Français si ardents qu'ils semblent excités par un démon intérieur [4]. Ils sont loin pourtant d'être tous heureux, car, tandis que Richelieu, afin d'assurer le reste de sa fortune à ses héritiers, fait présent d'un palais au roi; tandis qu'il donne des bals de cent mille francs, les paysans sont dans la misère et dans la détresse. Ils prennent la fuite pour éviter les impôts, les injustices des exacteurs, la licence des troupes, et le blé et le vin se corrompent dans les campagnes parce qu'il n'y a personne pour en prendre soin [5].

On verrait enfin, d'une part, le rôle pacificateur du légat du pape, Mazarin, et son crédit auprès de Richelieu; d'autre part, la rapacité de ces princes allemands, qui ne font la guerre ni pour la liberté ni pour la religion, mais uniquement pour s'engraisser des dépouilles de l'Eglise [6].

Malheureusement, à côté de ces dépêches d'une incontestable intérêt, il y a les lettres banales et futiles. Ici, il déclare à la reine qu'il n'a rien à lui dire; là, il avoue naïvement au chancelier son peu d'habileté [7]. « Si je pouvais, dit-il, réussir au gré de mon zèle, vous n'auriez certainement pas de meilleur ministre que moi. Mais, au milieu de grands seigneurs qui s'ingénient à faire mystère de tout, même des affaires publiques, je ne reçois que des nouvelles tardives et souvent mêlées

---

[1] Lettre 598.
[2] Lettre 498.
[3] Lettre 1097, janvier 1639.
[4] Lettre 819.
[5] Lettre 1157.
[6] Lettre 1086.
[7] Lettres 514, 566, 698.

d'erreurs. C'est ce qui fait, à mon grand regret, que je suis quelquefois forcé de ne vous donner que des conjectures au lieu de faits positifs [1]. »

Plus loin, il raconte très longuement les visites qu'il a faites au roi et à la reine à l'occasion de la naissance du dauphin ; il a prouvé à la reine qu'elle descendait des Goths originaires de Suède... et il a tiré devant le roi l'horoscope du dauphin ; il a prouvé que le futur monarque aurait beaucoup d'esprit, de cavalerie, d'infanterie, de marine, parce que la constellation du dauphin a autour d'elle l'aigle, Pégase, le sagittaire et le verseau, etc.

Certes, il n'est pas étonnant qu'on ait pu débiter ces contes astrologiques dans une cour que l'alchimiste Boismaillé remplissait de fumée, en promettant « des montagnes d'or »[2], mais on ne peut s'empêcher de regretter, pour la dignité de Grotius, qu'ils aient été sur ses lèvres et sous sa plume de philosophe et de savant[3].

Voilà pourquoi, probablement, du Maurier s'est permis de dire un jour que l'ambassadeur de Suède ne faisait que donner en beau latin à sa souveraine des nouvelles du Pont-Neuf.

On souffre également en songeant à cette raideur excessive, à ces disputes pour la préséance qui plus d'une fois le couvrirent de ridicule, malgré le prestige de son nom, et qui lui aliénèrent tant de sympathies.

Il écrit que l'ambassadeur d'Angleterre n'allant pas chez Richelieu, parce que celui-ci ne présente pas la main, l'ambassadeur de Suède ne saurait y aller davantage, et à plus forte raison chez ce père Joseph, qui n'a aucun rang dans la hiérarchie diplomatique [4].

Il n'ira pas non plus voir Mazarin, parce que celui-ci ne l'appelle pas *Excellence*, mais simplement *Eminence*. Il est persuadé que le manque d'égards pour un ambassadeur est ce qu'il y a de plus funeste aux rois et aux royaumes [5].

[1] Lettres 550, année 1636, et 1734, année 1645, 1er recueil.
[2] Lettre 690, 1er recueil.
[3] *Mémoires*, t. II, p. 324.
[4] Lettre 475.
[5] *Ibid.*

Au mois de décembre 1636, moins de deux ans après son arrivée, il demande à la Suède d'envoyer en France un simple chargé d'affaires au lieu d'un ambassadeur, afin de faciliter les relations diplomatiques. Voici à quelle occasion. Un jour, dans l'antichambre du roi, les chambellans avaient disposé les siéges de façon à mécontenter l'ambassadeur de Suède ; on avait remarqué la susceptibilité de Grotius, et l'on voulait provoquer une scène amusante. Il préféra se tenir debout. Un an auparavant, dans une réception solennelle, on avait engagé l'ambassadeur de Venise à disputer la préséance au représentant de la Suède. Un autre jour encore, chez le chancelier Séguier, Grotius s'était vu placer à la gauche du maître de la maison, et il avait été obligé, dans ses visites postérieures au chancelier, d'emporter lui-même son siége pour se placer à droite. Enfin, à l'entrée d'un ambassadeur hollandais à Paris, il y eut bataille entre Anglais et Suédois au sujet de la préséance [1]. La *Gazette* de Renaudot, en rendant compte de l'incident, nomma les Anglais les premiers. Grotius exigea une rectification, que le gazetier refusa. La querelle s'envenimait et menaçait « de faire éclater une guerre [2] ». Heureusement que les femmes interposèrent leur douce influence.

Le zèle de Grotius pour sauvegarder dans sa personne la dignité de la couronne de Suède paraît d'autant plus extraordinaire, qu'il était fort mal récompensé. L'ambassadeur fut deux années entières sans toucher d'appointements. Il se trouva un jour absolument sans ressources et fut forcé de prélever d'autorité privée une certaine somme sur les subsides que la France payait à son pays [3].

Fatiguée de ces puériles contestations, la France demanda à plusieurs reprises le rappel de Grotius. Oxenstiern se contenta de lui adjoindre un personnage infiniment moins rigide et dont la présence le fit beaucoup souffrir [4]. C'était l'intrigant Cérizante, ce chevalier errant de la fortune, qui avait aspiré à être

[1] Lettre 718.
[2] Bougny, t. I, p. 393.
[3] Lettres 1177, 1183, 1199, 1308, 1350.
[4] Lettre 1619, 1er recueil.

vizir en Turquie, puis cardinal et pape, et qui, sans posséder le
moindre bien, osa instituer le duc de Guize son exécuteur tes-
tamentaire [1].

Les tracasseries de ce collègue mirent le comble à la fatigue
et au dégoût qu'éprouva Grotius à la fin de son ambassade.
Depuis plusieurs années, ses dépêches étaient devenues très-
rares. En 1642, il annonce encore le voyage de Louis XIII et de
Richelieu dans le Midi, mais il ne sait pas où ils vont, et il a
l'air de n'avoir pas cherché à le savoir. Il n'a plus le feu sacré.
Lui qui avait autrefois recommandé à Du Maurier, son ami, de
ne pas négliger, pour la littérature, ses devoirs d'ambassadeur,
paraît alors oublier cet avis. Il s'ensevelit dans les livres [2] jusqu'au jour où il obtint son congé.

Tel fut Grotius comme ambassadeur. Réalisa-t-il toutes les
espérances qu'avaient fait concevoir son âge déjà mûr, sa connaissance de l'esprit français, son expérience des hommes et des
choses et ses talents de jurisconsulte et de littérateur qui sont
ordinairement l'indice de grandes aptitudes aux fonctions publiques? Il n'est guère possible de répondre affirmativement. Pour
moi, des deux rôles que joua simultanément Grotius, celui
d'ambassadeur et celui d'apôtre de la paix, c'est le second qui
me paraît de beaucoup le plus important et le plus glorieux.

Grotius ne cessa jamais d'être le partisan passionné de la paix
internationale. Il l'aimait autant qu'il détestait la guerre. C'était
en lui une disposition naturelle, fortifiée encore par ses ré-
flexions et par l'expérience. Pendant son exil en France, il
aimait à exprimer ses vœux pacifiques dans ses lettres à ses
amis [3], à se dire citoyen de l'univers. Cette paix, il la demandait
au pontife romain lui-même, dans une poésie sur la sainte
Vierge [4]; et un jour il tressaillit d'allégresse à la nouvelle que
Richelieu la promettait du monde [5]. Ambassadeur, ses lettres à
ses correspondants ordinaires, ses dépêches même à la reine et

[1] Du Maurier, t. II, p. 325.
[2] *Ibid.*, p. 316, 324.
[3] Lettres 149, 150, 242, 297, 1er recueil.
[4] Lettre 85.
[5] Lettre 245.

au chancelier contiennent les vœux les plus ardents pour la paix[1].

Ruarus, un de ses amis, l'avait félicité de sa nomination ; il lui répond le 18 février 1636 : « Plaise à Dieu, ô mon illustre ami, que cette ambassade ait les résultats que j'en espère pour la paix commune. Ce n'est jamais sans une très-profonde douleur que je songe à ces guerres si cruelles qui accablent les chrétiens ; et, avec vous, je prie Dieu de mettre fin à tous ces fléaux[2]. »

Il remarque avec un plaisir infini qu'en France le peuple aime la paix, et que l'on commence à comprendre que la guerre n'est qu'un expédient employé le plus ordinairement par un gouvernement aux abois pour conjurer les périls de l'intérieur[3].

En 1643, il se réjouit de ce que la mort de ce Richelieu « qu'il ne déterrera certes pas » a enlevé un grand obstacle à la paix[4].

Quoique l'Europe soit tout en feu, il ne cesse d'espérer et d'offrir à Dieu des vœux[5].

La paix est comme son idéal suprême. Il la demande aux princes, à la guerre elle-même, à la jurisprudence, à la philosophie[6] ; et enfin, quand il lui est donné, au terme de sa carrière, d'entrevoir les premières conférences de Munster et d'Osnabrück, c'est avec une indicible joie qu'il les salue[7].

Mais, déplorable nécessité d'une fausse situation ! cette paix tant désirée par le philosophe chrétien, l'ambassadeur se vit plus d'une fois obligé de la repousser.

Au mois de juin 1636, Grotius signale des courriers qui vont du cardinal au pape, et du pape au cardinal. Il sait qu'il s'agit de négocier la paix. Mais les protestants n'ont rien de bon à

---

[1] Lettres 748, 889, 890, 891, 1028, 1157, 1160, 1176, 1268, 1478, 1592, 1609, 1611, 1659, etc., et 510, 945, 949, 970, 1053.
[2] Lettre 552.
[3] Lettre 1634.
[4] Lettre 1589, 1er recueil.
[5] Lettre 1658.
[6] Lettres 1659, 1693, 1699.
[7] Lettre 1855.

espérer de la médiation du pontife romain, et il rejette cette médiation[1]. Un peu plus tard, on parle d'un congrès à Cologne, convoqué par Urbain VIII ; Richelieu lui-même dit que les hostilités auront cessé avant six mois[2] ; deux messagers arrivent de Rome à la cour de France, l'un apportant des langes de prix pour le dauphin, l'autre des propositions de paix[3] ; Mazarin vient aussi, au mois de janvier 1640, avec une mission pacifique ; mais toutes ces tentatives paraissent suspectes au ministre de Suède, et il continue de réclamer avec instances les subsides de guerre. Rien de bizarre et de pénible comme cette opposition entre les convictions de Grotius et sa conduite, entre sa conscience et ses actes, au sujet de la paix internationale.

Mais son but principal, c'était la pacification religieuse, et celle-là il lui fut permis de l'appeler à la fois par ses vœux et de la préparer par ses travaux.

Le projet de réunir les églises que la réforme avait séparées, fut poursuivi au xvɪᵉ et au xvɪɪᵉ siècle par un grand nombre de personnages éminents, soit catholiques, soit protestants. Seulement, comme chaque parti demandait à l'autre les sacrifices nécessaires pour la réunion, le projet demeura toujours sans résultats. Dans de telles conditions, Bayle n'avait certes pas tort de regarder la pacification comme aussi chimérique que la pierre philosophale ou la quadrature du cercle. Grotius est plus conciliant. Il fait aux partis des concessions extraordinaires. C'est à se demander parfois s'il garde quelque conviction religieuse et d'autre doctrine que celle de la paix à tout prix. Il veut l'harmonie de la croyance sans doute, mais ce qu'il aime encore mieux, c'est la cessation des disputes. Dans l'intérêt de la concorde, il va jusqu'à faire un devoir aux protestants de donner aux formules les meilleures interprétations possibles, en gardant le silence sur leurs opinions personnelles. C'était conseiller la réticence mentale si voisine de l'hypocrisie. Mais il comptait sans ces convictions énergiques qu'on ne peut refouler et qui tendent sans cesse à se montrer au grand jour et à triom-

---

[1] Lettres 620, 621.
[2] Lettres 699, 758, 1086.
[3] Lettre 1137.

pher. Sans être indifférent, Grotius aimait la tolérance et la liberté. Par amour pour la paix, qui était devenue son idole, il sacrifia quelques-unes de ses opinions religieuses, et il se crut autorisé à demander à des gens passionnés le sacrifice des leurs.

Son ambassade, au lieu d'être un obstacle à son dessein, lui semblait au contraire d'un merveilleux secours. Ne lui donnait-elle pas le prestige et le crédit, ces puissants auxiliaires ? Ne lui créait-elle pas des relations nombreuses et utiles ?[1] De ce poste élevé où Dieu l'avait placé[2] « dans une intention évidente », il n'avait rien à redouter de ses ennemis : plus de prison, plus d'exil, rien que d'impuissantes invectives qui n'entraveraient pas ses efforts et ne parviendraient pas même à troubler la sérénité de son âme.

Du reste, quels que soient les dangers et les luttes qui l'attendent, il ne faillira pas à son apostolat, à la mission qu'il a reçue « dès le sein de sa mère ». Comme certains prophètes, il se croit marqué d'avance pour une grande œuvre, l'œuvre de la pacification des églises, et il s'y consacrera tout entier, dût-il « en mourir », car il est beau de succomber à une telle entreprise[3]. Il sera, au besoin, le martyr de la paix, comme il en veut être l'apôtre.

Il y a un certain Durœus qui, en Suède, essaie de réconcilier les sectes protestantes. Grotius l'encourage dans ses efforts, le console dans ses insuccès. Il est si beau de concevoir de grandes et nobles idées, quand même on ne devrait pas les voir triompher ![4]

Quant à lui, son projet est bien plus vaste, car il veut réunir tous les chrétiens[5]. Ce n'est pas une ambition si étrange ! Il y en a bien d'autres qui l'ont eue : Erasme, Cassandre, Vecelius, Casaubon, Mileterius, Melanchthon, Henri IV, Charles V, Maximilien[6]. Il a donc sous les yeux d'illustres exemples. Du reste, c'est pour lui une affaire de conscience, et plus il avance en

[1] Lettres 531, 534.
[2] Lettres 491, 1640.
[3] Lettres 383 et 487, 2e recueil.
[4] Lettres 801, 835.
[5] Lettre 477.
[6] Lettres 1478, 1703 et 1524, 1er recueil, et 491, 2e recueil.

âge, écrit-il en 1642, plus il se passionne pour sa mission, plus il se sent d'énergie pour marcher à son but et travailler à sa tâche [1].

Aussi, à part quelques ouvrages purement littéraires, comme ses poésies, ses notes sur Tacite et sur Lucain, son *Anthologie*, ses études historiques sur la Hollande et sur les Goths, tous ses travaux de cette période de sa vie sont consacrés à la paix.

En 1639, il fait ou refait son fameux traité de la *Vérité de la religion chrétienne*. C'était comme un code universel de religion, bien capable de servir de trait d'union entre toutes les Églises, car il fut accepté à la fois par les catholiques, les évêques anglicans, les ministres de Charenton, les luthériens [2], et fut traduit dans toutes les langues de l'Europe, voire même en arabe et en chinois.

Viennent ensuite ses *Commentaires sur le Nouveau Testament*, pour lesquels il a eu recours aux lumières d'un savant juif de Hollande, et que Richelieu, par un privilége spécial, exempta de la censure [3]; puis ses *Notes sur l'Ancien Testament*, qu'il soumit au jugement d'un jésuite, le P. Pétau.

En 1640 [4], indigné de la mauvaise foi des ministres protestants qui vont partout « répétant gravement que le pape est l'antechrist et a des pieds de bouc comme Satan », pour détruire les préventions et les haines qu'ils provoquent, consacre ses loisirs du dimanche à des recherches théologiques sur l'antechrist [5].

Un peu plus tard, il publie de petits opuscules sur la foi et les œuvres; plus tard encore, en 1642, un *Vœu pour la paix*; puis tout un plan de pacification sous ce titre caractéristique : *Via ad pacem ecclesiasticam*. Ce livre contenait le projet de paix que Cassander avait présenté aux empereurs Maximilien et Ferdinand.

Seulement, dans la plupart de ces ouvrages destinés à récon-

----

[1] Lettres 1561, 1636.
[2] Lettre 181, 2e recueil.
[3] Lettre 476, 2e recueil.
[4] Lettres 1526, 1534.
[5] Lettres 416, 477, 2e recueil.

cilier tous les esprits, Grotius se montrait trop favorable aux catholiques pour ne pas indisposer les protestants.

Au lieu de s'en tenir à son premier programme, qui était de distinguer dans la doctrine les points fondamentaux des opinions secondaires et de réduire les articles de foi au plus petit nombre possible, il finit, à force de recherches et d'études, par justifier dans ses moindres détails la doctrine catholique.

Il aime l'antiquité et il reconnaît l'autorité des conciles et de la tradition. Il met les anciens documents, les anciens symboles bien au-dessus des récentes confessions de foi. Il blâme les protestants et dit du mal de Calvin, tandis qu'il vante les catholiques et loue les jésuites. Il trouve dans l'histoire des témoignages favorables à la primauté du pape, à l'épiscopat. Il admet, ou du moins il justifie le culte des images, les prières pour les morts, l'invocation des saints, le jeûne et le carême, le signe de la croix, la virginité, les ordres religieux [1], etc.

Il prouve par des textes l'existence des sacrements. Seulement, il n'exprime pas des idées bien nettes au sujet de l'Eucharistie. Admet-il, oui ou non, la présence réelle? Impossible de le dire. Voici l'étrange et contradictoire formule qu'il avait inventée pour satisfaire à la fois les catholiques et les protestants : « Nous croyons que, dans l'usage de la Cène, l'on reçoit vraiment, réellement, substantiellement, c'est-à-dire dans sa propre substance, le vrai corps et le vrai sang de Jésus-Christ, d'une manière spirituelle et ineffable [2] »

Pour ce qui regarde le concile de Trente, il croit qu'on peut le mettre en harmonie avec la confession d'Augsbourg, et il en parle dans les meilleurs termes. « Celui, dit-il, qui en lira les actes avec un esprit disposé à la paix, trouvera que tout y est expliqué sagement et conformément à ce qu'enseignent l'Écriture et les anciens Pères [3].

Rien d'étonnant que Grotius se soit aliéné les protestants en se montrant si catholique. On l'accuse, en effet, d'avoir varié dans ses opinions, et l'on écrit un livre contre « le Papiste » [4].

---

[1] Lettres 489, 622, 2ᵉ recueil. — BURIGNY, t. II, p. 219.
[2] BURIGNY, t. II, p. 207.
[3] *Votum pro pace.*
[4] *Grotius papista.*

Mais à ceux qui lui reprochent ses variations, il répond qu'il n'a fait qu'imiter S. Augustin ; et, à l'adresse de ceux qui l'appellent papiste, il écrit à son frère cette lettre superbe [1] : « Ne va pas t'émouvoir ou croire que je m'émeuve moi-même, si ces gens-là disent que je suis hors de leur Église et s'ils m'appellent papiste, socinien ou tout ce qu'ils voudront. Quand il y a des évêques et des théologiens en grand nombre, ennemis des superstitions, qui expriment hautement le désir de rétablir l'unité de l'Église telle que nous la devons au Christ, irais-je donc trahir une si belle cause, moi qui ai reçu de Dieu des faveurs dont je ne pourrai jamais assez lui rendre grâces? Loin de moi cette lâcheté et cette crainte pusillanime ! [2] »

Il avait déjà écrit en janvier 1641 [3] : « Je redoute bien plus les intrigues des réformés que leur envie, dans le cas où j'aurais recours à l'appui de tous les gens bien disposés qui ne manquent pas parmi les Romains. Si j'avais employé ce moyen plus tôt, peut-être aurais-je été plus heureux ! Or, quand on désire être utile à tout le monde, on a bien le droit de demander secours à chacun. Pour moi, Dieu merci ! je suis en lieu sûr, et à peu près rassasié d'honneurs ; et si la paix se fait, comme je le désire, je serai en mesure de goûter le repos dans une retraite paisible... Ces vipères [4] ne cessent de siffler contre moi, mais je les brave en homme et je ne suis pas du tout décidé à négliger ce que je regarde comme un devoir. Notre vie ne nous appartient pas. Si ce n'est pas à nos contemporains que nous serons utiles, ce sera à d'autres... Mais parlez donc de concorde à des gens nés pour les sectes! vous ne pouvez manquer de leur être désagréable. »

Grotius continua à entretenir des rapports assez intimes avec les catholiques, et notamment avec le père Pétau, qui le crut converti de cœur et ne fit pas difficulté de dire plus tard une messe pour le repos de son âme [5].

[1] Lettre 167, 2ᵉ recueil.
[2] Lettre 540, 39 mars 1641.
[3] Lettre 531.
[4] Les protestants.
[5] *Menagiana*, t. IV, p. 180.

Grotius était-il au fond catholique ? On a essayé de le prouver dans un livre publié à Trèves il y a quelques années [1]. Assurément, il y aurait bon nombre d'arguments positifs en faveur de l'affirmative. Mais si l'on tient compte des arguments négatifs, on ne peut guère s'empêcher de suspendre son jugement. Grotius ne fut pas hostile au catholicisme : il lui fut même très-attaché ; mais il faut bien se rappeler aussi toutes les avances qu'il fit en sa qualité de conciliateur à tous les partis. S'il écrivit une lettre en grec au patriarche de Constantinople [2], il désira la publication d'un livre anglican conçu dans un esprit pacifique [3], et c'est sur sa recommandation que sa femme, dit-on, embrassa l'anglicanisme. Il s'exposa à être accusé de socinianisme non-seulement par des protestants, mais encore par Bossuet, et à sa mort ce fut un ministre protestant qui l'assista [4].

Sans parler des intentions qu'on lui a prêtées de se faire juif [5] ou mahométan, ni du reproche mal fondé de matérialisme [6] qui lui a été adressé, il faut bien avouer en dernière analyse qu'il fut, comme le dit Osiander, « amphibie dans la foi [7] ». Et ce n'est pas tout à fait sans fondement que Ménage fit sur la religion de Grotius cette maligne épigramme :

Smyrna, Chios, Colophon, Salamin, Ios, Argos, Athenæ,
Siderei certant vatis de patria Homeri,
Grotiadæ certant de relligione Socinus,
Arrius, Arminius, Calvinus, Roma, Lutherus.

L'opinion religieuse du grand pacificateur demeure un problème. Elle est vague, flottante, indécise. Elle ressemble à certaines couleurs intermédiaires entre des nuances tranchées, à certains êtres hybrides placés sur la frontière des règnes de la nature, et dont on ne peut dire au juste s'ils sont végétaux, animaux ou minéraux, parce qu'ils sont à la fois toutes ces choses.

---

[1] *Hugo Grotius Rukkehr zum katholischen Glaüben.* Trèves, 1871.
[2] Lettre 910, 1er recueil.
[3] Lettre 1716.
[4] Burigny, t. II, p. 260.
[5] *Patimiana*, p. 18.
[6] *Chevreana*, t. I, p. 168.
[7] ἀμφίβιος *in fide*, cap. V, p. 15.

Toutefois, de tous les partis que Grotius a voulu réconcilier, il en est un auquel il a fait incontestablement le plus d'avances, et témoigné le plus de sympathie, c'est l'Église catholique. Évidemment, il a eu pour elle des préférences ; autrement il y aurait lieu de s'étonner qu'il n'ait pas craint de froisser les protestants. S'il n'avait pas obéi à quelque conviction, ne les aurait-il pas ménagés davantage ?

Malgré l'hostilité des protestants, l'apôtre de la paix ne désespérait pas du succès. Il s'était fait le promoteur d'une véritable croisade, à laquelle se ralliaient des réformés, des conseillers d'Etat, des docteurs de Sorbonne, etc. [1]

Il écrivait à son frère vers l'année 1641 [2] : « Je m'aperçois que les plus habiles des réformés sont de mon avis quand j'ai des conférences avec eux. Le nombre de mes adhérents ne manquera pas d'augmenter, si mes ouvrages se répandent. » Et la même année [3] : « J'ai reçu la visite de conseillers d'Etat et du ministre Codure. Ils espèrent que la réunion se fera bientôt ; ils ont beaucoup d'estime pour mes idées. Que le Dieu de paix conduise tout ceci pour le plus grand bien de la vérité et de la piété. »

Une fois même, il annonce tout joyeux à son père que l'on commence à apercevoir l'aurore du beau jour qu'il espère [4].

Il se flatte d'avoir des approbateurs et des partisans en Danemark, en Suède, en Allemagne, en Angleterre, en Pologne [5].

Richelieu lui-même, « à qui tout réussit, » croit à la possibilité de la paix, et il l'annonce à différentes personnes [6].

Malheureusement Richelieu change d'avis dans la suite, et Grotius écrit le 24 mars 1642 à son frère : « Le cardinal ne parle pas tout à fait comme auparavant sur la paix des Eglises. Je crains fort que ce changement ne cache de mauvais desseins contre les réformés [7].

Le 31 janvier 1643, il déclare encore qu'il marchera tran-

---

[1] Lettre 1538, 1er recueil.
[2] Lettre 488, 2e recueil.
[3] Lettre 551, 2e recueil.
[4] Lettre 496, 2e recueil.
[5] Lettres 643, 646, 650, 2e recueil.
[6] Lettre 530 (1641), 2e recueil.
[7] Lettre 592, 2e recueil.

quillement à la paix des empires et de l'Eglise. Mais peu à peu il s'aperçoit qu'on l'abandonne ; il perd lui-même, sous le coup des contradictions, sa paix intérieure, ce calme stoïque, cette résignation qui ne l'avaient jamais quitté dans ses adversités ; il devient soupçonneux et irascible à l'égard de ses meilleurs amis[1] ; et un jour il jette un cri de douleur et de désespoir en voyant la cause de la pacification, « une si bonne et si sainte, » abandonnée par tout le monde[2].

Grotius avait échoué comme échouèrent plus tard Leibnitz et Bossuet. Une fois de plus, dans le monde la raison était vaincue par les passions des hommes. Il eut le mérite, du moins, d'avoir entrepris sa grande œuvre, cette œuvre qui ne fut pas appuyée suffisamment par son siècle, mais dont la postérité doit garder une éternelle reconnaissance[3].

Désenchanté et attristé, Grotius n'avait plus rien qui l'attachât à son ambassade. Il n'y tenait que dans l'intérêt de la paix.

« Je suis parvenu, écrivait-il dès 1642, à l'âge où quantité de sages ont renoncé volontairement aux places honorables. J'aime la vie tranquille... si je n'avais quelque espérance de contribuer à la paix générale, j'aurais déjà songé à ma retraite[4].

Enfin un jour, irrité de la conduite de Cérisante, ce collègue étourdi qu'on lui avait adjoint, il demanda son rappel. On le lui accorda sans difficulté. C'était en 1645.

Ses lettres nous le montrent successivement à son départ de Paris ; à son passage en Hollande, où il est très-bien accueilli cette fois ; auprès du grand chancelier, qui le garde une quinzaine de jours ; puis à Stockholm, auprès de la reine Christine[5]. Cette reine, si matinale pour entendre les leçons de notre Descartes, devait tenir à conserver Grotius à son service. Elle lui fait, en effet, des promesses[6] ; mais l'exécution en est trop longtemps différée... Grotius s'impatiente et demande son congé. La reine lui propose

---

[1] BURIGNY, t. II, p. 257.
[2] Lettre 670, 19 septembre 1643.
[3]   *Labor hic si displicet œvo,*
      A grata pretium posteritate feret. (GROTIUS).
[4] Lettre 620.
[5] Lettres 1760, 1663, 1766.
[6] Lettre 1766.

une charge de conseiller d'Etat, qu'il refuse. Puis, un matin, n'y tenant plus d'impatience et d'ennui, il quitte furtivement Stockholm et vole s'embarquer. Christine envoie un gentilhomme le chercher au port, lui fait un présent de douze ou treize mille impériales, et met à sa disposition un vaisseau pour le conduire à Lubeck. Une tempête le jette sur les côtes de Dantzig. Grotius veut se rendre par terre à Lubeck, mais les émotions et les fatigues avaient brisé son corps et son âme était accablée par les ennuis d'une trop longue attente à Stockholm et par l'incertitude de son avenir. Il est forcé de s'arrêter à Rostoc, petite ville où il ne connaît absolument personne. Les médecins supposent d'abord qu'il ne s'agit pour le malade que d'une faiblesse qui disparaîtra après quelques jours de repos ; mais dès le lendemain on peut constater les symptômes avant-coureurs d'une mort imminente. C'était la fin.

Le mourant fit appeler un ecclésiastique pour recevoir les secours de la religion. Cet ecclésiastique, professeur de théologie luthérienne à l'Université de Rostoc, a raconté ainsi les derniers moments de Grotius.

« Je trouvai le malade presque à l'agonie. Je lui parlai et lui exprimai tout le plaisir que j'aurais eu de m'entretenir avec lui. Il me répondit : Dieu l'a voulu ainsi. Je lui dis de se disposer à aller dans une vie plus heureuse ; de reconnaître qu'il n'était qu'un pécheur, et de se repentir de ses fautes. Je lui rappelai l'exemple du publicain, qui s'était confessé pécheur et qui avait demandé à Dieu miséricorde. Il répondit : Je suis ce publicain-là. Je poursuivis en l'invitant à recourir à Jésus-Christ, sans lequel il n'y a point de salut. Je mets, dit-il, toute ma confiance en lui. Je commençai à réciter à haute voix en allemand la prière qui commence par ces mots : *Herr Jesu ! wahrer Mensch und Gott*, etc., et le malade, les mains jointes, m'accompagnait à voix basse. Quand j'eus fini, je lui demandai s'il m'avait entendu. Il répondit qu'il m'avait fort bien entendu. Je continuai de lui réciter les passages de l'Ecriture que l'on a coutume de lire aux mourants, et je lui demandai encore s'il m'entendait. Il me répondit : J'entends bien votre voix, mais j'ai de la peine à comprendre ce que vous dites. Ce furent ses dernières paroles. Peu après, il rendit l'âme à minuit précis [1]. »

Le corps de Grotius fut porté à Delft, sa ville natale. La Hollande ne refusa pas, du moins, à celui qu'elle avait proscrit vivant, l'hospitalité tardive du tombeau.

Ainsi mourut cet homme célèbre, à l'âge de soixante-deux ans. Il était, dit Burigny, d'une taille ordinaire, mais d'une vigoureuse constitution. Il avait le nez aquilin, les yeux brillants, de vives couleurs, la physionomie agréable [2].

Le bruit courut que la bizarre reine de Suède avait fait empoisonner son ministre. Mais ce bruit ne paraît point fondé. Il est démenti, au contraire, par la lettre gracieuse que Christine écrivit trois ans plus tard à la veuve, pour obtenir la bibliothèque de l'illustre défunt.

[1] Luden, *Hugo Grotius nach seinen Schicksalen und Schriften*, p. 339. Berlin, 1806.
[2] Burigny, t. II, p. 107.

DEUXIÈME PARTIE

ANALYSE

Hugonis Grotii de jure belli et pacis libri tres, in quibus jus naturæ et gentium et juris publici præcipua explicantur.

C'est déjà, ce semble, tout un programme que ce titre développé, inscrit par Grotius en tête de son traité. L'auteur néanmoins a voulu, dans des prolégomènes étendus, donner une analyse de l'ouvrage, en indiquer le but et le vrai caractère.

Grotius admet l'existence d'une guerre légitime qui doit avoir ses lois. Rappeler ces lois et les faire observer par ceux qui les foulaient aux pieds, voilà le but premier qu'il se propose.

Plus d'une fois exprimé soit dans des lettres particulières [1], soit dans le corps de l'ouvrage [2], ce dessein est très-nettement formulé dans la dedicace du livre à Louis XIII.

« Aucune des faces de la justice ne vous est inconnue, grand prince..... mais l'objet particulier de ce traité, qui est la justice dans la guerre... vous concerne spécialement en tant que vous êtes roi, et roi de France..... Il est digne de votre piété, il est digne de votre haute fortune, de n'attenter par les armes au droit de personne, de ne point violer d'anciennes frontières..... Qu'il sera beau, qu'il sera glorieux, qu'il vous sera doux de pouvoir dire avec confiance lorsqu'un jour Dieu vous appellera dans son royaume, le seul qui soit supérieur au vôtre : Cette épée que j'ai reçue de vous pour la défense de la justice, je vous la rends pure et innocente, car elle n'a jamais versé le

[1] Lettre 280, 10 mai 1631.
[2] *De Jure*, lib. I, cap. I, § 3, n. 1.

sang injustement. C'est ainsi que les règles que nous avons puisées dans les livres se manifesteront dans vos actions, et que vous donnerez au monde le plus bel exemple et le plus beau spectacle. »

Rendre l'épée innocente et pure, réglementer l'effusion du sang, faire le code de la guerre, en en collationnant les articles épars « dans les livres, » c'est déjà un noble but, mais ce n'est pas le seul. Dans ces limites, le livre eût trahi le génie pacifique de son auteur. Grotius a un idéal plus élevé qui l'inspire : c'est la paix. S'il fait à la guerre des concessions, s'il lui trace des règles et lui assigne un domaine, c'est pour la mieux dompter ensuite. C'est ainsi que l'on fait la part de l'incendie, et que l'on enferme la peste dans un cordon sanitaire. Les concessions faites à la guerre étaient une nécessité : il fallait bien se montrer pratique, et ne point se faire accuser d'exposer des théories purement sentimentales. Ambassadeur, Grotius devait sacrifier aux exigences de sa situation : il devait implorer des subsides pour la guerre, et cela tout en aimant et en désirant la paix. Écrivain et auteur du *de Jure*, il a aussi avec la guerre des accommodements. Il tient compte des difficultés du temps ; il pactise avec l'ennemi. Proscrire entièrement la guerre, c'eût été s'exposer à un échec inévitable. L'expérience malheureuse de Tertullien, de Ferus, d'Erasme ne le prouvaient que trop. Qui trop exige n'obtient rien. « L'exagération, dit Grotius, est souvent nuisible, parce que l'excès se découvre facilement, et fait suspecter même ce qui est bien. » Puisqu'il peut y avoir une guerre juste, on ne fera pas difficulté de le reconnaître ; mais c'est afin de mériter d'être écouté quand on proposera les grands remèdes propres à lutter contre le mal. On tolérera même quelques excès, afin d'éviter de plus grands crimes et d'amener peu à peu au bien.

Ainsi faisaient Burrhus et Sénèque auprès de l'indomptable Néron. Ils jetaient à sa fougueuse passion quelques faciles plaisirs pour éviter l'adultère, ou le viol des patriciennes.

Au moyen âge, l'Eglise n'avait pu supprimer les guerres

---

[1] *De Jure*, Proleg., 29.

privées ; que fit-elle ? Elle se contenta d'en diminuer la durée, en les permettant depuis le lundi matin jusqu'au mercredi soir.

En présence d'une « débauche » de guerre qu'il était impossible de faire disparaître dès le principe, Grotius commence par lui imposer des bornes et lui fixer des règles. Il fait comme le prévôt d'armes qui dirige les coups des duellistes avant de faire tomber les épées.

Malgré les concessions faites à la guerre, Grotius doit être rangé parmi les amis de la paix, et son livre parmi les œuvres de pacification.

Méconnaître ce caractère supérieur du *de Jure*, ce serait le priver de son principal honneur ; ce serait le réduire aux mesquines proportions d'un rituel de tournoi ; ce serait aller contre l'évidence, puisqu'il y a dans ce livre les éléments d'un projet de paix perpétuelle, et qu'à plus d'une de ses pages il offre, comme à la première et à la dernière, dans la dédicaee et dans le vœu final, l'expression formelle de la pensée pacifique de l'auteur.

Qu'on lise seulement ce que Grotius dit au roi.

« Les peuples désirent que vous fassiez tomber les armes de toutes parts, et que vous rendiez la paix, non-seulement aux empires, mais encore aux Églises. Lassés de discordes, nos esprits aspirent à la paix..... Que le Dieu de paix, que le Dieu de justice, ô Roi juste, ô Roi pacifique, comble votre majesté de cette gloire. »

Ils se sont donc trompés ceux qui n'ont vu dans le *de Jure* qu'un traité de droit naturel et des gens.

Non, l'intention première de Grotius n'était pas, comme le prétendent Barbeyrac et beaucoup d'autres encore, de mettre en système le droit naturel. Il n'a pas voulu donner le change, ni provoquer la curiosité par un titre nouveau et éclatant ; il n'a pas choisi ce titre, comme « un marchand met une enseigne à sa porte pour vendre son vin[1] ». Il n'a fait du droit naturel que pour le besoin de sa cause.

Il n'avait pas non plus l'intention, quoi qu'en disent Hallam

[1] Luden, p. 185.

et Kaltenborn, de composer un traité scientifique de droit des gens, en prenant pour base les grands principes[1]. Il ne voulait exposer qu'un chapitre de ce droit international, le chapitre de la guerre et de la paix[2]. Réglementer la guerre, voilà son but prochain. Essayer de la remplacer, comme moyen de dirimer les litiges par des procédés plus humains et plus logiques, en un mot substituer le débat au combat, voilà son but, moins direct peut-être, moins espéré aussi, mais non moins désiré.

Il y a en tête d'une édition du *de Jure* une gravure symbolique représentant la guerre et la paix. Celle-ci apparaît sous l'image gracieuse d'un innocent agneau, au milieu de jeunes filles rieuses couronnées de fleurs ; l'autre sous la figure d'un soldat farouche, d'un loup féroce qui grince des dents, et de harpies aux dards de scorpion.

Bien mieux que certains critiques, l'artiste a dans cette seule page traduit à sa manière la pensée de Grotius, résumé le *de Jure*.

Le traité, dit l'auteur lui-même, se divise en trois livres.

Le premier prouve la possibilité d'une guerre juste et étudie l'origine du droit, les différentes espèces de guerres, la nature de la souveraineté, les droits et les devoirs réciproques des rois et des peuples.

Le deuxième livre a pour objet les causes justificatives de la guerre, le droit de propriété, les droits personnels, le droit d'ambassade et de sépulture, le droit de punir, etc.

Dans le troisième livre enfin, on étudie ce qu'il est permis de faire dans le cours de la guerre, et l'on expose les diverses espèces de conventions guerrières[3].

Tel est, en raccourci, le plan du *de Jure* ; voici l'enchaînement raisonné des matières.

L'objet spécial du traité étant le droit de la guerre, Grotius commence par se demander ce que c'est que la guerre et le droit. (Ch. 1er.) Puis, ces deux concepts une fois déterminés à grand renfort de distinctions et de divisions, on les compare

---

[1] *Hist. de la littérat. de l'Europe*, t. III, p. 318.
[2] *Die Vorlaüfer des H. Grotius*, p. 100.
[3] *Prolégom.*, § 33 et suiv.

entre eux pour savoir s'il peut exister une guerre juste, qu'elle doit être cette guerre juste, et ce qu'il y a de juste dans la guerre. Ce sont là les trois principales questions que s'est posées Grotius, et auxquelles peut se rattacher son livre tout entier.

La première de ces questions reçoit une réponse affirmative dans le chapitre deuxième. La preuve qu'une guerre juste n'est pas impossible, c'est que ni le droit naturel, ni le droit positif divin ou humain n'interdisent d'une manière absolue le recours à la violence.

La définition de la guerre : *status per vim certantium*, donne lieu de distinguer, d'après le nombre et la qualité des belligérants, trois espèces de guerres : la privée, la publique et la mixte.

Or, si la guerre n'est pas fatalement injuste dans toutes les circonstances, il fallait bien, pour déterminer les cas particuliers où chaque espèce de guerre peut être légitime, exposer les droits qui la justifient. De là, tout d'abord, la théorie de l'État, où l'on fixe l'étendue et les limites de la puissance souveraine ; les rapports des citoyens avec les gouvernements, les conditions de la résistance des sujets aux pouvoirs supérieurs, etc. (Ch. 3 à 5.)

Mais c'est surtout au livre second que se trouve l'exposé des droits qui justifient l'emploi de la force. Ce livre a pour objet « les causes justificatives de la guerre ». Il répond à la deuxième question que s'est faite Grotius : quelle guerre est juste ?

Il est évident que la guerre juste est celle qui est mise au service du droit. Protéger le droit, le réparer, le venger, ou, en d'autres termes, repousser l'injure, la réparer, la venger, voilà le but et la cause légitime de la guerre et des procès.

Le chapitre premier traite de la défense de sa personne et de ses biens.

La personnalité n'est pas difficile à définir; mais la détermination des différents droits réels occupe de nombreux chapitres, dans lesquels Grotius en étudie l'origine, la transmission, l'extinction.

A la rigueur, cette étude pourrait être considérée comme une théorie du droit de la paix : car, si c'est la violation de ces droits qui occasionne la guerre, n'est-ce pas leur observation fidèle qui ferait régner la paix ?

Le chapitre deuxième renferme la curieuse théorie de la communauté primitive des biens.

Les divers modes d'acquisition originaire ou dérivée sont exposés dans les ch. 3 à 8.

Les ch. 9 et 10 indiquent la manière dont s'éteignent les droits de propriété publique ou privée, et les obligations résultant de cette double propriété.

Les six chapitres suivants sont consacrés à ce qui concerne les promesses et les contrats, leur confirmation par le serment, leur emploi dans les relations civiles ou internationales, leur interprétation.

Le ch. 17 donne les lois de la compensation ; puis viennent deux questions de droit international sur les ambassadeurs et les sépultures (ch. 18 et 19) ; et enfin une théorie importante du droit de punir (ch. 20 et 21).

C'est là, comme on le voit, un code assez considérable des principaux droits au service desquels on peut employer la force. Mais, non content de cette énumération des causes justificatives de la guerre, Grotius indique en outre quelques causes injustes ou douteuses. (Ch. 22 et 23.)

Au ch. 24 se révèle pour la première fois avec un certain éclat le caractère pacifique de l'auteur, à propos de l'avis qu'il donne de ne pas déclarer la guerre à l'étourdie, mais pour de justes motifs.

Les deux derniers chapitres traitent du droit d'intervention. (Ch. 25 et 26).

Le livre troisième contient la réponse à la troisième question : qu'y a-t-il de juste dans la guerre ?

Il ne traite guère que de droit public externe ou international. C'est un code de procédure guerrière, le cérémonial, le rituel de la guerre. C'est là que Grotius, à l'instar des maréchaux de camp du moyen âge, édicte et promulgue tous les décrets relatifs à la guerre solennelle ; énumère toutes les formalités à observer pour la commencer, la poursuivre ou la terminer.

L'auteur débute en établissant quelques règles de droit naturel, et soulève la question scabreuse des ruses de guerre. (Ch. 1.) Il montre comment, de droit des gens, les biens des particuliers sont engagés pour les dettes des souverains (ch. 2) ; puis il indique les formalités requises pour constituer la guerre solennelle ou dans les formes (ch. 3).

Vient ensuite une série de chapitres bien faits pour inspirer l'horreur du monstrueux principe qui avait cours du temps de Grotius, savoir : que toutes les violences et toutes les cruautés sont permises entre belligérants (ch. 4 à 8).

Après d'assez longs détails sur un sujet à présent suranné : le droit de postliminie, Grotius retrouve son véritable génie, qui semblait l'avoir abandonné pendant qu'il énumérait les applications de son principe sauvage. Pourquoi faut-il qu'il ait enregistré avec tant de complaisance, ou du moins avec si peu de répugnance apparente, les épouvantables excès auxquels on se portait en temps de guerre, pour en composer son horrible coutumier des combats? Mais enfin, la justice et le droit, un instant éclipsés et oubliés, reparaissent à ses yeux ; et, dès le commencement du ch. 10, il revient sur ses pas et retire une à une presque toutes les concessions qu'il semblait avoir faites aux mœurs farouches de son temps. Jusqu'ici, sous le nom usurpé de droit de la guerre, il n'a parlé que des excès impunis de la force. C'était le fait brutal qu'il exposait, la coutume affranchie de toute entrave. Maintenant Grotius va imposer au génie de la guerre des lois qu'il ne devra pas violer, des limites qu'il ne devra pas franchir.

Les fameux tempéraments qui s'appuient sur le concept du droit pur et de la haute morale sont longuement exposés en six chapitres (ch. 10-16).

Suivent quelques décisions relatives aux droits et aux devoirs des neutres ; à la conduite des particuliers dans une guerre publique (ch. 17 et 18) ; puis des recommandations instantes d'agir avec loyauté entre ennemis, soit pendant la durée de la guerre, soit pendant les négociations qui la suspendent ou qui la terminent (ch. 19 à 24). Et enfin, pour servir de conclusion à ce traité du droit de la guerre, le chapitre 25 est une exhortation chaleureuse et convaincue à l'honneur et à la paix.

Telle est la matière du *de Jure*, tel en est le plan. Il y a dans ce livre célèbre tout ce que promet le titre : droit public, droit de la nature et des gens, droit de la paix et de la guerre.

Mais ce qu'il faut surtout y chercher, à mon avis, c'est une théorie de la guerre. Cette théorie, je vais essayer de l'exposer aussi brièvement et aussi complétement que possible, en groupant autour de l'idée fondamentale du livre les divers éléments qui le composent, et en résumant successivement ce que dit Grotius : 1° Dela nature et de la légitimité de la guerre ;

2° De ses causes justificatives ;

3° De sa conduite et de ses lois ;

4.° De ses remèdes.

Théorie de la guerre.

I

NATURE ET LÉGITIMITÉ DE LA GUERRE.

CHAPITRE PREMIER

NATURE, DÉFINITION, ESPÈCES.

§ I. — DÉFINITION.

Grotius définit la guerre [1] : l'état de gens vidant leurs différends par les voies de la force. Car il y a, d'après Cicéron, deux

[1] Lib. I, cap. I, § 2.

moyens de dirimer un litige : la discussion et la force [1]. Or la guerre, c'est l'emploi de la force au lieu de la raison ; c'est le combat au lieu du débat. Son rôle, c'est de terminer les différends à la façon des duels judiciaires du moyen âge, ce facile procédé inventé par des seigneurs justiciers qui, ne sachant pas signer et se sentant absolument ignorants en droit, trouvaient tout simple de faire battre les plaideurs.

Il ne s'agit donc pas ici de cette lutte violente et universelle qui règne dans la nature, et que le comte de Maistre proclame une loi du monde. Il ne s'agit pas de l'antagonisme des êtres, de leur concurrence pour la vie. Il ne s'agit pas de cette lutte intestine dont chaque homme est le théâtre, lutte si bien décrite par S. Paul et reconnue par Louis XIV à qui Racine la faisait voir ; il ne s'agit pas de ces batailles qui se livrent entre minéraux, végétaux ou animaux irraisonnables. Non, ce dont il s'agit, c'est uniquement *ce procédé violent auquel les hommes, animaux raisonnables, ont recours pour régler leurs querelles,* quand l'animal, chez eux, triomphe de la raison.

Aux yeux de Grotius, la guerre est une espèce de procès [2]. Elle en offre les éléments essentiels, quoique singulièrement transformés. Il y a à la guerre, comme dans les procès, plaideurs, objet en litige, tribunal, formalités, sentence. Seulement, les plaideurs sont sous les armes ; le tribunal est un champ de bataille, et la sentence, c'est la victoire qui la prononce.

§ II. — ESPÈCES.

Combien y a-t-il d'espèces de guerres ? Sans entrer dans les distinctions plus ou moins subtiles et souvent même contradictoires de Grotius, je crois saisir son idée vraie en disant que la guerre privée a lieu entre simples particuliers ; la guerre publique, entre puissances souveraines, et la guerre mixte, entre souverains et particuliers [3].

Toute guerre doit avoir un but suprême : protéger le droit,

[1] *De Offic.*, I, 2.
[2] Lib. II, cap. II, § 13, n. 2.
[3] Lib. I, cap. III, § 1, n. 1.

le réparer, le venger. C'est le seul moyen, du reste, d'être *droite*
ou légitime.

Pour démontrer la droiture et la légitimité de la guerre, il
faut nécessairement savoir d'abord ce que c'est que le droit et la
loi. Car de même qu'en géométrie, la rectitude se constate à la
règle, ainsi en morale c'est d'après la loi ou le droit que s'apprécie la légitimité.

CHAPITRE II

LE DROIT.

§ I. — DE L'EXISTENCE DU DROIT.

Il y a des gens qui nient l'existence du droit. Tels étaien
les sophistes Calliclès et Philus. Tel était ce paradoxal Carnéade, qui plaidait avec tant d'esprit le pour et le contre devant
Caton scandalisé. A son avis, le droit n'était qu'une étrange
folie; et les lois n'étaient faites que pour le vulgaire et les
imbéciles. Les lois arbitraires auxquelles ou donnait le nom
de droit, n'étaient que des toiles d'araignée, capables peut-être
d'arrêter les petites mouches, mais non les grosses. Le sage ne
devait pas s'inquiéter de pareilles lois.

Du reste, quand même il existerait un droit idéal, l'esprit
humain ne saurait le découvrir.

Voilà la négation! Mais en face se pose l'affirmation de
l'existence du droit.

Le droit, dit Grotius, mais il existe aussi certainement que
la nature humaine! Vous n'avez qu'à analyser cette nature, et
vous y découvrirez le droit. Qu'est-ce donc en effet que le dictamen de la raison [1], cet oracle de la conscience qui trace à
l'homme ses devoirs [2]? C'est la règle, c'est la loi, c'est le droit.
Il y a une voix qui nous crie que telle action est essentiellement
mauvaise, et qu'il faut l'éviter; que telle autre est commandée,

[1] Lib. I, cap. I, § 10, n. 1.
[2] *Prolég.*, 9.

et qu'il faut l'accomplir [1]. C'est la voix du droit. Il y a des lois gravées dans le cœur humain, qui, sans être aussi lisiblement écrites que les édits du préteur sur son album, n'en sont pas moins facilement déchiffrées par la raison attentive. Ce code étrange que nul homme n'a rédigé, c'est le droit.

Le droit existe donc. Il est dans la nature humaine, comme la fleur et le fruit dans la semence, l'enfant dans le sein de sa mère [2].

Du reste, une autre preuve de son existence c'est sa nécessité. S'il n'existait pas, il faudrait l'inventer, car c'est lui qui maintient la société. L'homme est sociable ; or, pas de société sans le droit [3]. Les brigands eux-mêmes observent entre eux une sorte de justice [4]. Mais ce n'est pas seulement à la société que le droit est utile, c'est encore à l'individu ; c'est lui en effet qui procure à l'âme ce bien suprême, la tranquillité de conscience, tandis que l'injustice n'enfante que des tortures semblables à celles que Platon entrevoit dans la poitrine des tyrans [5].

La cause qui produit de si merveilleux effets existe donc. Qu'on n'aille pas, à l'exemple de Carnéade [6], regarder le droit comme un simple fruit de l'égoïsme et de l'intérêt. Ce droit-là serait trop fragile et trop impuissant ! Au-dessus, bien au-dessus des coutumes, conventions et législations humaines plane le vrai droit, éternel et immuable, tellement immuable et éternel que Dieu même ne saurait le modifier, « et qu'il existerait quand même Dieu ne serait pas [7]. »

§ II. — CONCEPTS ET ESPÈCES.

Cela posé, qu'est-ce que le droit ? Grotius a donné à ce mot *droit* plusieurs sens. Voici les principaux.

Le droit est défini d'abord : ce qui n'est pas injuste. Or, est injuste ce qui répugne à la société d'êtres raisonnables [8].

[1] Lib. I, cap. I, § 10, n. 5.
[2] *Prol.*, § 12.
[3] *Prol.*, §§ 7 et 19.
[4] PLATON, *Rép.*, 1. — CIC., *Off.*, II, 2.
[5] *Proleg.*, § 20.
[6] *Proleg.*, § 6.
[7] Lib. I, cap. I, §§ 10, n. 5.
[8] Lib. I, cap. I, §§ 3, n. 1.

Qu'est-ce qui répugne à une société d'êtres raisonnables ? c'est de dépouiller son voisin en vue de son propre avantage. En conséquence, la justice consisterait à s'abstenir du bien d'autrui et à éviter de porter atteinte à la société humaine. Voilà un premier concept du droit [1].

Le droit est encore une qualité morale en vertu de laquelle une personne possède ou fait légitimement quelque chose [2]. Parfaite, cette qualité morale constitue ce que les jurisconsultes appellent le sien, *suum*. C'est le droit strict, rigoureux, juridique, exigible, au service duquel on peut employer la contrainte [3]· Imparfaite, elle n'est qu'une aptitude, une simple convenance en faveur de laquelle on ne doit pas recourir à la force. Tel est, par exemple, le droit du mendiant à l'aumône.

Enfin le droit c'est la loi, c'est-à-dire une règle des actions morales obligeant à accomplir le bien [4].

Le caractère essentiel du droit, c'est l'obligation. Le conseil, qui n'implique pas l'obligation, n'est pas compris sous le nom de droit [5].

Le droit considéré comme règle se divise en droit naturel et en droit volontaire [6].

Le droit naturel est une règle que nous suggère la droite raison. Cette règle nous fait connaître qu'une action, suivant qu'elle est ou non conforme à la nature raisonnable, est bonne ou mauvaise et par conséquent interdite ou ordonnée par Dieu [7].

Mais si le droit naturel est dicté par la raison, il vient originairement de Dieu, l'auteur de la raison [8].

Il a pour caractères : l'universalité, l'obligation, l'immutabilité.

Le fondement de l'obligation, c'est la bonté essentielle de

[1] Lib. I, cap. i, § 3, n. 1 ; cap. ii, § 1, n. 5.
[2] Lib. I, cap. i, § 4.
[3] Lib. I, cap. i, § 5.
[4] Lib. I, cap. i, § 9, n. 1.
[5] *Ibid.*
[6] Lib. I, cap. i, § 9, n. 2.
[7] *Ibid.*
[8] *Prolég.*, § 12.

l'acte, sa conformité avec la droite raison, et non la volonté arbitraire de Dieu [1].

La sanction du droit naturel consiste dans le bon témoignage ou les remords de la conscience [2]. Son criterium est double : la raison éclairée et le consentement des peuples civilisés [3].

L'homme seul est sujet du droit naturel : contrairement à Pythagore, Grotius ne reconnaît pas de droit commun aux hommes et aux bêtes. Il n'admet pas non plus ce droit naturel que le jurisconsulte Ulpien [4] attribuait à toute la création, réservant aux hommes, citoyens d'une ville ou du monde, le droit civil ou le droit des gens [5].

En somme, le droit naturel est la règle morale obligeant l'homme à accomplir des actes conformes à sa raison, lui interdisant ce qui est opposé à cette même raison, et lui permettant ce qui n'est ni commandé ni défendu.

A côté du droit naturel se place le droit artificiel ou volontaire.

Celui-ci tire son origine de la volonté de Dieu ou des hommes [6].

Il a pour objet les actes indifférents, c'est-à-dire qui ne sont ni ordonnés, ni interdits par le droit naturel [7].

Il se divise en deux grandes classes : le droit humain et le droit divin.

Le droit humain est celui qui tire son origine de la volonté humaine. Il est ou public, ou privé, ou international :

Le premier émane de la volonté de l'Etat ; le second, de la volonté de simples particuliers ; le troisième, de la volonté de toutes les nations, ou du moins d'un grand nombre. Consenti par tous les peuples, il serait universel ; par quelques-uns seulement, il n'est que particulier [8].

Ces droits ont pour caractères : la variabilité et la fragilité.

<hr>

[1] Lib. I, cap. I, § 10, n. 2.
[2] *Prolég.*, § 20.
[3] Lib. I, cap. I, § 12, n. 1.
[4] *Digeste*, l. I, § 3.
[5] Lib. I, cap. I, § 11, n. 1.
[6] Lib. I, cap. I, § 13.
[7] Lib. I, cap. I, § 15, n. 1.
[8] Lib. I, cap. I, § 14.

Le moyen de les reconnaître, c'est le témoignage des hommes compétents et l'usage [1].

Quoique le droit naturel et le droit des gens forment deux catégories bien distinctes [2], il y a néanmoins un droit des gens naturel, lequel comprend les règles que la raison sociale prescrit d'observer entre nations [3].

Le droit volontaire divin émane de la volonté de Dieu. C'est l'ensemble des lois positives imposées pas la Divinité aux hommes [4].

Tels sont, d'après Grotius, les principaux concepts du droit. Les droits peuvent être considérés comme des règles. Or, comme la règle, instrument de mathématiques, sert à mesurer la rectitude ou la justesse d'une ligne, les différents droits régulateurs vont servir à apprécier la justice ou la légitimité de la guerre.

CHAPITRE III

LA GUERRE ET LES DROITS.

La guerre et les droits! Ne sont-ce pas là des mots et des choses absolument incompatibles? La guerre n'est-elle pas la contradiction, la négation, la suppression du droit? Le droit peut-il conserver quelque valeur pendant la guerre? Achille n'a-t-il pas raison de proclamer que ce n'est pas pour les héros comme lui que les lois ont été faites? n'est-il pas impossible d'être à la fois bon général et homme de bien [5]? Essayer d'allier le droit à la guerre, n'est-ce pas chercher à unir la sagesse à la folie [6]?

---

[1] Lib. I, cap. I, § 14, n. 2.
[2] *Prolég.*, § 41.
[3] *Ibid.*, § 40.
[4] Lib. I, cap. I, § 15, n. 1 et 2.
[5] Sénèque, *de Ben.*, lib. IV, cap. XXXVIII.
[6] Térence, *Eunuq.*, act. I, ỳ. 16.

Loin de là. Les lois sont si peu suspendues pendant la guerre[1], que son but à elle-même n'est autre que le triomphe de la loi et de la justice. La guerre, du reste, n'est qu'une sorte de procès remplaçant la procédure des tribunaux. Aussi les guerriers, dans l'accomplissement de leurs devoirs, doivent-ils se montrer aussi scrupuleux que des juges. Il faut combattre comme on doit plaider : *puro pioque duello*, suivant la vieille formule romaine.

Qu'elles se taisent donc si l'on veut, pendant la guerre, les lois positives des codes humains, rédigées exclusivement pour des temps de paix. Mais il est des lois dont la grande voix doit dominer le tumulte des combats, ce sont les lois immortelles qui sont faites pour être toujours obéies et pour régler en tout temps la conduite des hommes[2].

Il y a donc, aux yeux de Grotius, un droit qui subsiste même pendant la guerre. C'est le roc immobile que les vagues assiégent sans l'ébranler ; c'est la digue que les flots du torrent battent sans la renverser ; ou plutôt, c'est le soleil qui brille et poursuit sa carrière au-dessus des orages de l'atmosphère et des plus noires tempêtes.

Mais autre chose est la persévérante existence du droit pendant la guerre, autre chose la légitimité de la guerre.

De ce que le soleil resplendit au-dessus des nuages, il ne s'ensuit pas que tous les nuages soient lumineux. Ils ne brillent que si la lumière les pénètre.

La guerre ne peut être légitime que dans deux cas : si elle est commandée ou si elle n'est pas défendue. Comme il ne s'agit que de prouver la possibilité d'une guerre juste, Grotius se contente de montrer que la guerre dans son élément essentiel, le recours à la force, n'est interdite par aucun droit. Et en effet, ni le droit naturel, ni le droit positif divin ou humain, ne proscrivent absolument l'emploi de la force, voire même l'effusion du sang.

---

[1] *Prolég.*, § 4.
[2] *Prol.*, § 26.

§ I. — La guerre et le droit naturel.

Le droit naturel n'interdit aucune espèce de guerre : ni la privée, ni la publique, ni la mixte.

Faut-il parler des principes primaires du droit naturel, c'est-à-dire de cet instinct qui porte tout animal à se défendre et à se protéger ? Mais ces principes, au lieu de repousser la force, en provoquent bien plutôt l'emploi. Voilà pourquoi le jeune taureau frappe de sa corne naissante, et le jeune cheval de son pied. Voilà pourquoi chaque animal a des moyens de défense particuliers que lui a donnés la nature. Voilà pourquoi l'homme, à défaut de griffes et de cornes, peut armer sa main d'un glaive.

Mais laissons là les principes primaires pour les concepts supérieurs du droit. La nature raisonnable n'interdit pas d'une manière absolue l'emploi de la force, mais seulement les voies de fait qui sont incompatibles avec la société, c'est-à-dire qui portent atteinte au droit d'autrui [1]. Car le but de la société, c'est de maintenir chacun dans la possession de ce qui lui appartient, et d'empêcher le dommage injuste. Or la force qui protége, répare ou venge un droit, peut bien éviter de causer un dommage injuste, et par conséquent, dans ce cas-là du moins, la guerre ne sera pas illégitime [2].

D'autre part, la conscience ne repousse pas l'emploi de la force comme incompatible avec la raison. Les philosophes, les sages, les jurisconsultes dont le jugement est un criterium du droit naturel, n'ont jamais condamné absolument la guerre. Témoin Cicéron, qui fait de la violence un des deux moyens de vider un différend, et qui, dans le *pro Milone*, soutient que le droit naturel inspire à chacun la volonté de se défendre.

Du reste, une excellente preuve que la guerre n'est pas dans tous les cas contraire au droit naturel, c'est que Dieu l'a approuvée plus d'une fois [3].

[1] Lib. I, cap. II, § 1, n. 5.
[2] Lib. I, cap. II, § 1, n. 5.
[3] Lib. I, cap. II, § 2, n. 1.

§ II. — LA GUERRE ET LE DROIT POSITIF.

I. — LA GUERRE PRIVÉE.

Grotius avoue qu'il s'est trouvé embarrassé quand il s'est agi de prouver la légitimité de la guerre au point de vue du droit positif [1].

Pour plus de clarté, dans cette exposition des idées de l'auteur, distinguons chaque espèce de guerre, et soumettons-la en particulier à la pierre de touche des différents droits positifs.

La guerre privée n'est interdite, ni par le droit divin, ni par le droit humain.

Où sont les défenses faites par Dieu à Adam, à Noé, à Moïse, ou aux chrétiens par l'Evangile ?

On dit bien que le Seigneur défendit à Noé de verser le sang humain [2].

Mais c'est le meurtre coupable qui fut alors défendu. Quant à l'effusion du sang, elle est si peu interdite, qu'il y a dans le texte même de la défense, peine de mort portée contre l'assassin, et menace de répandre son propre sang [3].

C'est dans l'Evangile que les adversaires de la guerre trouvent leurs principaux arguments.

Il a été dit aux anciens : Œil pour œil et dent pour dent. Et moi je vous dis : Si quelqu'un vous frappe sur la joue droite, présentez la joue gauche [4].....

Ne résistez point à qui vous fait injure [5].....

Si l'on vous force à faire un mille, faites-en deux [6].....

Il a été dit : Tu haïras ton ennemi. Et moi je vous dis : Vous aimerez ceux qui vous persécutent.....

Vivez en paix ; ne vous vengez pas [7].

---

[1] Lib. I, cap. II, § 5, n. 1.
[2] *Genèse*, ch. IX, ỹ. 5.
[3] Lib. I, cap. II, § 5, n. 2.
[4] Lib. I, cap. II, § 8, n. 4.
[5] S. Matthieu, ch. V, ỹ. 39.
[6] Lib. I, cap. II, § 8, n. 5.
[7] S. Paul, *Rom.*, ch. XVII, ỹ. 17.

Ces leçons divines ont été répétées par les Pères, et scrupuleusement mises en pratique par les premiers chrétiens.

Certes, si c'est là vraiment la loi chrétienne, il faudra bien avouer qu'il n'y a plus guère de place pour la violence.

Mais en face de cette thèse pacifique, Grotius établit sa thèse belliqueuse. Il a des interprétations à lui, des distinctions, des observations. Il a des réponses à toutes les objections, et à ses yeux il demeure constant que l'Evangile n'interdit pas formellement la guerre privée.

Les actes du Christ, dit-il, et ses conseils sont admirables. Il est beau de suivre les uns et d'imiter les autres; mais il n'y a pas d'obligation.

Les paroles du Sauveur souffrent certaines restrictions. Qu'il nous oblige à des sacrifices qui ne soient pas excessifs, comme recevoir un soufflet, faire une promenade d'un millier de pas, cela se comprend [1]; mais s'il avait voulu nous imposer le sacrifice de la vie, aurait-il manqué de le dire expressément [2]?

Quand il nous parle de charité à l'égard de nos ennemis, c'est certainement d'une charité bien ordonnée. Or, nous ne sommes pas obligés de nous préférer le prochain [3]. Il y a des degrés et des règles dans la charité. L'amour et l'intérêt de l'innocent peuvent être une raison suffisante de sacrifier le coupable [4]. Nous ne saurions mieux faire que d'imiter la conduite de Dieu : or l'amour qu'il porte aux hommes ne l'empêche pas de les frapper [5].

Si l'on était obligé d'imiter les vertus du Christ, faudrait-il donc aussi monter au Calvaire [6]?

Quant aux sentiments des Pères, ce ne sont, en somme, que des opinions particulières d'esprits parfois originaux et bizarres comme Origène et Tertullien.

Mais la pratique plus autorisée de l'Eglise universelle fait assez voir que ni les débats ni les combats ne sont absolument

[1] Lib. I, cap. ii, § 8, n. 5.
[2] Lib. I, cap. iii, § 5, n. 5.
[3] Lib. I, cap. iii, § 2, n. 3.
[4] Lib. I, cap. ii, § 8, n. 10.
[5] Lib. I, cap. ii, § 8, n. 11.
[6] Lib. I, cap. iii, § 2, n. 8.

interdits ; car en fait de procès, S. Paul ne défend qu'une chose, savoir : de demander justice aux tribunaux païens [1].

Les apôtres ont voyagé avec des épées. Ils ont châtié quelquefois des coupables, et le Christ lui-même a chassé à coups de fouet les vendeurs du temple [2].

En résumé, l'Evangile interdit la vengeance, c'est-à-dire le plaisir méchant de nuire à celui qui nous a nui [3]. Mais il ne défend pas d'appeler la force au secours de la justice. Il y a bien conseil de relâcher de son droit et de se montrer clément, mais conseil n'est pas ordre.

Le droit humain n'interdit pas non plus dans tous les cas le recours à la force.

Ce n'est pas le droit privé, lequel dépend de la volonté des particuliers.

Pour le droit public interne ou droit civil, il est vrai qu'il enlève aux citoyens la faculté de régler leurs différends par les armes. Le temps de la barbarie est passé. La force publique, la puissance de tous, s'est substituée à la puissance et à la force de chacun pour protéger les intérêts et l'ordre. Plus de duels dans les États civilisés. C'est aux tribunaux qu'il faut demander justice.

Mais il est des cas où il n'est évidemment pas possible d'avoir recours aux juges, ou aux agents de la force publique. Le droit civil n'a certes pas pour but, et ne doit pas avoir pour résultat de nous livrer pieds et poings liés au premier brigand qui saura choisir son temps pour nous attaquer dans un endroit solitaire [4]. En pleine mer, dans un désert loin de tout secours humain, il n'y a plus de droit public qui tienne, et le droit naturel reprend son cours.

Aussi tous les législateurs et tous les codes ont-ils reconnu et sauvegardé le droit de légitime défense [5].

Le droit international n'a pas de prescription spéciale à la

---

[1] *I Corinth.*, ch. VI.

[2] Lib. I, cap. III, § 3, n. 4.

[3] Lib. I, cap. III, § 8, n. 11.

[4] Lib. I, cap. III, § 2, n. 1.

[5] Lib. I, cap. III, § 2, n. 2.

guerre privée, et ne l'interdit par conséquent d'aucune façon. Souvent, au contraire, les peuples rivaux ont eu recours au duel pour épargner le sang.

II. — LA GUERRE PUBLIQUE ET LE DROIT POSITIF.

Les ennemis de la guerre ne manquent pas d'opposer à la guerre publique les arguments qu'ils ont opposés à la guerre privée. C'est naturel.

Il n'y a pas en effet deux morales : une pour les individus, une autre pour les États. S'il était constant que Dieu eût fait défense absolue à Noé et à Moïse de verser le sang, si Jésus-Christ avait fait obligation d'aimer ses ennemis, les peuples devraient, comme les individus, aimer leurs ennemis et s'abstenir de verser le sang.

Ce n'est pas tout. On trouve dans les Écritures des textes formels qui semblent atteindre d'une manière spéciale les guerres publiques.

Que signifie, disent les pacifiques, cette admirable prophétie d'Isaïe [1] annonçant que, sous le règne du Christ, les peuples feront des hoyaux de leurs épées, et de leurs lances, des faux... qu'ils désapprendront la guerre?

Qui donc osera soutenir que la loi chrétienne ne condamne pas les guerres publiques, ces duels gigantesques, ces colossales hécatombes où disparaissent en un jour des populations entières?

De là, contre les soldats, les lois sévères des conciles et des Pères, interprètes de l'Évangile.

Mais, répond Grotius, ces autorités ne doivent être acceptées qu'avec de certaines restrictions.

La prophétie d'Isaïe n'est qu'une vision idéale de la paix qui régnerait dans le monde si tous les peuples étaient chrétiens. Macrobe, Lactance, S. Jean Chrysostome ont fait le même rêve, aussi bien que tous les grands esprits qui ont su apprécier les principes éminemment pacifiques et civilisateurs du christianisme [2].

---

[1] ISAÏE, II, ŷ. 4.
[2] Lib. I, cap. II, § 8, n. 1.

Comment Dieu aurait-il proscrit la guerre? La conquête de la Palestine n'est-elle pas son œuvre? n'est-ce pas Dieu qui a dirigé cette campagne fameuse et en a ordonné les moindres détails? Dieu n'est-il pas le *Deus Sabaoth*, et n'eut-il pas chez les Juifs ses états de services consignés dans le livre des *Guerres du Seigneur* [1]?

L'Évangile, lui aussi, demande à être interprété.

Est-ce que Jean-Baptiste a interdit la milice aux soldats qui venaient le consulter dans son désert [2]? Est-ce que le centurion Corneille, pour être baptisé par S. Pierre, fut obligé de renoncer à son grade et à ses fonctions?

Non, l'Église n'a jamais refusé le baptême aux soldats; et ceux de ses martyrs qui ont porté l'epée, ne sont pas moins honorés que les autres martyrs [3].

Tertullien lui-même ne loue-t-il pas les soldats chrétiens, dont les prières obtiennent, pour les légions de Marc-Aurèle, la pluie rafraîchissante?

Lorsque Constantin appelle dans ses armées des légions de chrétiens, et qu'il fait placer l'image du Christ sur ses étendards, les évêques ne font aucune opposition. Au contraire, dans un concile d'Arles tenu sous le règne de ce prince, ils n'hésitent pas à excommunier les déserteurs [4].

Que le droit humain, à son tour, n'interdise pas la guerre publique, Grotius ne prend pas même la peine de le prouver, tant les faits parlent haut. Aujourd'hui, le droit international légitime la guerre, comme autrefois le droit civil légitimait le duel judiciaire. Car, au sein de la grande famille humaine, les États se regardent encore comme étrangers les uns aux autres. Il n'y a pas encore de sociétés de nations, comme il y a des sociétés d'individus. A part quelques États confédérés qui ont su se procurer les avantages de l'association sans abdiquer leur indépendance, la plupart des peuples végètent dans la barbarie de l'état de nature. Un litige s'élève-t-il entre deux nations?

[1] Lib. I, cap. II, § 2, n. 1.
[2] S. Luc, cap. III, ŷ. 14.
[3] Lib. I, cap. II, § 10, n. 3.
[4] Lib. I, cap. II, § 10, n. 11.

comme il n'y a pas de tribunaux pour le juger, des deux moyens indiqués par Cicéron pour vider un différend : le raisonnable et le bestial, le débat et le combat, c'est au dernier que ces nations ont recours. L'expérience des particuliers, l'expérience universelle, l'expérience même des peuples n'instruit point les peuples, ou du moins elle semble demeurer pour eux entièrement inutile. On sait très-bien que le tribunal de la force rend des arrêts aussi désastreux que stupides et absurdes, mais on n'en continue pas moins à demander justice à ce juge. La guerre est devenue un procédé juridique comme le procès. On en a réglé le cours et les formalités. Il y a un code de procédure guerrière, comme il y a un code de procédure civile ou criminelle. C'est précisément ce droit guerrier [1] que Grotius s'est efforcé de formuler dans son livre et de faire accepter par les belligérants, comme une partie du droit international.

III. — LA GUERRE MIXTE ET LE DROIT POSITIF.

Arrivons à la guerre mixte, et d'abord à celle que peuvent faire les puissances aux particuliers.

A. — De la guerre du pouvoir aux sujets.

Ici encore Grotius a des objections à réfuter ; car il y a des gens qui refusent à l'État le droit d'employer certains moyens de répression et d'infliger, par exemple, la peine capitale. Mais le juriste revendique avec ardeur et conviction le fameux droit de glaive pour l'État, et la faculté qu'a ce dernier d'employer la force au service du droit.

En conseillant de présenter la joue gauche à celui qui a frappé la droite, le Christ ne s'adresse qu'à l'offensé, et nullement au magistrat, lequel, dans une société bien organisée, se substitue à l'insulté et poursuit l'insulteur en vertu de la loi.

L'État a le devoir de protéger les sujets, comme le père et le tuteur ont le devoir de protéger les enfants ou les pupilles.

Aussi, loin d'interdire l'emploi de la force aux magistrats,

---

[1] *Jus bellicum.*

aux rois, à l'État, le droit divin le leur accorde expressément.

S. Paul fait faire des supplications en faveur des puissances [1].
Il les pare d'un reflet presque divin, et leur reconnaît le droit
de frapper par le glaive [2].

Lorsque Constantin édicta des lois sévères contre les parri-
cides, les évêques n'y firent aucune opposition [3].

Or, ce qui est licite contre un coupable, l'est également contre
un grand nombre [4].

La raison humaine, traduite par les coutumes et formulée
dans les codes, a revendiqué pour l'État le droit de recourir à
la force, afin de protéger le droit, de le réparer, de le venger.

La simple notion de l'État suffit bien pour montrer que ceux
qui l'ont constitué, se sont réservé le droit d'employer la force
quand besoin serait.

La société civile ayant été établie pour maintenir la tranquillité et l'ordre, il suit qu'elle peut employer tous les moyens
nécessaires à cette fin, et qu'elle a prétendu se ménager ce droit-
là. Oui, la volonté des hommes, bien loin de proscrire l'emploi
de la force contre les perturbateurs de l'ordre social, l'a consacré,
au contraire, par l'usage le plus constant, par les déclarations
les plus formelles. La force publique a remplacé la force, ou
plutôt la faiblesse individuelle, pour la défense de tous. Si ce
n'est pas cette raison d'utilité qui a fait conclure le probléma-
tique contrat social; si les hommes, pour se réunir en société,
n'ont pas eu de mobile intéressé; s'ils n'ont obéi qu'au penchant
plus noble, à l'impulsion plus généreuse de la sympathie naturelle, il n'en est pas moins vrai que, outre la satisfaction de
leur naturel désir, ils bénéficient de cet avantage incomparable
d'avoir au service de leur droit, de leurs personnes, de leurs
biens, une puissance irrésistible, invincible, qui joue près d'eux
le rôle d'une providence visible, ou du moins, si cette comparaison paraît trop flatteuse pour les gouvernements, le rôle de
la chevalerie du moyen âge.

---

[1] *Ep. 1. Timoth.*, cap. II, ỹ. 13.
[2] *Ep. Rom.*, cap. XIII.
[3] Lib. I, cap. II, § 10, n. 5.
[4] Lib. I, cap. II, § 7, n. 13.

B. — De la guerre de résistance des sujets au pouvoir.

L'État peut protéger, réparer, venger le droit en employant la force contre les particuliers jusqu'à l'effusion du sang. Au service du droit, il met son armée, ses tribunaux, ses prisons, ses juges et ses bourreaux. L'État a le droit de faire la guerre aux particuliers; mais la réciproque est-elle vraie? Les particuliers ont-ils le droit de faire la guerre à l'État?

De droit divin, non. Les individus sont sacrifiés à l'État. Cette fois, c'est Grotius qui soutient en son nom l'objection contre la légitimité de cette guerre. Comme Erasme et d'autres protestants rendus prudents ou timides à la vue des horreurs de la guerre des paysans déchaînés par Luther, Grotius est devenu partisan de l'autorité. C'est, du reste, en recevant une pension d'un monarque absolu, que le républicain exilé écrit son traité. On dirait qu'il veuille payer ainsi le prix de son hospitalité. C'est donc sérieusement qu'il accumule tous les textes de l'Ecriture qui paraissent proscrire la guerre contre les rois.

Lorsque Samuel énumère au peuple tous ces droits exorbitants que s'arrogera le roi qu'on implore, permet-il au moins de résister à ses vexations? Point. Cette volonté tyrannique du monarque fera droit au même titre que l'édit du préteur, et le peuple, dans son malheur, n'aura pas d'autre ressource que d'invoquer l'assistance du Seigneur [1].

Oui, la Bible interdit la résistance au roi, mais surtout la résistance qui irait jusqu'au régicide. David, pressé de près par Saül, se garde bien de le mettre à mort, quoiqu'il eût trouvé l'occasion la plus favorable [2]. Il savait qu'il faut honorer les oints du Seigneur, les princes, les juges, *les dieux*. Il s'accordait en cela avec les sages les mieux inspirés. Les rois, dit Plutarque, sont vénérables et adorables à l'égal de la divinité; et c'est une impiété de porter sur eux la main [3].

[1] Lib. I, cap. IV, § 3.
[2] I Samuel, cap. XXVI, ꝟ. 2.
[3] Lib. I, cap. IV, § 7, n. 7.

L'Evangile interdit également la résistance aux pouvoirs publics. Celui qui résiste aux puissances résiste à Dieu, dit S. Paul [1]. S. Pierre fait un devoir de supporter les maîtres les plus durs, et cela s'applique aux rois.

Excellente interprétation de l'Evangile, la conduite des premiers chrétiens ne s'écarte pas de ces préceptes du Seigneur et de ses apôtres. Jamais, en effet, les chrétiens ne se sont révoltés contre les plus détestables empereurs [2].

Les Pères regardent comme un crime la résistance au souverain, et déclarent qu'il n'y a contre l'oppression d'autre refuge que la prière et le recours à Dieu. Ainsi ont pensé Clément, Tertullien, Ambroise, Grégoire de Nazianze et Augustin.

Mais peut-être ne doit-on supporter que des injures légères? Faut-il aussi se soumettre au caprice d'une atroce tyrannie? Faut-il se laisser supplicier?

Le Christ n'accorde que le droit de fuir. Les chrétiens doivent rendre grâces à Dieu s'ils sont persécutés. N'est-ce pas le martyre qui a le plus contribué au progrès du christianisme?

Aussi, nos pères, encore imbus des préceptes de l'Evangile, professaient-ils et pratiquaient-ils la soumission aux puissances jusqu'au martyre inclusivement. Il n'y a qu'à lire S. Cyprien, Lactance, S. Augustin... Il n'y a qu'à se rappeler la conduite héroïque de cette légion thébaine, qui se laisse décimer dans les défilés d'Agaune, et les discours sublimes de ses chefs [3].

Au point de vue du droit humain, Grotius a des décisions différentes, selon que le pouvoir est absolu ou non, que les injures sont tolérables ou atroces.

Si le pouvoir est absolu, et que les injures soient tolérables, il faut se sacrifier. Et pourquoi pas? Que sont les intérêts particuliers au prix des intérêts généraux?

Du reste, en sauvegardant l'Etat, tout est sauvé, même les intérêts particuliers. Périclès l'affirme, et Tite-Live, Platon, Jamblique sont de cet avis [4]. Il faut supporter les injures de la

---

[1] *Ep. Rom.* XIII.
[2] Lib. I, cap. IV, § 5, n. 1.
[3] Lib. I, cap. IV, § 7, n. 11, 13.
[4] Lib. I, cap. IV, § 4, n. 4.

part du pouvoir, comme on les supporte de la part de son père. On peut souhaiter de bons princes, sans doute, mais il faut endurer les mauvais, comme on endure sécheresses, inondations, peste, famine et autres fléaux[1].

Grotius se montre infiniment plus libéral quand il songe aux injures manifestement atroces. La loi, dit-il, dépend de la volonté de ceux qui fondent la société. Or, supposé qu'on leur demande s'ils prétendaient imposer à tous les citoyens la dure nécessité de mourir plutôt que de prendre les armes pour se défendre contre un tyran, répondraient-ils affirmativement[2]? Les hommes, en donnant le pouvoir à des rois, se sont-ils privés du droit de résister, en ne se réservant que le devoir de mourir?

Poser une telle question, c'est la résoudre.

En admettant donc que ce soit un devoir de charité de se sacrifier à l'intérêt public ; qu'il y ait précepte positif, commandement exprès de subir la mort plutôt que d'attenter à la vie du souverain et de résister au pouvoir, du moins la loi humaine n'oblige pas à un tel sacrifice. Car le but de la société n'est pas précisément de subir patiemment les outrages du pouvoir : c'est au contraire, de repousser plus facilement la violence, contre laquelle l'isolement aurait laissé trop impuissants et les familles et les individus.

Si le dépositaire des pouvoirs publics n'est pas un monarque absolu, il est permis de lui résister dans la mesure précise fixée par la constitution[3]. Lorsque le prince n'a reçu l'autorité que sous certaines conditions, comme autrefois à Sparte, il n'est pas défendu de lui faire la guerre, et même de le mettre à mort, s'il viole la loi[4].

Quant à l'usurpateur, au tyran qui s'est emparé d'un pouvoir auquel il n'avait aucun droit, Grotius édicte contre lui les plus sévères arrêts.

Le premier venu peut légitimement le mettre à mort[5]. A plus

<hr>

[1] Lib. 1, cap. iii, § 8, n. 15.
[2] Lib. I, cap. iv, § 7, n. 3.
[3] Lib. 1, cap. iv, § 8.
[4] Lib. I, cap. iv, § 11.
[5] Lib. I, cap. iv, § 17.

forte raison si, avant l'usurpation, il existait quelque loi qui menaçât de cette peine l'usurpateur [1].

Mais à côté de ces décisions rigoureuses du droit, Grotius juge à propos d'ajouter quelques conseils pratiques.

Même sous le joug de la tyrannie, il faut consulter l'utilité. Or la tyrannie n'est-elle pas souvent préférable à la guerre intestine? C'est une question très-grave, dit Cicéron à son ami Atticus, de savoir lequel vaut mieux, de la paix ou de la liberté reconquise au prix du plus grands sacrifices.

Dans tous les cas où il s'agit de l'indépendance d'une nation, et non d'un intérêt particulier, ce n'est guère aux simples citoyens qu'il appartient de se poser en juges des tyrans. Leur attribuer ce droit, ce serait ouvrir carrière à toutes les passions politiques et préparer tous les attentats [2].

La prudence conseille aux particuliers d'accepter le fait accompli, et d'imiter le Christ qui paie le tribut à César, tout simplement parce que la monnaie porte l'effigie de César.

Mais ce sont là des questions de politique peut-être trop étrangères au sujet. Il suffisait de constater que, si le droit divin positif interdit la résistance au pouvoir établi, le droit humain l'autorise quelquefois.

En somme, Grotius a démontré surabondamment la possibilité d'une guerre juste, puisqu'il y a des cas où ni le droit naturel, ni le droit positif divin ou humain n'interdisent l'emploi de la force. Or ce n'est encore là qu'une justice négative. Reste à examiner ce qui produit la justice positive de la guerre, c'est-à-dire les causes justificatives.

[1] Lib. I, cap. IV, § 18.
[2] Lib. I, cap. IV, § 19, n. 2.

II

CAUSES JUSTIFICATIVES DE LA GUERRE

Comme l'indique le mot, les causes justificatives de la guerre sont les raisons qui rendent la guerre juste. Ce sont les prétextes qu'on ne fait pas difficulté d'avouer, bien différents des mobiles souvent condamnables qu'on s'efforce de tenir secrets.

Point n'est besoin de démontrer la nécessité des causes justificatives. La guerre qu'on n'entreprend que pour des raisons d'intérêt est une guerre de brigands, et parfois même une guerre de bêtes sauvages [1].

Si la guerre consiste essentiellement dans l'emploi de la force, il est évident que la guerre juste sera celle qui ne mettra la force qu'au service du droit. C'est pour cela que dans toute guerre, comme dans tout procès, il ne peut y avoir qu'un des partis qui ait réellement raison, puisque le droit ne se trouve que d'un côté.

Chercher les causes justificatives de la guerre, c'est donc chercher les droits au service desquels on peut employer la force.

Or, comme il y a trois espèces de guerres, il y aura aussi des causes spéciales à chacune. Les droits qui donnent lieu à la guerre privée sont les droits particuliers. Les prétextes des guerres publiques sont les prérogatives des États. Les causes des guerres mixtes sont les droits respectifs des sujets et des puissances.

En un mot, il y a autant de sources de guerres qu'il y a de sources de procès, et ces sources sont les droits [2].

---

[1] Lib. II, cap. xxii, § 2.
[2] Lib. II, cap. i, § 2, n. 1.

CHAPITRE PREMIER

CAUSES JUSTIFICATIVES DE LA GUERRE PRIVÉE.

Les causes justificatives des guerres privées sont les droits privés ou les violations de ces droits. Les droits des individus sont de deux sortes : naturels ou positifs, innés ou acquis. De là, la minutieuse reconnaissance poussée par Grotius dans le domaine du droit positif aussi bien que dans celui du droit naturel.

§ I. — BIENS PERSONNELS.

Le premier bien de l'homme, c'est sa vie. Pour protéger ce droit primordial, il est permis de recourir à la force, et de repousser par ce moyen toute attaque que l'on ne saurait éviter autrement[1].

La loi naturelle ne s'y oppose pas, puisqu'elle nous impose le soin de notre conservation.

Ce qui est dit de la vie vaut pour la pudeur, qui est estimée à l'égal de la vie.

Quant à l'honneur, il y a un faux honneur qui ne paraît pas être aux yeux de Grotius une cause justificative de violence ; l'autre, le véritable, la bonne renommée, autorise peut-être le meurtre au point de vue du droit naturel, mais non au point de vue de l'Évangile[2].

Est-il permis de ravir la vie à celui qui menace nos biens extérieurs ? Le droit naturel le permet, à moins qu'il ne s'agisse d'objets d'une valeur insignifiante. Le droit positif fait la même concession, dans certaines circonstances, à l'égard du voleur de nuit par exemple ; mais l'Evangile s'y oppose, et la permission accordée par les lois n'innocente pas devant Dieu le meurtrier[3].

---

[1] Lib. I, cap. I, § 3.
[2] Lib. II, cap. I, § 10, n. 1.
[3] Lib. II, cap. I, § 14.

§ 11. — BIENS EXTÉRIEURS. LA PROPRIÉTÉ.

Si les biens extérieurs n'autorisent pas toujours l'effusion du sang, ils peuvent du moins être protégés par une violence modérée. Cette possibilité d'employer dans une certaine limite la force au service de ces droits, et de soutenir une lutte qui, pour n'être pas sanglante, se rattache cependant à la guerre, suffisait elle pour déterminer Grotius à introduire dans son livre les innombrables détails qu'on y trouve accumulés à propos des droits privés ?

Passons rapidement sur cette partie du *de Jure*, qu'on a regardée comme un hors-d'œuvre.

Le principal des droits privés extérieurs est le droit de propriété, dont Grotius étudie la nature, l'origine, le sujet, l'objet et l'étendue. Le droit de propriété, c'est la faculté de posséder quelque chose en propre, à l'exclusion des voisins. L'effet de cette faculté, c'est, pour ainsi dire, l'incorporation des objets extérieurs, leur annexion à la personne qui les possède. Car il ne s'agit pas ici des éléments essentiels de la personne, du mien intérieur, ou du moi, mais du mien extérieur ou du non-moi.

L'origine de cette appropriation des objets extérieurs par la personne humaine est curieuse.

Au commencement, toutes choses étaient communes entre tous ; l'innocence des premiers hommes rendait possible cette communauté[1]. Mais bientôt la simplicité et la candeur disparaissent du cœur de l'homme, pour faire place aux passions, surtout à l'ambition qui trouble la concorde. C'est alors que l'on se partage tout ce qui peut être partagé ; que l'on s'approprie tout ce qui peut être approprié[2].

Cet important événement se réalisa, soit par un partage effectif, soit par la reconnaissance tacite de l'occupation[3] comme moyen créateur de la propriété, ou plutôt comme son signe premier, car la vraie cause créatrice de la propriété, c'est la volonté hu-

[1] Lib. II, cap. ii, § 2, n. 1.
[2] Lib. II, cap. ii, § 2, n. 3.
[3] Lib. II, cap. ii, § 2, n. 5.

maine. Le droit naturel ne la commande ni ne la défend. La même volonté qui établit la propriété de la terre, s'opposa à l'appropriation de la mer, des grands cours d'eau [1].

Les sujets bénéficiaires du droit de propriété ne peuvent être que des individus raisonnables [2].

Les priviléges du propriétaire sont nombreux. Il peut user et abuser de sa chose, en éloigner autrui, la protéger et la revendiquer par la force.

Il y a cependant des bornes au droit de propriété. Les principales sont le droit de nécessité et d'usage innocent. Ces deux derniers droits sont si réels qu'ils peuvent être appuyés par la force même contre le propriétaire.

A côté de la propriété, qui a surtout pour objet les choses matérielles, se trouvent quelques droits privés qui ont pour objet les personnes et qui peuvent réclamer l'emploi de la force.

Les parents ont sur leurs enfants, jusqu'à l'adolescence, jusqu'au mariage peut-être, le droit naturel de les gouverner, de les châtier, de les donner en gage, et même de les vendre en cas de besoin [3]. Parmi les droits acquis se trouve le droit du mari à l'égard de l'épouse [4] ; celui du maître sur le serviteur ou sur l'esclave ; du vainqueur sur le vaincu. Et à ce propos Grotius croit devoir distinguer deux sortes de servitudes : l'imparfaite, qui laisse à l'inférieur quelque liberté ; la parfaite, qui consiste à se livrer entièrement à un maître, en abdiquant toute liberté et toute indépendance [5].

Non content d'énumérer ces droits privés et une foule d'autres qu'il faut laisser dans l'ombre, Grotius se plaît à les suivre dans leur histoire, et à dire comment ils se transmettent ou s'éteignent. De là de très-longues considérations sur les diverses manifestations de la volonté qui transmet le droit, savoir : sur la promesse, sa nature, ses effets, ses conditions, sa confirmation par le serment [6] ; sur le testament, sur les contrats,

---

[1] Lib. II, cap. III, § 10, n. 1.
[2] Lib. II, cap. III, § 6.
[3] Lib. II, cap. v, § 3, 4.
 Lib. II, cap. v, § 8.
[5] Lib. II, cap. v, § 27 et 29.
[6] Lib. II, cap. XI et XIII.

leur nature, leurs espèces, leurs conditions; sur le serment dont on étudie les effets et la sainteté[1], etc., etc.

CHAPITRE II

CAUSES JUSTIFICATIVES DE LA GUERRE PUBLIQUE. — L'ÉTAT ET SES DROITS.

L'État est une réunion parfaite d'hommes libres associés pour jouir de la protection des lois et pour leur utilité commune. C'est la personne humaine agrandie, la personne morale collective. L'Etat est dans le monde ce que l'individu est dans la nation. Il a, comme le particulier, son existence, ses biens intérieurs, son honneur, sa vie. Il a aussi ses biens extérieurs.

§ I. — DROITS ESSENTIELS DE L'ÉTAT.

Le caractère essentiel de l'Etat, c'est la souveraineté et l'indépendance.

La souveraineté de l'Etat ne disparaît pas dans une alliance, pas plus que l'individu ne perd sa liberté en entrant dans la société[2].

Voila l'Etat. Or, ce qu'on a dit du droit de défendre sa personne et ses biens ne regarde, il est vrai, que la guerre privée, mais on doit l'appliquer aussi à la guerre publique[3].

Le premier des biens de l'Etat, c'est sa vie, son indépendance. C'est aussi la première cause justificative d'une guerre publique, contre l'ennemi qui attaquerait ou menacerait ce bien suprême. L'honneur, la renommée, le prestige sont autant de causes justifiant la guerre; seulement, observation importante à faire, Grotius nie qu'il soit permis de prendre les armes pour amoindrir une nation rivale qui grandit, si sa grandeur ne constitue pas un danger immédiat ou prochain[4]. Il repousse les guerres préventives.

Comme les individus, l'Etat a son droit de propriété sur le

---

[1] Lib. II. cap. XIII.
[2] Lib. I, cap. III, § 21, n. 1.
[3] Lib. II, cap. I, § 16.
[4] Lib. II, cap. XX, § 39, n. 1.

territoire qu'il occupe. Cette propriété nationale a la même origine, est soumise aux mêmes conditions que la propriété privée Un peuple voisin peut revendiquer le droit de nécessité et d'usage innocent, réclamer des terres incultes, des femmes, la liberté de commerce [1].

Si les particuliers peuvent se soumettre à une servitude parfaite ou imparfaite, l'Etat, lui aussi, peut abdiquer sa souveraineté, son autonomie, sa liberté et s'imposer un joug politique. Il n'y a que cette différence, que l'esclavage de l'individu est personnel et meurt avec lui, tandis que la servitude de la nation est perpétuelle et renaît avec les générations nouvelles [2]. L'Etat ou le peuple peut se faire esclave d'un monarque absolu, et aliéner à la fois sa liberté et son domaine national [3].

La transmission des droits de la nation a lieu soit en vertu de la volonté positive de l'Etat, soit en vertu de quelque loi internationale. La volonté de l'Etat se manifeste par de simples promesses, ou s'inscrit dans des traités publics dont les conditions sont les mêmes que celles des promesses ou des contrats particuliers [4]. C'est le droit international qui a réglé que la souveraineté et la propriété publique seraient transférées par la guerre, la conquête, la prescription, etc. [5].

Les droits de l'Etat s'éteignent par l'abandon qu'il en fait ou par sa mort. Mais comment constater la mort de l'Etat, ce grand corps rajeuni sans cesse par les éléments nouveaux qu'il reçoit [6] ? L'Etat meurt quand il perd la souveraineté qui est son âme, et quand son corps tombe en dissolution, c'est-à-dire lorsque les citoyens, qui sont ses membres et ses éléments constitutifs, se séparent de gré ou de force [7].

§ II. — DROITS EXTÉRIEURS.

Ce n'est pas seulement dans l'intérêt de ses propres droits que

[1] Lib. II, cap. II, § 17-20.
[2] Lib. II, cap. V, § 32.
[3] Lib. II, cap. VI, § 7 et 8.
[4] Lib. II, cap. XVIII, § 2, n. 3.
[5] Lib. II, cap. IV, § 2.
[6] Lib. II, cap. IX, § 1 et 3.
[7] Lib. II, cap. IX, § 5.

l'Etat peut faire la guerre, mais encore en faveur de certains droits qui lui sont étrangers. Grotius touche ici à la question de l'intervention. On peut, dit-il, prendre la défense de ses parents, de ses amis, de ses alliés, des étrangers même en vertu de l'union et de la sympathie qui doivent exister entre tous les hommes [1]. Les Etats ont donc le droit de secourir des sujets étrangers qui gémissent sous le joug d'une oppression évidente ; et cela lors même que les opprimés ne pourraient légitimement résister à leur souverain [2]. L'obstacle dans ce cas vient du côté de ces sujets que leur volonté ou leur naissance sacrifient et vouent au despotisme, mais non de la situation elle-même, laquelle demande une amélioration. Un Etat, quel qu'il soit, peut donc toujours légitimement déclarer la guerre à des tyrans, tels que Busiris, Phalaris, Maxence, Licinius et autres persécuteurs [3].

Il est des crimes qui violent à l'excès le droit de la nature et des gens. Permis à chacun de les réprimer par la force. Naturellement, le soin de punir de tels attentats appartient à tout honnête homme, qui alors se trouve investi d'une magistrature ; mais ce soin, les pouvoirs publics se le sont réservé [4]. Tout Etat a le droit d'attaquer des pirates, et même le gouvernement duquel ils relèvent, si ce gouvernement ne les réprimait pas [5].

On peut aussi faire la guerre au nom du droit divin outragé. Les rois sont protecteurs nés de la société tout entière, comme les évêques le sont de l'Eglise universelle [6].

Aussi bien, le droit divin et la religion intéressent assez les Etats pour que ceux-ci s'en occupent. Or, la religion qui doit être ainsi protégée, c'est la religion naturelle. Les dogmes en sont peu nombreux. Ce sont des principes accessibles à la raison : l'existence de Dieu, la nécessité d'un culte, etc. Grotius fait de la casuistique et prétend que l'on peut châtier des peuples irrévérencieux envers ce qu'ils regardent, à tort ou à raison, comme la divinité ; des tyrans qui mettent à mort des missionnaires,

---

[1] Lib. II, cap. xxv, § 4 et 5.
[2] Lib. II, cap. xxv, § 8.
[3] Lib. II, cap. xxv, § 8, n. 2.
[4] Lib. II, cap. xx, § 40, n. 1.
[5] Lib. II, cap. xxi, § 2, n. 5.
[6] Lib. II, cap. xx, §§ 44-51.

quoique le refus d'embrasser le christianisme ne soit pas un juste motif de guerre[1].

CHAPITRE III

CAUSES JUSTIFICATIVES DE LA GUERRE MIXTE.

La guerre mixte est celle qui a lieu entre puissances publiques et simples particuliers. Elle a pour causes justificatives les droits de l'un ou de l'autre des belligérants. Il est donc indispensable de formuler une théorie du droit public interne ou constitutionnel, afin de déterminer les rapports des parties intégrantes de l'Etat. Celui-ci a été considéré comme une personne morale en face des Etats voisins. Il s'agit maintenant d'analyser ses éléments, ses rouages, son organisation. C'est une anatomie qu'il faut faire, une étude de ses organes et de leurs relations.

Aux yeux de Grotius, deux éléments principaux constituent l'Etat : l'élément souverain et l'élément sujet, le supérieur et l'inférieur, le pouvoir qui administre juge, gouverne, et le sujet qui est administré, jugé, gouverné.

§ I. — DROITS DE L'ÉTAT SUR LES SUJETS.

L'association que forment plusieurs chefs de famille pour constituer un peuple et un Etat, donne au corps entier sur les membres le droit le plus étendu[2].

Le but de l'Etat étant la paix publique, il a sur les personnes et sur les biens un droit supérieur[3]. Il prime les droits du père et du maître; et, dans l'intérêt du public, il a sur la fortune des particuliers un pouvoir plus étendu que celui des particuliers eux-mêmes.

En vain Vasquez, un théologien bien connu de l'auteur du *de Jure*, a prétendu que ceux-ci, ne désirant, en dernière analyse, le salut de l'Etat qu'au point de vue de leur propre intérêt,

---

[1] Lib. II, cap. xx, §§ 44-51.
[2] Lib. II, cap. v, § 2 et 3.
[3] Lib. I, cap. ı, § 6.

chacun, par conséquent, doit préférer sa conservation personnelle au salut même de tout l'Etat [1], Grotius maintient son dire : l'Etat passe avant les individus ; et il cite en preuve cinq ou six exemples de dévouement à la patrie [2].

Maintenant, en qui réside précisément l'autorité souveraine ?

« De même, dit Grotius, que le sujet commun de la vue est le corps humain, tandis que l'œil en est le sujet propre, ainsi le sujet commun de la souveraineté est l'Etat, que l'on a défini une association parfaite, etc. Mais le sujet propre sera une personne unique ou collective, au gré de la volonté, et selon les mœurs de chaque nation [3]. »

Le peuple, en effet, ne peut pas toujours, surtout s'il est nombreux, exercer par lui-même le triple pouvoir législatif, administratif et judiciaire qui constitue la souveraineté [4]. Il le confie alors à une ou à plusieurs personnes. D'où trois formes principales de gouvernement : république, aristocratie et monarchie [5].

Grotius n'a fait que mentionner et esquisser légèrement l'état aristocratique et l'état républicain, leur origine, leurs prérogatives, etc. ; toute son attention semble s'être concentrée sur l'état monarchique.

L'état monarchique est celui dans lequel l'autorité suprême est confiée à un seul homme, soit entièrement, soit partiellement.

Il y a plusieurs espèces de monarchies, depuis celle que l'on appelle absolue et parfaite jusqu'à cette royauté macédonienne qui n'était qu'un simple principat [6]. Aristote en comptait cinq en tout [7].

Selon la doctrine de Grotius, l'origine commune de ces royautés, c'est la volonté du peuple. Leurs prérogatives dépendent également de cette volonté [8]. Tantôt le roi partage avec le peuple l'autorité souveraine ; tantôt on impose à la royauté des

---

[1] Lib. II. cap. 4, § 9, n. 2.
[2] Lib. II, cap. v, § 4, n. 2.
[3] Lib. I, cap. III, § 7, n. 1, 2 et 3.
[4] Lib. I, cap. III, § 6.
[5] Lib. I, cap. III, § 8, n. 9.
[6] Lib. I, cap. III, § 20.
[7] *Polit.*, lib. III, cap. x.
[8] Lib. I, cap. III, § 13.

clauses commissoires qui en font un dépôt[1]. On menace le roi de déchéance en cas de parjure ; on fait de lui un usufruitier du pouvoir[2], un mandataire révocable à volonté[3].

Un peuple peut se dépouiller entièrement de sa souveraineté, l'abdiquer entre les mains d'un seul homme[4], comme le fit le peuple romain par la fameuse loi *regia*[5].

N'est-il pas permis à chacun de se réduire en esclavage au bénéfice du premier venu ? Pourquoi donc serait-il défendu à un peuple, ne relevant que de lui-même, de se soumettre à un homme et de lui transférer tous ses pouvoirs sans en réserver la moindre partie ? La liberté nationale, ou la souveraineté ne ressemble-t-elle pas à la liberté individuelle ? Or, s'il y a des hommes naturellement esclaves, pourquoi les peuples ne pourraient-ils le devenir[6] ?

Or, il peut y avoir bien des raisons de créer la monarchie absolue.

Si, par exemple, un peuple menacé de périr ne trouve personne qui consente à le sauver à une autre condition, ne vaut-il pas mieux obéir que de succomber ? La soumission n'est-elle pas préférable à la ruine, la servitude à l'anéantissement, la paix tranquille à une orageuse liberté[7] ?

Évidemment, les sympathies de Grotius sont alors pour les rois absolus. Il se fait leur champion, l'avocat convaincu de leurs droits.

Le roi absolu, dit-il, est maître de lui-même et des autres. Il agit à sa guise, sans avoir de compte à rendre à personne. Il n'est responsable que devant Dieu.

Lui seul, il est l'Etat, la cité tout entière. Il ne voit personne au-dessus de lui, et du haut de son trône, où il siége comme une divinité, il gouverne tout à son gré[8].

---

[1] Lib. I, cap. III, § 16, n. 5.
[2] Lib. I, cap. IV, § 10.
[3] Lib. I, cap. III, § 11, n. 3.
[4] Lib. I, cap. III, § 8.
[5] Lib. I, cap. V, § 31.
[6] Lib. I, cap. I, § 8, n. 4.
[7] Lib. II, cap. XXIV, § 6.
[8] Lib. I, cap. III, § 8, n. 10.

A ce monarque ainsi divinisé, il est permis de sacrifier l'intérêt commun à son propre intérêt.

Il a droit à une obéissance sans bornes de la part de ses sujets. Quelle que soit sa perversité, ceux-ci ne peuvent lui résister. Que si par hasard on lui fait quelque opposition, il doit être épargné, comme David épargna Saül, car il est inviolable[1]. Du reste, que pourrait-on lui reprocher ? Régner, c'est pouvoir agir avec impunité. Les fautes d'un roi doivent passer pour des actes méritoires[2]. Veut-on un exposé des prérogatives royales, qu'on lise Samuel : « Il prendra vos fils pour en faire des soldats, des laboureurs, des domestiques. Il prendra vos champs et vos vignes où sont vos beaux oliviers, et il les donnera à ses serviteurs. Il prendra ce que vous aurez moissonné et ce que vous aurez vendangé..... Il prendra vos filles pour en faire ses parfumeuses et ses boulangères. Il distribuera vos troupeaux, et vous serez ses esclaves[3]. »

Sans doute, ce ne sont pas là des droits dans le sens strict du mot. Ce n'est pas là la vraie justice, puisque le *Deuteronome*[4] prescrit au roi une tout autre conduite ; mais il n'en est pas moins vrai que ces actes émanés de la volonté souveraine ont une virtualité juridique, une puissance légale, à laquelle il faut céder[5].

Telle est l'autorité du monarque absolu, qu'il peut même aliéner l'Etat s'il l'a reçu en patrimoine, et avec l'Etat, les personnes et les choses qu'il renferme. Si l'on objecte que les hommes ne sont pas dans le commerce, Grotius répondra que ce ne sont pas précisément les personnes que l'on aliène, mais plutôt le droit de les gouverner[6]. Du reste, on cède bien des esclaves[7]. L'histoire fournit un grand nombre d'exemples de cessions de populations et de territoires, et il en cite une soixantaine datant principalement des âges héroïques.

Il est inutile, je pense, d'examiner à part comment se trans-

---

[1] Lib. I, cap. IV, § 7, n. 7.
[2] Lib. I, cap. IV, § 2, n. 2.
[3] *Rois*, liv. I, ch. VIII.
[4] Lh. 17, ℣. 14.
[5] Lib. I, cap. IV, § 3.
[6] Lib. I, cap. III, § 12, n. 2.
[7] Lib. I, cap. III, § 12, n. 1.

mettent ou s'éteignent les droits souverains [1]. L'auteur étudie en détail les lois de l'hérédité, de la tutelle [2] et de la prescription [3]. Laissons de côté ce sujet peu important, pour essayer d'exposer la théorie grotienne du droit de punir.

Le *de Jure* donne trois buts principaux à la guerre : protéger, réparer, venger le droit. Venger le droit, c'est punir celui qui l'a outragé.

Quelles sont donc les causes justificatives de la guerre primitive ou vengeresse ? En quoi consiste ce droit de punir symbolisé par le glaive que S. Paul met dans la main des souverains ? Quelle en est l'origine, l'étendue ? quels le sujet, l'objet et les correctifs ?

Grotius a défini la peine « un mal de passiveté infligé à quelqu'un pour un mal d'activité [4] ». Il voulait dire évidemment que la peine est un mal souffert par celui qui a violé un droit. De sorte que le même droit qui est déjà cause justificative de la guerre protectrice et réparatrice, l'est aussi de la guerre « punitive ». La peine est comme une satisfaction, un sacrifice expiatoire offert au droit lésé. Le droit de punir vient du droit lui-même. Voilà la véritable origine. Grotius dit quelque part [5] que le coupable, en voulant le crime, consentait à sa peine : peu importe. Ce n'est pas ce consentement qui légitime l'application de la peine ; c'est le crime lui-même, c'est-à-dire la violation du droit ou plutôt le droit lésé [6].

La nature ne dit pas à qui appartient le droit de punir. Les Codes réservent ces délicates fonctions à des hommes spéciaux. Or, comme la loi civile outrepasse quelquefois les bornes de la justice dans la punition du coupable, il n'est pas prudent qu'un chrétien recherche et accepte une magistrature ayant rapport à la juridiction criminelle [7].

D'après Platon, Aristote, Plutarque, Clément d'Alexandrie,

---

[1] Lib. I, cap. III. § 13, n. 1.
[2] Lib. I, cap. III, § 12-17.
[3] Lib. II, cap. VII.
[4] Lib. II, cap. XX, § 1.
[5] *Ibid.*, § 2, n. 3.
[6] *Ibid.*, § 3.
[7] *Ibid.*, § 17.

S. Jean Chrysostome, il faut que le châtiment ait un triple but : l'utilité du coupable, celle de l'offensé et celle de tout le monde[1].

En tendant à l'utilité du malfaiteur, la peine revêt le caractère bienveillant de la correction et de la réprimande. Elle devient le remède qui guérit, le baume qui purifie[2].

L'utilité du lésé exige, non-seulement une réparation du dommage causé, une restauration du droit dans son intégrité première, mais encore une garantie pour l'avenir. Enfin l'utilité commune demande, soit la suppression du criminel, soit sa répression, soit sa conversion. Il faut que le châtiment infligé inspire un salutaire effroi à tous ceux qui méditeraient le même crime[3]. Aussi Grotius ne recule-t-il pas devant la peine de mort.

Maintenant, quels sont les faits punissables ? Grotius en a dressé un catalogue abrégé.

Ne sont pas punissables les actes inévitables de la nature humaine, tels que les fautes légères[4], ni les pensées intérieures, ni les délits qui n'attaquent pas directement la société.

Sont punissables, au contraire, les crimes contre le droit naturel, contre la divinité, la morale religieuse[5], car pécher contre la religion, dit Cicéron[6], c'est attaquer le fondement de la société[7].

§ II. — DROITS DES SUJETS EN FACE DE L'ÉTAT.

En sa qualité de défenseur presque obligé des droits des princes, Grotius a dit peu de chose des droits justificatifs de la guerre des peuples contre les pouvoirs publics. La plupart de ces droits, du reste, ont déjà été mentionnés. La propriété privée, la vie, l'honneur, ne peuvent être défendus contre l'autorité, les armes à la main, que dans le cas d'injure « atroce » et de

[1] Lib. II, cap. xx, § 6.
[2] *Ibid.*, § 7.
[3] *Ibid.*, § 9.
[4] *Ibid.*, § 19.
[5] *Ibid.*, § 40.
[6] *De natura Deor.*, lib. .
[7] Lib. II, cap. xx, § 44 et

très-grave danger. En général, le devoir d'un membre de la société, c'est de se sacrifier pour elle[1].

Les droits politiques dépendent de la constitution de l'Etat. C'est là qu'il faut les chercher. Sous le joug d'un monarque absolu, le peuple ne peut s'armer que si ce monarque médite la ruine du royaume, s'il est usurpateur tyrannique[2], etc.

Sous le régime constitutionnel, le peuple pourra résister toutes les fois que le prince violera quelqu'une des conditions qu'on lui aura imposées et qu'il aura acceptées, etc.

III

LOIS DE LA GUERRE.

Des trois questions que s'est posées Grotius, deux déjà sont résolues. On a vu que la guerre peut être légitime, et quels sont les droits qui la justifient. Reste la troisième question : qu'y a t-il de juste dans la guerre ? Il faut maintenant réglementer la procédure guerrière, faire la police du combat, codifier les lois de la guerre, diriger l'emploi de la force.

L'entreprise est aussi difficile qu'importante. On a bien, il est vrai, réussi à rédiger des codes de procédure civile ou criminelle. Les tribunaux observent des formalités parfaitement connues des plaideurs et des juges. Au moyen âge, on n'a pas manqué de rituels des combats judiciaires et des tournois. Mais quelle est la procédure à suivre dans les terribles assises des batailles ? Y a-t-il des lois pour un phénomène qui ne se produit que lorsque les lois sont impuissantes ?

Lorsque le flot des fureurs guerrières a rompu ses digues et menace de tout renverser, peut-on lui marquer une limite et lui dire : tu n'iras pas plus loin ? Peut-on faire à la licence sa part,

---

[1] Lib. II, cap. xxv, § 3.
[2] Lib. I, cap. iv, § 10 et suiv.

comme on fait la part du feu dans un incendie ? Peut-on déterminer ce qui est permis dans la guerre et ce qui n'est pas permis ; ce qui est commandé et ce qui est défendu ? Oui, on le peut, et c'est ce que Grotius a tenté de faire principalement dans cette troisième partie du *de Jure*, où il recherche et expose les usages, préceptes et prohibitions, que dans le langage ordinaire on appelle les lois de la guerre.

Seulement, négligeant la guerre privée et la guerre mixte, Grotius concentre toute son attention sur ces duels solennels que se livrent les peuples, et sur les règles qui leur ont été imposées par la volonté des nations ou le droit des gens, par le droit naturel et par le droit divin.

CHAPITRE PREMIER

LA GUERRE INTERNATIONALE ET LE DROIT DES GENS POSITIF.

§ I. — COMMENCEMENT DE LA GUERRE.

La guerre qui se fait conformément au droit des gens, s'appelle guerre solennelle ou dans les formes. Elle est soumise dès son début à trois conditions : il faut qu'elle soit engagée par des puissances souveraines, décrétée publiquement, et officiellemen déclarée à l'adversaire[1].

Si les belligérants n'étaient pas revêtus d'un pouvoir souverain, leur lutte serait tout au plus une guerre mixte ; sans délibération publique, ou du moins sans notification aux sujets de la part du chef de l'État, il n'y aurait pas assez de solennité ; et enfin, sans déclaration officielle à l'ennemi, ce serait une guerre de surprise, trop semblable à un guet-apens[2]. Les duels entre nations ont conservé quelques usages chevaleresques des duels entre particuliers, et l'on a vu des armées fixer d'avance le jour et le théâtre du combat.

---

[1] Lib. III, cap. III, § 5.
[2] *Ibid.*, § 11.

Les cérémonies usitées dans la déclaration de guerre ont varié avec les temps et les lieux. Les Grecs portaient le caducée ; les Romains se couronnaient de plantes sacrées, s'armaient de piques couleur de sang, lançaient un javelot sur le territoire ennemi en attestant les dieux [1]. Ces us et coutumes sont passés de mode. On ne requiert plus que la chose essntielle : la déclaration. C'est d'elle que dépendent les effets juridiques attribués aux guerres internationales [2].

La guerre déclarée au souverain est censée l'être en mêm temps à tous ses sujets, et à tous ceux qui s'uniront à lui en qualité d'auxiliaires ou d'alliés. La déclaration est un défi porté à tous ceux qui voudront le relever. Les hostilités peuvent commencer immédiatement [3].

§ II. — COURS DE LA GUERRE.

Engagée selon les règles, la guerre doit aussi les observer dans son cours.

Le droit des gens autorise-t-il la ruse et le mensonge ? La question du mensonge, écrit Grotius à son ami Vossius, est une de celles qui le font « suer ». Et certes, on le voit bien à son embarras, à la multitude des faits et dits contradictoires qu'il accumule autour de cette épineuse controverse.

La pratique des nations, et l'autorité d'un grand nombre d'auteurs, justifient l'emploi de la ruse. Homère, Pindare, Solon, Virgile et cent autres la glorifient à l'égal de la valeur, et davantage encore. Ulysse est demeuré le héros célèbre et admiré de la ruse et du stratagème [4]. Le mensonge n'est pas non plus absolument défendu. Origène, Tertullien, S. Jérôme, Cassien, S. Jean Chysostome, l'ont souvent excusé. Socrate, Platon, Xénophon, Cicéron, Aristote lui ont décerné des éloges. Les stoïciens ont élevé l'art de mentir au rang des vertus [5].

Alexandre, au contraire, eut parfois des scrupules, et il dé-

---

[1] Lib. III, cap. iii, § 8.
[2] *Ibid.*, § 11
[3] *Ibid.*, § 9 et 13.
[4] Lib. III, cap. i, § 6.
[5] *Ibid.*, § 9.

clara un jour avec orgueil qu'il ne voulait pas voler la victoire en employant de si vils moyens [1] !

Afin de mettre quelque lumière dans cette obscure question, Grotius distingue plusieurs genres de ruses. Il excuse celles qui consistent à donner des indications trompeuses, mais condamne les stratagèmes entachés de perfidie. Il admet également le mensonge, comme les autorités à l'ombre desquelles il abrite son casuisme. Mais les promesses expresses ou implicites doivent toujours être tenues, surtout lorsqu'elles sont confirmées par serment. Car il ne faut pas tromper les hommes avec des serments, comme on amuse les enfants avec un jeu de dés [2].

Quant à la violence ouverte, c'est l'essence même de la guerre. « Il est permis à un ennemi public de nuire à son ennemi, dans sa personne et dans ses biens. Ce droit appartient aux deux partis indistinctement, abstraction faite de la justice de lacause [3]. »

Car, c'est là un des prodiges opérés par le droit des gens, de faire que la guerre dans les formes soit réputée juste des deux côtés. De par la volonté prétendue des nations, la guerre, phénomène bilatéral comme un procès, devient juste d'une justice légale. Elle obtient une énergie juridique et fait droit [4].

§ I. — LES PERSONNES.

1. Le droit des gens autorise le meurtre en guerre solennelle [5].

Or, ce droit de tuer est immense ; car il menace non-seulement tous les soldats [6], et tous les sujets de l'ennemi [7], mais tous les étrangers qui, ayant connaissance de la déclaration de guerre, séjournent dans l'intérieur de ses frontières [3].

Les sujets ennemis peuvent être mis à mort partout, excepté sur territoire neutre [9].

[1] Lib. III, cap. i, § 20, n. 3.
[2] *Ibid.*, § 19.
[3] Lib. III, cap. iv, § 3.
[4] Lib. III, cap. iii, § 1.
[5] Lib. III, cap. iv, § 5.
[6] *Ibid.*, § 6.
[7] Lib. III, cap. ii, § 7.
[8] Lib. III, cap. iv, § 7.
[9] *Ibid.*, § 8.

Permis de massacrer les femmes, les enfants, les vieillards. Grotius le prouve par une quinzaine d'exemples [1].

Permis de massacrer, n'importe quand, les prisonniers de guerre devenus esclaves [2].

Permis d'immoler les suppliants, même reçus à merci sans condition. Ainsi périt Vercingétorix. Ainsi périssaient à Rome les chefs vaincus le jour du triomphe du vainqueur [3].

Permis enfin de tuer les otages, volontaires ou forcés.

Comme on le voit, il n'y a guère d'immunités personnelles contre la violence. Tout le monde est voué à la mort par cet impitoyable droit des gens. C'est comme un premier arrêt fatal et universel lancé contre le genre humain par le génie de la guerre, avant l'arrêt suprême de la nature.

Mais s'il est licite de tuer à la guerre, il n'est pas permis d'employer pour cela tous les moyens. Le poison, par exemple, est interdit.

Cette proscription du poison est tout à fait dans l'intérêt des princes. Il est même très-probable, remarque naïvement Grotius, qu'ils l'ont arrêtée de concert, afin de conjurer un danger trop inquiétant [4]. Sont proscrites également, du moins par les nations européennes, les flèches et les armes empoisonnées. Défense de jeter du poison dans les puits et les fontaines ; mais permis d'en corrompre les eaux à l'aide de cadavres, de chaux vive, etc [5].

Il est permis d'envoyer contre le chef ennemi un assassin, pourvu que celui-ci ne soit lié par aucun devoir à l'égard de la victime. Mucius Scévola fut regardé comme un héros par tous les historiens et conquit l'admiration de Porsenna lui-même [6]. Si l'on punit de mort ces assassins, c'est en qualité d'ennemis, non comme assassins. Il faut en dire autant des espions [7].

Ce que le droit des gens réprouve, c'est l'assassinat entaché

[1] Lib. III, cap. iv, § 9.
[2] *Ibid.*, § 11.
[3] *Ibid.*, § 11 et 12.
[4] *Ibid.*, § 15.
[5] *Ibid.*, § 16.
[6] *Ibid.*, § 18.
[7] *Ibid.*

de perfidie. Le meurtre de Viriathe a été reproché comme une honte, et aux officiers qui le trahirent, et au consul Cépion qui profita de la trahison. En condamnant de tels attentats, c'est encore la vie des princes que l'on a voulu protéger [1].

La question du viol est controversée. Les uns l'ont excusé, en disant que tout est permis contre un ennemi vaincu ; les autres l'ont condamné par la raison qu'il n'a pas de rapport avec le but de la guerre. C'est cette seconde opinion que les nations les plus civilisées ont admise ; c'est elle que Grotius recommande aux chrétiens [2].

Puisque le vainqueur a droit de vie et de mort sur le vaincu, il peut bien, en lui laissant la vie, le réduire en esclavage. Et dans ce cas seront esclaves à perpétuité tous les descendants des vaincus [3].

Or, veut-on savoir ce que c'est que l'esclavage ? « Il n'est rien qui ne soit permis à un maître sur son esclave. Il n'est rien qu'on ne puisse impunément lui faire souffrir, rien qu'on ne puisse lui imposer de vive force. »

Au vainqueur appartient tout ce qui était à l'esclave. A lui tous les droits réels ou personnels, à l'exception de ceux qui sont inaliénables, comme le droit paternel [4]. Seulement, à l'encontre de ceux qui voulaient river l'esclave à sa chaîne, Grotius, tout en faisant de cet infortuné une chose mobilière, un butin [5], lui permet de prendre la fuite en conscience, parce qu'il est victime d'une loi purement arbitraire [6]. Du reste, ajoute l'auteur du *de Jure*, de notre temps on est convenu généralement que les prisonniers de guerre ne seraient plus traités en esclaves. C'est un progrès dû à l'Évangile, et que Platon avait vainement conseillé aux Grecs [7]. Les chrétiens se contentent d'exiger des prisonniers une rançon.

---

[1] Lib. III, cap. IV, § 18, n. 5.
[2] *Ibid.*, § 19.
[3] Lib. III, cap. VII, § 1.
[4] *Ibid.*, § 5.
[5] *Ibid.*, n. 4.
[6] *Ibid.*, § 6.
[7] *Ibid.*, § 9.

Si le droit des gens permet de réduire en esclavage des prisonniers pris isolément, il est clair qu'il doit permettre la même conduite à l'égard de tout un peuple [1].

Dans une guerre solennelle, le vainqueur acquiert l'autorité civile qui résidait dans le peuple ou dans la personne d'un roi. Il devient maître des biens et des droits réels et incorporels de ce peuple, qui cesse alors de constituer un État pour devenir « une grande troupe d'esclaves » [2].

Tel est ou tel peut être légalement le résultat de la conquête : mettre à la discrétion du vainqueur les particuliers et l'Etat, les personnes et les biens. Annibal connaissait son droit des gens, lui qui promettait à ses soldats de leur livrer tout ce que Rome avait accumulé de trésors et de butin, avec les possesseurs eux-mêmes [3].

§ II. — LES CHOSES.

De l'avis de Cicéron [4], il n'est pas contraire à la nature de dépouiller le vaincu que l'on pourrait tuer. Aussi le droit des gens permet-il de ravager ou de piller les biens de l'ennemi [5].

Il y a à la guerre, dit Tite-Live [6], certains droits qu'il faut subir, comme il est juste de les exercer : incendier les moissons, détruire les édifices, capturer les hommes et les troupeaux, etc. [7].

Ces violences, dont la description remplit les pages de l'histoire, sont licites même contre ceux qui ont fait leur soumission.

Le pur droit des gens n'excepte pas les choses sacrées, c'est-à-dire consacrées à la divinité, à moins toutefois que le vainqueur n'ait foi en cette divinité. C'est en vertu de ce principe, appuyé du reste sur trente exemples, que les Romains, ne connaissant pas Jéhovah, ont pu profaner le temple de Jérusalem [8].

---

[1] Lib. III, cap. VIII, § 1.
[2] *Ibid.*, § 2, n. 1.
[3] *Ibid.*, § 4, n. 1.
[4] *De Offic.*, lib. III.
[5] Lib. III, cap. V, § 1.
[6] *Ibid.*
[7] *Ibid.*
[8] *Ibid.*, § 2 et 5.

Ne sont pas non plus à l'abri du pillage les objets religieux, tels que les ornements des tombeaux [1].

Mais le droit de piller est-il sans limites?

En bonne justice, on ne devrait s'approprier que ce qui est dû réellement en compensation, et ne frapper qu'autant que l'exige l'équité [2]. Mais le droit des gens est incomparablement plus large que le droit naturel, car tout belligérant, dans une guerre solennelle, devient « sans limites et sans mesure propriétaire des choses qu'il a enlevées à l'ennemi » [3].

C'est assez dire que la guerre et la conquête sont des moyens légaux d'acquérir la propriété, de la fonder, de la transmettre. C'est l'opinion des philosophes, des historiens, des jurisconsultes. C'était aussi celle des Romains, qui regardaient la conquête comme le plus incontestable des droits de propriété [4].

Vu cette influence prodigieuse de la guerre sur la création et les changements de la propriété, Grotius entre dans de très-longs et très-curieux détails sur l'histoire et les lois du pillage.

On peut saisir les biens de l'ennemi [5], mais non ceux des étrangers [6], quoique ces étrangers puissent être mis à mort [7].

Les objets mobiliers appartiennent au vainqueur après vingt-quatre heures de possession ; les immeubles, seulement quand ils ont été entourés de fortifications capables de les mettre à l'abri d'un coup de main [8].

Une question plus grave aux yeux de Grotius est celle de savoir à qui, de l'Etat ou des particuliers, appartiennent les dépouilles. Or, un principe général, c'est que les biens d'un ennemi sont assimilés aux choses vacantes : *res nullius*. Les choses vacantes deviennent la propriété de ceux qui les saisissent. Mais il faut distinguer les faits de guerre vraiment publics,

---

[1] Lib. III, cap. v, § 3.
[2] Lib. III, cap. vi, § 1.
[3] *Ibid.*, § 2, n. 1.
[4] *Ibid.*, § 7, n. 2.
[5] *Ibid.*, § 2.
[6] *Ibid.*, § 5.
[7] *Ibid.*, § 26, n. 2.
[8] *Ibid.*, § 3, n. 1, 2, 4.

et les faits privés qui ont lieu dans une guerre solennelle. Ceux-ci confèrent le butin aux ravisseurs; ceux-là, à la nation. « Syphax a été vaincu sous les auspices du peuple romain ; c'est pourquoi Syphax, son épouse, son royaume, son territoire, ses villes et leurs habitants, en un mot tout ce qui appartenait à Syphax est la conquête du peuple romain [1] ».

Si Grotius consent à abandonner à chaque maraudeur le produit de son pillage, c'est avec ardeur et conviction qu'il revendique pour le compte de l'Etat tous les biens immobiliers, lesquels devraient alors constituer une sorte d'*ager publicus*, ainsi que les objets mobiliers appréhendés dans un service public et commandé [2]. C'est même afin d'établir « sur des bases inébranlables cette importante proposition » qu'il juge à propos « de mesurer avec plus d'abondance que de coutume les preuves tirées de l'histoire des peuples célèbres. »

Alors défilent dans une immense et étrange revue tous les héros pillards du monde.

Ce sont au premier rang les guerriers d'Homère, Achille, les Atrides; puis ces Spartiates rapaces qui avaient créé une magistrature publique assez caractéristique, celle des vendeurs de butin [3].

A la suite paraissent les Troyens, tirant au sort les dépouilles; les Perses, les apportant aux pieds de Cyrus; les Carthaginois, expédiant si fidèlement à Carthage les anneaux d'or enlevés aux chevaliers sur le champ de bataille de Cannes; les Francs enfin, leur roi comme les simples guerriers, s'en rapportant au sort [4].

Les Romains, les maîtres suprêmes en fait de guerre, obtiennent une mention spéciale. Denys d'Halicarnasse, observateur attentif de leurs mœurs, rapporte que, d'après la loi, tout ce qui avait été pris sur l'ennemi appartenait à l'Etat. Ni soldats ni généraux n'avaient droit d'y toucher. C'était au questeur à recevoir les dépouilles, à les faire vendre et à en verser le prix au trésor [5].

[1] Lib. III, cap. VI, § 8, 9, 10.
[2] *Ibid.*, § 12.
[3] *Ibid.*, § 14, n. 2.
[4] *Ibid.*, n. 3.
[5] *Ibid.*, § 14.

Parfois cependant, les généraux, afin de se concilier l'affection des soldats, leur partageaient le butin conquis, ou leur accordaient quelques heures de pillage à leur bénéfice.

Grotius, séduit par l'abondance de la matière, se laisse aller à des citations sans fin sur les curieuses façons de procéder. Il raconte, avec Polybe, comment s'organisaient les razzias et se faisaient les distributions. La moitié de l'armée ou de moindres détachements partaient, pour un jour ou pour quelques veilles, à la recherche du butin, puis à leur retour partageaient en frères avec les camarades laissés à la garde du camp[1]. Il dit comment, dans la répartition de l'argent, on avait égard à la solde, à l'arme, au grade, et il donne des chiffres.

Après l'historique de ces us et coutumes des Romains, Grotius passe aux usages plus modernes. Les alliés ou les sujets qui font la guerre sans solde, s'approprient tout ce qui leur tombe sous la main. C'est une manière de se payer de leurs services, aussi dignes de récompense, du reste, que ceux des avocats et des médecins[2]. En général, dit-il, les objets de peu de valeur : piques, sacs de cuir, etc., sont abandonnés au soldat[3]. En France, on lui laisse tout ce qui est inférieur à dix écus. En Espagne, on réserve le tiers, le cinquième ou la moitié du butin au roi, le septième au général; le reste est pour l'armée[4].

L'usage actuel, ajoute Grotius, permet à chacun de conserver ce qu'il a pris dans le pillage des villes ou dans la bataille; mais le fruit des expéditions régulières organisées en vue du pillage, appartient en commun à l'armée et doit être partagé[5].

§ III. — FIN DE LA GUERRE.

Ce qui met fin à la guerre, c'est la paix. Mais avant la conclusion de la paix définitive, les belligérants s'entendent quelquefois pour suspendre les hostilités. La trêve est une préparation à la paix, et comme un premier essai qu'on en fait.

[1] Lib. III, cap. vi, § 18, n. 1.
[2] *Ibid.*, § 23.
[3] *Ibid.*, § 27, n. 7.
[4] *Ibid.*
[5] *Ibid.*, n. 8.

Les poëtes l'appellent paix provisoire, temporaire ou passagère ; vacances ou sommeil de la guerre[1].

La trêve fait cesser toute violence contre les personnes et les choses. C'est la paix d'un instant. C'est le calme entre deux tempêtes. C'est même parfois l'amitié au milieu des fureurs suspendues.

Pendant le siége de Rome fait au bénéfice des Tarquins, une trêve fut conclue entre Porsenna et les assiégés. On célébra de jeux au Cirque, où furent conviés des officiers ennemis, dont plusieurs même furent couronnés vainqueurs [2].

Comme la trêve ne fait qu'interrompre la guerre, le droit des gens n'exige pas de déclaration nouvelle à son expiration. Le parti qui viole la convention, donne à l'adversaire le droit de recommencer immédiatement les hostilités [3].

L'armistice n'est qu'une très-courte trêve. Conclure des trêves et des armistices est ordinairement du ressort des généraux. Mais faire la paix est chose si importante, que cet acte est réservé au souverain. C'est, du reste, à ceux qui peuvent déclarer la guerre qu'il appartient de la terminer [4].

Un traité de paix anéantit tous motifs de querelle, connus ou non, entre belligérants.

Faut-il regarder comme des moyens de terminer la guerre, le sort, le duel, l'arbitrage ? Oui, sans doute. Car il est arrivé souvent que, fatigués de combats meurtriers et inutiles, où la victoire indécise n'avait pas prononcé de jugement, les ennemis ont eu recours à des procédés plus raisonnables. Ils finissaient par où ils auraient dû commencer.

Grotius se plaît à tracer les règles de ces divers moyens de vider un différend. Il en étudie la légitimité, les conditions, la valeur [5]. Mais comme son désir serait qu'on y recourût plutôt encore pour remplacer la guerre que pour la terminer, il m'a paru plus logique de réserver la question du sort, du duel et de l'arbitrage, pour le chapitre des remèdes à la guerre.

[1] Lib. III, cap. xxi, § 1, n. 2.
[2] *Ibid.*, § 6, n. 3.
[3] *Ibid.*, § 13.
[4] Lib. III, cap. xx, § 2 et 3.
[5] *Ibid.*, § 42.

CHAPITRE II

LA GUERRE ET LES TEMPÉRAMENTS.

Les prescriptions de droit des gens relatives à la guerre, constituent ce que l'on pourrait appeler le code de la licence guerrière. C'est l'énumération des excès auxquels ont pu se laisser porter les hommes d'armes de tous les temps. Ce droit ne fait qu'ouvrir libre carrière aux plus violentes passions.

C'est à se demander si Grotius n'aurait pas beaucoup mieux fait de laisser dormir dans les archives secrètes du passé toutes ces histoires trop pleines de meurtres et de sang.

Heureusement, à côté de ces lois barbares, il en est de plus humaines. A côté du droit arbitraire, inventé soi-disant par les nations, mais en réalité par quelques hommes féroces, il y a le droit immortel de la nature et de la conscience, et celui-là c'est le vrai. A côté des résolutions souvent aveugles de la volonté, il y a les claires visions de la raison ; à côté du mal, le remède [1] ; de la licence, la répression [2]. En un mot, à côté du droit positif, il y a le droit philosophique [3]. Le premier peut permettre de couper en morceaux le corps d'un infortuné débiteur ; l'autre ordonne l'humanité, la bienveillance, l'honneur, la charité. Voici quelques dispositions de ce droit supérieur, de quelque nom qu'on l'appelle : droit naturel, ou morale, ou conscience.

On ne peut qu'approuver les formalités relatives au commencement de la guerre. Il est louable, en effet, de prévenir son adversaire par une déclaration et de lui laisser le temps et le moyen de donner satisfaction et d'éviter la guerre.

C'est aux violences qui ont lieu dans le cours de la guerre, à ce droit de tuer, de réduire en esclavage les individus et les nations, de ravir les propriétés particulières et les domaines publics, que Grotius, au nom de la conscience et de la morale,

---

[1] Lib. III, cap. VII, § 6.
[2] Lib. III, cap. IV, § 1, 2.
[3] Lib. III, cap. X, § 1, n. 2.

s'est surtout généreusement opposé, en essayant de les adoucir par ce qu'il appelle ses *tempéraments*.

§ I. — TEMPÉRAMENT AU DROIT DE TUER.

Le premier de ces tempéraments concerne le droit de tuer.

« L'ennemi qui voudra tenir compte, non des permissions accordées par les lois humaines, mais de son devoir, du juste et de l'honnête, épargnera le sang de son ennemi et ne donnera la mort à personne, sinon pour sauver sa propre vie, ou pour punir des crimes dignes de ce châtiment[1] ».

L'histoire, qui a fourni tant d'exemples de cruauté, en rapporte un très-grand nombre qui témoignent de la magnanimité du cœur humain. Cicéron, sans parler de vingt autres, recommande d'épargner ceux qui n'ont pas été cruels à la guerre. Les bêtes féroces seules, dit Sénèque, s'abattent sur l'ennemi abattu. Les éléphants et les lions se contentent d'écarter leurs ennemis, et s'éloignent[2].

L'honneur fait un devoir de laisser la vie, au prisonnier de guerre et de faire quartier au vaincu qui se rend à discrétion[3].

On épargnera les innocents, les enfants, les femmes et les vieillards inoffensifs. On respectera les hommes qui ne portent pas les armes : prêtres, littérateurs, marchands, laboureurs[4].

On évitera de frapper ensemble innocents et coupables. On ne tirera pas sur un vaisseau de pirates, s'il y a quelques passagers honnêtes à bord[5].

On devra toujours laisser la vie aux otages. Il n'y a pas de conventions qui tiennent : nul n'a le droit d'engager sa vie, dont il n'appartient qu'à Dieu de disposer[6].

C'est en vain qu'on voudrait opposer des exceptions plus ou moins plausibles : la nécessité d'exercer des représailles, d'inspirer la terreur, de vaincre une opiniâtre résistance, etc., on ne

---

[1] Lib. III, cap. xɪ, § 2, 4, 8.
[2] Lib. III, cap. ɪ, § 2, 4, 6, 7.
[3] *Ibid.*, § 14.
[4] Lib. III, cap. xɪ, § 9, 10, 11.
[5] *Ibid.*, § 8.
[6] *Ibid.*, § 18

doit infliger la peine de mort qu'aux criminels qui la méritent[1].

Un général ne doit pas non plus se permettre de livrer de ces combats qui ne seraient que de vaines fanfaronnades sans utilité pour la paix. La légèreté avec laquelle certains amateurs de gloire militaire versent le sang humain, est condamnée à la fois par la loi naturelle et la charité. C'est pourquoi les puissances supérieures auront à rendre compte de ce sang à celui qui leu r avait mis pour un tout autre but le glaive entre lesmains[2].

§ II. — TEMPÉRAMENT A L'ESCLAVAGE.

Le second tempérament est relatif à l'esclavage. Dans les pays où il a été conservé, l'esclavage ne doit consister que dans une obligation perpétuelle de services pour des aliments également perpétuels. C'est une espèce de domesticité, bien différente de l'esclavage antique[3].

Et l'honnête Grotius rapporte au moins soixante-dix témoignages en faveur des infortunés prisonniers de guerre[4].

Le droit des gens permet tout contre les esclaves; mais ils sont protégés par le droit commun de tout ce qui respire[5] : « Ils sont esclaves, dit Sénèque, mais ce sont des hommes, des compagnons, des amis. » Et S. Paul confirme cette doctrine, qu'il avait peut-être inspirée au philosophe païen. L'ancien droit de vie et de mort sur l'esclave s'adoucit au point de n'être plus qu'une simple juridiction domestique, une présidence dans cette république en miniature de la famille et de la maison[6].

Si donc il devient nécessaire de sévir, on se gardera de traiter des hommes plus cruellement que des animaux; on ne les accablera pas de travaux trop pénibles; on aura pour eux l'affection d'un bon père de famille, affection qui a été si délicatement traduite par ce doux nom d'enfants, *pueri*, donné parfois aux esclaves[7]. Les maîtres leur permettront de se marier; d'avoir un petit

---

[1] Lib. III, cap. xi, § 16.
[2] *Ibid.*, § 19.
[3] Lib. III, cap. xiv, § 2.
[4] *Ibid.*, § 2, 3, 4, 5, 6.
[5] *Ibid.*, § 2, n. 3.
[6] *Ibid.*, § 3.
[7] *Ibid.*, § 5, n. 2.

pécule. Ils se feront un plaisir, sinon un devoir, de leur rendre la liberté [1].

Dans les pays où l'esclavage n'est pas admis, on renvoie les prisonniers pour une rançon. Au rapport de Plutarque, les Corinthiens et les Mégariens se traitaient avec la plus parfaite humanité. Le prisonnier de guerre était regardé comme un hôte par son vainqueur. On lui permettait de partir sur promesse de rançon ; et souvent la plus cordiale amitié unissait ces hôtes de guerre [2].

Bien plus, ce qui prouve que la générosité fut toujours l'apanage du cœur humain, c'est que depuis les temps les plus reculés jusqu'à ceux de la chevalerie, il se rencontra des vainqueurs magnanimes qui congédiaient leurs prisonniers sans rançon. Ainsi faisaient Pyrrhus, Cyrus, Philippe même [3].

§ III. — TEMPÉRAMENT AU DROIT DE CONQUÊTE.

Grotius a indiqué un tempérament au droit de conquête. Comme il a limité le droit de tuer les particuliers, il a voulu de même limiter le droit de tuer les Etats, dont l'indépendance politique est la vie.

En conscience, le vainqueur peut enlever la souveraineté aux vaincus, lorsque la nécessité de venger un crime, de réparer des pertes, ou de prendre des sûretés, l'exige ; mais il ne faut pas rester sourd à la voix de l'humanité. Si l'on ne juge pas à propos de laisser aux vaincus leur autonomie, on leur laissera du moins leurs coutumes, leurs mœurs, leur langue, leur religion surtout, la religion des aïeux à laquelle les peuples sont si attachés ! Que si cette religion se trouve fausse, il ne faudra pas la changer violemment, mais on se contentera de veiller à la sûreté de la vraie, à l'exemple de Constantin [4].

Enfin si l'on est forcé de supprimer l'Etat, on devra du moins respecter les citoyens et les mettre sur le même pied que les vainqueurs. Cyrus laissa aux Assyriens leurs droits privés.

[1] Lib. III, cap. xiv, § 6, n. 3,4 .
[2] *Ibid.*, § 9.
[3] *Ibid.*, § 9, n. 2.
[4] *Ibid.*, § 11, n. 2.

C'était la pratique de ce peuple romain, le conquérant par excellence, qui sut se concilier la bienveillance des nations qu'il domptait. Il savait bien qu'entre le maître et l'esclave, il n'est pas d'amitié possible ; que le meilleur instrument de règne est la clémence ; voilà pourquoi sa capitale devint la patrie commune des peuples ; voilà pourquoi le monde connu presque tout entier ne forma plus qu'une seule cité [1].

§ IV. — TEMPÉRAMENT AU PILLAGE.

De droit naturel, on ne peut prendre à l'ennemi que ce qu'il doit [2]. Si l'on croit devoir s'emparer du bien d'autrui, en garantie de quelque dette, on ne doit le faire que dans les limites de la nécessité.

S'agit-il d'exercer quelque ravage pour infliger un châtiment, il faut proportionner la peine au délit. Pour quelques troupeaux enlevés, par exemple, on n'ira pas ruiner tout un royaume [3]. Ce serait insensé de ravager le territoire ennemi sans utilité. On ne fait jamais de dégâts que dans le but de diminuer les ressources de l'adversaire. Il faut épargner les animaux et les arbres fruitiers. Car les arbres crieraient à l'injustice s'ils pouvaient élever la voix.

On évitera de ruiner les villes et les édifices après la victoire. L'intérêt même du vainqueur lui conseille cette modération [4].

On respectera tout ce qui a rapport à l'agriculture, aux beaux-arts, toutes les choses religieuses et sacrées [5].

Les princes chrétiens s'abstiendront de ces pillages que réprouvent la charité et la justice. Les chrétiens doivent être plus étroitement unis que ne l'étaient les Grecs. Or, un décret des amphictions défendait de ruiner ou de ravager une ville grecque [6].

Bref, il faut se conduire avec ses ennemis de façon à pouvoir se réconcilier un jour.

[1] Lib. III, cap. xiv, § 3.
[2] Lib. III, cap. xii, xiii, xviii.
[3] Lib. III, cap. xii, § 1,
[4] *Ibid.*, § 3.
[5] *Ibid.*, § 3, 4, 5, 7.
[6] *Ibid.*, § 8, n. 3.

Si c'est ainsi que l'on doit traiter l'ennemi, avec quelle réserve ne faudra-t-il pas se conduire à l'égard des neutres ? Pompée ayant à traverser un territoire neutre, fit poser un cachet sur l'épée de ses soldats, avec menace de mort contre ceux qui auraient brisé le cachet.

Ces règles de morale imposent de graves obligations. Tout le dommage occasionné à l'ennemi au delà des limites légitimes doit être réparé.

On devra restituer aux individus les propriétés ravies et la liberté; et aux nations, le domaine public et leur indépendance [1].

§ V. — LOIS RELATIVES A LA FIN DE LA GUERRE.

Le droit naturel et la morale s'unissent pour recommander la loyauté dans les conventions qui doivent terminer la guerre. La bonne foi, Grotius, l'ardent promoteur de la paix, la prêche avec la conviction, la passion d'un apôtre. Au nom du droit naturel, de l'humanité, il l'implore, il l'exige et des individus et des rois. Car, le moyen, sans la bonne foi, de mettre jamais fin aux guerres et de conclure une paix durable ?

« Quand on admettrait qu'il soit permis de mentir à l'ennemi, jamais, non jamais, on ne doit manquer à la promesse qu'on lui a faite ; pas même si cet ennemi est un tyran ; pas même si c'est un pirate, car c'est encore un homme ; et l'obligation d'être fidèle à une promesse donnée, est fondée sur la communauté d'origine, de langage, d'intelligence [2]..... »

Toute promesse, toute convention confirmée par le serment est irrévocable et sacrée, même quand on n'aurait cédé qu'à la contrainte [3] !

Il faut se montrer loyal même à l'égard d'un ennemi perfide. Regulus ne fit que son devoir en retournant à Carthage [4].

Doivent être respectés à l'égal de la promesse, certains signes conventionnels qui engagent la foi. Tels étaient chez les anciens les bandelettes et les rameaux d'olivier des suppliants ; et chez

---

[1] Lib. III, cap. XVI, § 1, 4.
[2] Lib. III, cap. XIX, § 1, 2.
[3] *Ibid.*, § 5.
[4] Lib. III, cap. XXIII, 6.

les modernes, le drapeau blanc des parlementaires. Ces signes indiquent l'intention de se rendre. Ce serait un crime d'en abuser[1].

Si l'on peut excuser le stratagème de Zopyre et le discours menteur de Simon, c'est que ces fourbes audacieux n'ont pas violé de promesse [2].

IV

REMÈDES A LA GUERRE.

CHAPITRE PREMIER

ENTREVUE , ARBITRAGE , SORT, DUEL

Il y a trois moyens d'empêcher que les différends n'éclatent en guerre [3].

Le premier est le colloque, le congrès, la conférence, la discussion. C'est précisément une des deux manières indiquées par Cicéron de régler un litige. C'est le procédé humain, le procédé raisonnable, recommandé par une foule d'auteurs que Grotius se plaît à citer [4].

Le second moyen, c'est l'arbitrage. Ce moyen, Grotius en raconte l'histoire et en trace les règles. Il distingue deux sortes d'arbitrages : la médiation et le compromis. Dans un cas de médiation, les parties s'en remettent simplement au jugement d'un homme de bien ; par le compromis, on s'engage à recevoir la décision du juge, comme une sentence sans appel [5].

---

[1] Lib. III, cap. xxiv, § 5.
[2] *Ibid.*, § 2.
[3] Lib. II, cap. xxiii, § 6.
[4] *Ibid.*, § 7.
[5] Lib. III, cap. xx, § 46.

Le recours aux arbitres n'est pas chose rare. L'histoire en a conservé quantité d'exemples. Dans Thucydide[1], on voit les Corcyréens proposer l'arbitrage aux Corinthiens. Plus loin[2] il y a un traité par lequel Lacédémoniens et Argiens s'engagent à décider leurs différends futurs par l'entremise d'arbitres. Au rapport de Plutarque, cinq Spartiates furent choisis pour arbitres par les Lacédémoniens et les Mégariens[3]. Xénophon raconte que Cyrus et le roi d'Assyrie eurent recours à l'arbitrage d'un roi indien. Tite-Live cite plusieurs cas de cette nature. Procope dit que les Gépides et les Lombards, les Romains et les Francs, furent disposés dans des circonstances périlleuses à employer ce moyen d'éviter la guerre[4]. Et Grotius renvoie son lecteur à Mariana, à Paruta et à d'autres auteurs qui ont parlé d'arbitrage[5].

La fonction principale des féciaux romains était de ne point permettre d'en venir à la guerre avant d'avoir perdu tout espoir de terminer la querelle par un arbitrage. C'est ce que dit Plutarque; et Strabon croit que les druides avaient parmi les Gaulois un rôle pacificateur. Cette mission de conciliation fut longtemps celle des évêques[6].

Voilà la leçon des siècles. Voilà l'exemple des ancêtres. Mais, pour les chrétiens, il ne s'agit pas seulement d'un exemple et d'une leçon; ils ont le devoir d'éviter l'emploi des armes par l'arbitrage et la discussion.

Et à la suite des grands théologiens dont il invoque l'autorité, Victoria, Molina etc., Grotius formule avec clarté et précision le principe dont l'application seule délivrera le monde du fléau de la guerre. « Il serait utile, dit-il, il serait même nécessaire d'instituer certaines assemblées des puissances chrétiennes où les différends seraient terminés par des juges désintéressés, et où même on prendrait des mesures pour imposer la paix à des conditions équitables[7]. »

---

[1] Lib. I.
[2] Lib. VI.
[3] *Cyropéd.*, liv. II.
[4] *Gothic.*, liv. III et IV.
[5] Lib. III, cap. XVI, § 8.
[6] *Ibid.*
[7] Lib. II, cap. XXIII, § 8, n. 4.

Voilà le tribunal arbitral international avec son autorité librement consentie et sa force coactive. C'est la société faite entre les nations comme elle l'a été entre les individus. C'est le règne de la raison succédant au règne de la force.

Le troisième moyen d'éviter la guerre, c'est le sort. S. Augustin, Salomon, S. Thomas, Cajetan approuvent cet expédient. Toutefois, on ne peut guère accepter les risques du sort que dans le cas où l'on se sent impuissant à repousser l'injure par la force [1].

Quant au duel, qui est assimilé au sort, Grotius lui oppose la singulière raison que nul n'a le droit de disposer de sa vie [2]. Le duel judiciaire ou jugement de Dieu n'est qu'une superstition [3].

Lorsque de graves intérêts sont en jeu, quand il y va du salut de l'Etat ou d'un grand nombre de citoyens, il faut combattre de toutes ses forces [4]. Il n'y a qu'une chose qui puisse excuser le duel, c'est le danger inévitable d'être écrasé par l'adversaire, et la nécessité de conjurer un désastre. En général, le duel ne doit être que toléré afin d'éviter un plus grand mal, et au même titre que sont tolérées l'usure et les courtisanes [5].

Ces exagérations n'empêchent pas Grotius de reconnaître les avantages immenses du duel dans certains cas, et de l'autoriser.

Les Etats pourraient donc, au lieu de s'engager dans une guerre générale, confier leurs querelles à un nombre limité de champions. Ceux-ci combattraient un à un, deux à deux, trois à trois, ou en plus grand nombre, pourvu que les forces et les chances fussent égales [6].

C'est surtout dans le cas où la querelle est personnelle aux princes, qu'il conviendrait d'avoir recours au duel.

« Si les princes étaient disposés à se battre, on les laisserait faire. S'ils faisaient quelque difficulté, on pourrait bien les contraindre [7]. »

---

[1] Lib. III, cap. xx, § 42.
[2] Lib. II, cap. I, § 12 ; cap. xix, § 5 ; cap. xxi, § 11.
[3] Lib. III, cap. xx, § 43.
[4] *Ibid.*
[5] *Ibid.*, § 43, n. 4.
[6] *Ibid.*, n. 5.
[7] *Ibid.*

L'histoire offre quelques exemples de cette sagesse populaire, et même de cette générosité princière.

Au rapport d'Agathias, les Francs avaient le bon esprit de forcer leurs rois à se battre ensemble, pour vider leurs différends personnels, quand ils ne parvenaient pas à s'entendre [1].

CHAPITRE II

REMÉDES MORAUX.

L'arbitrage, le sort, le duel ne sont pas les seuls remèdes de la guerre. Il en est d'autres encore dont l'efficacité n'est pas moindre. Ce sont les vertus de charité, de tempérance, de clémence, de prudence.

Quoique ce ne soit pas précisément le lieu, dans un ouvrage de droit, de parler des vertus morales sœurs de la justice, il est bon cependant, dit Grotius, de savoir qu'il faut souvent sacrifier son droit strict pour éviter la guerre à son prochain, et ne pas exposer son salut éternel [2].

Quelques théologiens font une obligation aux chrétiens de renoncer à leurs droits. Cette obligation serait basée sur la bienveillance naturelle que l'on doit à tous les hommes, ou sur la charité évangélique. Si la loi chrétienne commande des sacrifices pour éviter les procès, à plus forte raison pour éloigner les périls de guerre [3].

La charité inspirera la clémence, et alors on pardonnera volontiers la faute, ou l'on adoucira la peine. On imitera ainsi les parents qui excusent tant de faiblesses dans leurs enfants, ou qui, en les punissant, montrent qu'ils sont toujours parents. On imitera Dieu lui-même, qui pardonne tant de péchés aux hommes; les princes, qui se sont illustrés en pratiquant une vertu si nécessaire et si sublime [4].

La simple prudence suffira souvent pour faire renoncer à la

---

[1] Lib. II, cap. xxiii, § 10.
[2] Lib. II, cap. xxiv, § 1, n. 1.
[3] *Ibid.*, § 2, n. 3.
[4] *Ibid.*, § 3, n. 2.

guerre. Et, pour être prudent, que faut-il? Imiter ce roi de l'E-
vangile qui, avant d'entreprendre son expédition, a soin de calculer ses forces; ce sénat romain, qui, après le jugement de
féciaux déclarant la justice de la guerre, ne manquait pas d'en
discuter l'opportunité [1]. Il faut mettre en balance les biens et
les maux, les avantages et les inconvénients, et n'agir qu'en
conséquence de ce calcul [2].

Un peuple donc ne devra pas s'exposer à une ruine totale
pour sauver seulement sa liberté politique; car « la vie vaut
mieux que la liberté, » et cela aussi bien pour les peuples que
pour les individus. Et Grotius, qui a la prétention de parler au
nom de la raison, n'hésite pas à conseiller l'esclavage [3].

C'est pourquoi « il faut blâmer la résistance insensée de Sagonte aux Carthaginois; » et la conduite de ce Caton qui, après
Pharsale, refusa de se soumettre à César et occasionna, sans la
moindre utilité, en Afrique, la perte d'un grand nombre de
braves guerriers [4].

La vie est le plus grand des biens, et la mort le plus grand des
maux. « Il n'est pas sage d'affronter la mort, et de sacrifier la
vie pour la liberté et d'autres choses semblables. » Ce serait folie
d'exposer ou de perdre un navire corps et biens, pour quelques
marchandises de vil prix [5].

La prudence de Grotius dégénère en lâcheté. Il va jusqu'à
proposer l'exemple de je ne sais quelle peuplade de la Toscane,
qui sut obtenir la paix des Romains en accordant et en souf-
frant tout.

Que l'on songe aux dangers terribles dont la guerre menace
les nations et les individus [6], et que jamais l'on ne prenne les
armes, à moins d'être le plus fort ou d'avoir à défendre un droit
important et indispensable.

Il sera bon aussi de réfléchir à la difficulté de demeurer
homme de bien au milieu des désordres que la guerre entraîne,

[1] Lib. II, cap. xxiv, § 4.
[2] *Ibid.*, § 5.
[3] *Ibid.*, § 6.
[4] *Ibid.*, § 6, n. 4.
[5] *Ibid.*, § 6, n. 5.
[6] *Ibid.*, § 7, 8, 9.

et à la criminelle conduite des barbares qui prodiguent le sang humain et promènent par le monde la dévastation et la mort[1]. Qu'on se rappelle que Dieu défendit à David de lui bâtir un temple, parce que ses mains étaient ensanglantées[2].

Le dernier chapitre du *de Jure* contient une exhortation pressante à la loyauté. Elle seule peut maintenir la paix entre les hommes ; elle seule peut la leur rendre, s'ils viennent à la perdre. Sans bonne foi, pas de société possible dans le genre humain; les hommes tombent dans une barbarie féroce et bestiale. Or, cette bonne foi, c'est aux rois qu'il appartient surtout de l'observer[3].

Et, comme s'il était sûr de l'efficacité de ses remèdes, Grotius semble adjurer et défier la guerre. Arrière ces fureurs qui tiennent de la bête féroce, et qui feraient désapprendre l'homme. Fuir la guerre, c'est le devoir du chrétien, à qui le Christ a laissé sa paix ; c'est l'intérêt du faible, qui n'a en perspective que le trépas ; c'est l'intérêt du fort, qui peut être victime des inconstances du sort ; c'est l'intérêt des rivaux égaux en puissance, car la paix leur épargne tant de maux !

Et à la fin, pour conclure dignement cette pacifique exhortation, et pour mettre sur son livre le sceau qui le résume et le caractérise, l'auteur émet ce vœu touchant :

« Dieu veuille inspirer les princes qui tiennent les destinées de la république chrétienne ! Qu'il leur donne l'intelligence du droit divin et du droit humain ! Qu'il leur fasse comprendre combien est sublime la mission de gouverner des hommes, les êtres les plus chers à son cœur[4] ! »

---

[1] Lib. II, cap. xxiv, § 9, n. 2.
[2] *Ibid.*, n. 3.
[3] Lib. III, cap. xxv, § 1, n. 2 et 3.
[4] *Ibid.*, § 8.

TROISIÈME PARTIE

CRITIQUE

Le fameux livre de Grotius est à présent, je crois, suffisamment connu. J'en ai donné une analyse aussi fidèle que possible, en m'interdisant à peu près toute appréciation prématurée. Mon rôle de rapporteur est fini.

Il faut maintenant, dans cette troisième étude, juger et le livre et l'auteur. Il faut faire la part de la vérité et de l'erreur ; chercher les mérites et les défauts ; marquer le degré d'originalité en mettant en parallèle les écrivains principaux qui ont traité les mêmes questions ; indiquer les progrès réalisés par Grotius dans la science si compliquée du droit de la guerre, les services rendus par lui à la cause aujourd'hui si ardemment et si bien défendue de cette paix qu'il a tant désirée et tant aimée.

Plan, méthode, style du *de Jure*.

CHAPITRE PREMIER

DU PLAN.

On n'a pas épargné le blâme à l'ordonnance du livre de Grotius. Les uns, considérant ce livre comme un traité de droit naturel, se sont étonnés d'y trouver tant de chapitres relatifs à la guerre, au droit positif ou public ou privé. Ils n'ont pas hésité à lui préférer le traité de Pufendorf, dont la savante économie donne la première place aux grands principes, aux *êtres moraux*, aux actes humains, et confine le droit de la guerre dans les derniers chapitres du livre huitième et dernier.

D'autres, ne voulant voir dans le *de Jure* qu'un code de droit international, ont regardé comme un hors-d'œuvre toute cette partie du livre II qui traite du droit civil et s'étend du ch. 2 au ch. 18, c'est-à-dire, le quart de l'ouvrage.

Ces critiques se sont trompés. Il fallait prendre le livre pour ce qu'il est, et non pas seulement pour un traité de droit naturel ou de droit des gens. L'ouvrage de Grotius a un titre indiquant ce qu'il est : « *Le droit dela guerre et de la paix*, divisé en trois livres où se trouvent expliqués le droit de la nature, le droit des gens et les principaux points du droit public. » C'est d'après ce titre qu'il fallait examiner le plan du livre, et non d'après tel ou tel idéal de fantaisie.

Comme on l'a déjà dit, le *de Jure* est un traité du droit de la guerre, destiné à favoriser la paix. *A priori*, quel plan pourrait-on adopter pour un tel livre ? Il ne serait pas illogique, ce semble, de commencer par définir la guerre et le droit, et par prouver la possibilité d'une guerre juste, en montrant que les différentes espèces de guerres qu'on aurait distinguées, ne seraient pas absolument contraires aux différents droits qu'on aurait également distingués.

La possibilité d'une guerre juste une fois constatée, on pourrait bien se demander, dans un but pratique, quelle serait, en réalité, cette guerre-là ; pour quels motifs on devrait l'entreprendre, et comment il faudrait la conduire.

Or, ce sont là précisément les grandes lignes du plan de Grotius. Dans son premier livre, il a prouvé la possibilité d'une guerre juste en interrogeant le droit naturel et le droit positif, soit divin soit humain. Il a déterminé, dans le second, la guerre qui est juste, en énumérant les différentes causes qui peuvent justifier l'emploi de la force. Et comme il ne suffit pas de commencer la guerre sous les auspices de la justice, mais qu'il faut encore

que le droit en règle la conduite, il a fixé dans le troisième livre,
en consultant tout ensemble les règles arbitraires des rituels, des
usages, des traités, et les lois meilleures de la conscience et de la
charité, les limites extrêmes auxquelles peut se porter la violence guerrière, et celles dans lesquelles il est mieux de la ren-
fermer.

Voilà son plan. Barbeyrac a beau dire que Pufendorf aurait
mieux fait : il n'y a qu'une chose certaine, c'est que Pufendorf
n'a pas mieux fait.

Pourtant il faut avouer que ce dernier a sur Grotius un avantage : c'est qu'il esquisse en quelques traits une théorie du
droit de la paix. Il donne, en effet, la définition de la paix; il
en compte les espèces; il en établit la légitimité, la convenance
avec la nature humaine; il en pose le fondement et en énumère
les causes et les lois [1].

Grotius, lui, malgré les promesses de son titre, ne parle de
la paix que d'une manière incidente. Il ne la définit nulle part.
Et quand il expose ces droits privés nationaux ou internationaux, dont la rigoureuse observation produirait l'état de paix,
c'est au point de vue de la guerre qu'il les considère, c'est-à-
dire comme causes justificatives de l'emploi de la force.

S'il y a lacune sous ce rapport, il y a d'autre part excès et
surabondance. L'auteur, il faut le reconnaître, s'est trop longuement étendu sur l'origine des droits privés et des droits
civils, sur leur nature, leur transmission, leur extinction. Ce
sont là, il est vrai, matières à procès, mais procès ne sont pas
guerres. Et quand les litiges particuliers dégénéreraient parfois,
en luttes privées, ces désordres accidentels et si facilement
réprimés méritaient-ils donc de fixer l'attention, lorsqu'on se
trouve en présence du terrible phénomène de la guerre internationale? Il n'y a donc pas assez de proportion dans les parties
du livre. Ici trop de détails, là pas assez. C'est comme un corps
aux membres inégaux, les uns exsangues, les autres pléthori-
ques. Il ne s'agissait pas, dans un traité de la guerre, de formuler un code civil. Grotius, on ne le voit que trop, a voulu

---

[1] Pufendorf, *Le Droit de la nature et des gens*, liv. I, ch. i, n. 8. Traduct.
Barbeyrac.

profiter de l'occasion plus ou moins plausible qui se présentait d'étaler son érudition de jurisconsulte.

S'il fallait signaler encore certaines imperfections de détail, je désignerais, par exemple, le chapitre relatif au droit d'enterrer les morts après le combat. Cette digression n'est pas à sa place dans le livre des causes justificatives de la guerre.

CHAPITRE II

DE LA MÉTHODE.

Grotius a indiqué quelque part la méthode générale qu'il comptait suivre.

« Pour moi, dit-il[1], j'imite ici et ailleurs la liberté des anciens chrétiens qui ne juraient par aucune secte, ni par aucun philosophe..... Ils pensaient qu'il n'existait aucune école qui pût se vanter d'avoir contemplé la vérité tout entière ; aucune qui n'en eût aperçu quelque rayon. Aussi croyaient-ils que réunir les vérités éparses chez les philosophes, et disséminées au sein des écoles, c'était fonder un enseignement vraiment chrétien. »

Voilà bien le programme de la méthode éclectique ; mais Grotius l'a-t-il suivi ? Si l'éclectisme demande plutôt de l'érudition que du génie et de l'originalité, il exige néanmoins beaucoup de sagacité, de jugement et d'indépendance, afin de pouvoir découvrir les opinions les plus vraisemblables, les comparer, les accepter ou les repousser.

On ne saurait guère refuser à Grotius cette sagacité qui fait deviner et saisir tout ce qui a rapport à la question dont on s'occupe. Mais ne s'est-il pas trouvé embarrassé par la richesse même des matériaux qu'il avait amoncelés ? Ne s'est-il pas laissé écraser par cet immense et encombrant bagage ? A-t-il réussi à planer sur cette masse de faits, comme l'Esprit-Saint sur le

[1] *Prolég.*, § 42.

chaos, pour y faire éclater la lumière et germer la vie?

A en croire Leibnitz[1], « Grotius fut d'un très-grand savoir et d'un esprit solide, mais il n'était pas assez philosophe pour raisonner avec toute l'exactitude nécessaire sur des matières subtiles dont il ne laissait pas d'écrire. » Barbeyrac, lui aussi, tout en louant dignement les excellentes qualités de l'auteur du *de Jure*, déclare qu'il ne savait pas toujours tirer les conséquences de ses principes.

Est-il possible d'être éclectique avec de pareils défauts? Quand il faudrait embrasser d'un seul coup d'œil la multitude des opinions et des faits, les évoquer au tribunal de sa droite et impartiale raison, et ne prononcer qu'en faveur de la vérité et de la justice, Grotius, trop souvent, se laisse opprimer et fasciner par les faits. Au lieu de dominer de haut tous les résultats de son immense enquête à travers les siècles, et, comme un juge incorruptible et infaillible, de blâmer ce qui est injuste et blâmable, il se laisse séduire par le nombre, et l'on dirait qu'à ses yeux la multiplicité des forfaits soit un motif de les excuser, et la multitude des coupables, une raison de les amnistier.

Ainsi, quand il a entendu les amis de la guerre sans frein, débiter leurs aphorismes insensés[2]; quand résonnent à ses oreilles les étourdissantes clameurs des batailles, il fait comme Saül dans l'école des prophètes, il se met de la partie; il devient belliqueux et presque féroce; il décide en faveur de ceux qui parlent le plus haut et le plus fort; il enregistre tous les excès les plus atroces de la passion guerrière, et il appelle ces excès le droit de la guerre[3]. Alors, on dirait qu'il a marché en aveugle à travers l'histoire; qu'il n'a appris que le crime à cette école; qu'il n'a pas eu de fil conducteur dans ce labyrinthe!

Philosophes anciens, auteurs sacrés, Pères de l'Eglise, théologiens, rabbins, casuistes, jurisconsultes, passent devant ses yeux à son évocation; mais c'est pour lui donner le vertige. Ce n'est plus un critique, c'est un disciple de ces maîtres si nombreux et si divers. Où donc est la raison du juge? Où son indépen-

---

[1] Édition Dutens, t. VI, p. 271.
[2] Voir ch. IV, V, VI, VII, VIII du liv. III.
[3] Liv. III, ch. IV-VIII.

dance? Quand le républicain, citoyen de l'Etat qui a congédié Philippe II au nom du droit naturel, arrive en France exilé, il devient partisan exagéré de la monarchie absolue. Pourquoi ce changement? parce qu'il reçoit une pension de Louis XIII. Ne faut-il pas lui appliquer alors son expression pittoresque : « C'est la pierre qui règle le niveau? »

Tel est son trouble, qu'il perd même de vue son but. Ami de la paix et ennemi de la guerre, on le prendrait parfois pour un avocat de la lutte violente. A l'entendre exposer ce qu'il appelle le droit positif des gens, on ne soupçonnerait jamais qu'il doit repousser plus tard et maudire ces pillages, cet esclavage, ces meurtres, qu'il semble autoriser alors, et auxquels il donne, sinon le parfait et saint caractère de la vertu, du moins le nom profané de la justice.

Heureusement, la raison finit par reprendre son rôle. C'est lorsque l'auteur, laissant là son érudition corruptrice, et n'écoutant plus que son cœur de chrétien, sait trouver dans l'Evangile et dans l'histoire, même païenne, ses fameux tempéraments au droit de la guerre. Grotius a enfin découvert le vrai point de vue où il faut se placer pour bien juger les faits moraux. Ce n'est plus l'opinion, cette maîtresse d'erreur, qui le gouverne en souveraine. Il a reconnu que, si la coutume mérite d'être suivie, c'est quand elle n'est pas opposée au droit naturel et au droit divin, c'est-à-dire à la conscience et à Dieu.

C'est alors qu'il est en possession de la vraie méthode. A la lumière de la raison, il a consulté les faits historiques et les préceptes recueillis dans les trésors de la sagesse humaine, et il a su choisir les meilleurs pour en faire des exemples et des règles de conduite.

Mais quand il a rompu cette union que recommande Bacon entre l'expérience et la raison, alors il lui est arrivé de vouloir fonder le droit naturel sur le sentiment de je ne sais quels connaisseurs et même de la foule, oubliant trop la remarque du poëte : *Interdum vulgus rectum videt, est ubi peccat.* Il est tombé dans l'empirisme; il a érigé les faits en principes [1],

---

[1] Rousseau, *Contrat social*, liv. I, § 2.

surtout au sujet du droit des gens. Ce droit des gens positif, au lieu de le régler sur son idéal, sur des conceps *a priori*, sur la nature de l'homme et des sociétés, il l'a fondé sur des usages et des actes; il en a fait, suivant l'expression de Kant, une tête sans cervelle, un code arbitraire soumis aux variations des temps et des lieux; en un mot, cette justice *plaisante* qu'une rivière ou une montagne borne, qui a ses époques et ses méridiens, et qui provoque les mordantes railleries de Pascal [1].

Et pourtant, ce qui aurait dû lui faire comprendre combien il est dangereux de chercher dans l'histoire, au hasard, des règles de conduite, c'est la contradiction de ces conclusions auxquelles il est arrivé à cent-cinquante pages d'intervalle [2]. Ces femmes, ces enfants, ces vieillards contre lesquels il a autorisé tant de cruautés, en s'appuyant sur de funestes exemples, il faut bientôt les épargner pour se conformer à des exemples meilleurs. Ces esclaves qu'il a tant sacrifiés deviennent des amis, des frères, des enfants. Ces prisonniers de guerre que l'on pouvait assassiner sans pitié, même après leur soumission, voilà qu'il faut les renvoyer sans rançon.

A quoi donc s'en tenir? Si le droit de la guerre s'inspire des faits historiques, il sera tout à la fois plein de douceur et de férocité, d'humanité et de bestialité. Comme la monstrueuse chimère à tête humaine sur un corps de brute, il excitera l'horreur ou les risées.

Impossible de rappeler toutes les contradictions dans lesquelles est tombé Grotius par suite des vices de sa méthode. Il lui arrive de rejeter ou d'admettre tour à tour le témoignage des mêmes auteurs, selon que ces témoignages lui sont ou non favorables. S'agit-il, par exemple, de proscrire la guerre des sujets contre les pouvoirs publics, Tertullien et Origène sont invoqués comme de puissantes autorités; mais qu'ils viennent à nier la légitimité de toute espèce de guerre, Origène et Tertullien ne sont plus que des personnages *singuliers et originaux*.

Il y a une méthode que l'on reconnaît facilement dans le *de Jure,* c'est la méthode scolastique. Elle est là avec ses défauts

[1] PASCAL, XXV, 5.
[2] Lib. III, ch. iv, § 9; ch. x, t. III, p. 100, 250.

plutôt encore qu'avec ses qualités ; avec ses divisions minutieuses et presque infinitésimales de la matière, sans sa force, sa précision, sa. clarté.

En voici un exemple pris dans le chapitre 20 du livre III : « Les conventions qui interviennent entre ennemis consistent en une promesse ou expresse ou tacite. La promesse expresse est ou publique ou privée. La promesse publique se fait ou par des puissances souveraines ou par des puissances inférieures. Celle qui émane des puissances souveraines met fin à la guerre ou a son effet pendant la guerre. Parmi les conventions qui finissent la guerre, on distingue celles qui sont principales et celles qui sont accessoires. Les principales sont celles qui finissent la guerre, soit par leur acte propre, comme les traités, soit par le consentement de s'en rapporter à quelqu autre chose, comme le sort, l'issue d'un combat, la décision d'un arbitre : voies dont la première ne dépend que du hasard, tandis que les deux autres combinent le hasard avec les forces de l'esprit et du corps, ou avec l'exercice du pouvoir donné aux juges. »

Je doute que l'on puisse trouver chez aucun scolastique une échelle aussi compliquée de divisions et de subdivisions.

La même méthode apparaît encore dans la disposition des thèses. Pour prouver l'existence du droit naturel, par exemple, Grotius commence par énumérer les objections ; puis il établit sa proposition, et la confirme ensuite par les témoignages accumulés jusqu'à la profusion. C'est une imitation, ou plutôt un souvenir des fameux articles de la *Somme* de S. Thomas. Mais, en général, il y a moins de formalisme et plus de liberté En un mot, le *de Jure*, sous le rapport de la méthode, peut être regardé comme un type de transition entre la scolastique et la renaissance. Il est comme ces cathédrales du xiie siècle, dans lesquelles le roman se marie à l'ogive.

CHAPITRE III

DU STYLE.

Grotius a donné des preuves assez nombreuses et assez éclatantes de son talent d'écrivain et de poëte, pour que le critique n'ait pas à craindre de ternir la réputation du célèbre littérateur en disant franchement son avis sur le style du *de Jure*.

Aussi bien, ce livre n'est-il pas une composition littéraire, mais un traité scientifique.

La première impression du lecteur qui ouvre le traité du droit de la guerre, c'est un profond étonnement à la vue de l'immense quantité de textes étranges qui s'y trouvent rassemblés. Il y a telle page qui offusque les yeux par la singulière variété des noms propres, des chiffres, des renvois, des citations en italiques. Ce livre est une curiosité typographique. La citation l'envahit tout entier. Il y a des notes pour expliquer ou appuyer le contexte ; il y en a pour expliquer les notes. Parfois la page est réduite à une seule ligne de texte, pont étroit, faible trait d'union entre les deux pages ses voisines. Le reste est à l'érudition qui commente ou illustre à l'aide de passages parallèles répétant la même idée sous vingt formules diverses.

On dirait presque que l'auteur a voulu borner son rôle à compiler. Quelle prodigieuse érudition classique étalée dans ce chapitre 19 du livre II sur le droit de sépulture ! Et à propos du droit de piller, dans quels minutieux et curieux détails il se plonge pour nous apprendre les différentes manières dont on procédait au partage du butin chez les Orientaux, les Grecs, les Romains, les Italiens, les Espagnols, les Français !!

Or, veut-on savoir quelle importante proposition il avait à démontrer, c'est celle-ci : que le fruit du pillage est acquis à l'Etat. C'est à l'appui de cet article capital de son droit des gens qu'il entasse les faits historiques et les dits célèbres, et que, dans un chapitre de cinquante pages, il croit devoir mesurer avec plus d'abondance que de coutume les preuves empruntées aux peuples fameux.

Aussi, comme un géomètre concluant une démonstration lumineuse et irréfutable par le solennel : ce qu'il fallait démontrer, Grotius a une formule triomphante pour terminer son exubérante énumération : « Tout cela, dit-il, fait bien voir que les fruits de la guerre appartiennent au peuple ou au roi. »

Comment expliquer cette étonnante agglomération d'éléments étrangers dans un seul livre? La première édition du *de Jure* qui renfermait déjà trois parties d'une étendue raisonnable, fut par la suite, sinon corrigée, du moins considérablement augmentée. En France, près de la bibliothèque des de Thou, Grotius n'avait pas sous la main toutes ses ressources. Mais en 1642 parut à Amsterdam une édition accrue de près de la moitié [1]. Pendant près de vingt ans, l'auteur a recueilli tout ce qu'il trouvait dans ses lectures de relatif à son sujet, et il a fait ajouter ces notes nouvelles au texte primitif.

Le moyen de mettre, avec un pareil procédé de composition, de l'harmonie et de l'unité dans un livre !

Dans la thèse de la légitimité de la guerre au point de vue du droit divin et de l'Évangile, il y a une réfutation de certaine objection tirée de l'Épître de S. Jacques. Cette réfutation était déjà fort chargée de citations, mais l'érudit a découvert de nouvelles mines d'or ; il se laisse doucement aller à son goût invincible, et il ajoute en note vingt-deux témoignages nouveaux. Car, dit-il, « où est le mal de confirmer par beaucoup d'autres excellents passages empruntés aux auteurs anciens, et par des citations non moins expressives, cette pensée si vraie et que les hommes méditent si peu ! [2] »

Ce qu'il y a de plus étrange, c'est que cette pensée si vraie proclame l'origine viciée et honteuse de la guerre, et par conséquent n'est pas précisément favorable à la thèse de la légitimité. Mais qu'importe? Grotius a eu le plaisir de citer.

Il rapporte parfois des textes si obscurs qu'ils semblent n'être là que pour fournir à l'érudit l'occasion de les illustrer par

[1] Lettre 1234, 1er recueil, et 471, 2e recueil.
[2] Lib. I, cap. II, § 8, n. 16.

d'autres citations. Souvent même, afin de tirer parti d'une phrase, il lui donnera un sens qu'elle peut bien offrir dans ses mots, mais qu'elle n'a certainement pas reçu de son auteur. Un exemple seulement. Énumérant les droits régaliens, Grotius cite cette pensée de Salluste [1] : « agir avec impunité, c'est être roi. » Comme si cette phrase n'était pas une amère ironie dans la bouche du tribun Memmius!

Grotius aime à citer pour le fond ou la pensée; il cite aussi pour la forme.

« J'ai rapporté, dit-il [2], les paroles mêmes des écrivains anciens lorsqu'elles paraissaient avoir une autorité ou une beauté particulière. Et d'ailleurs [3] « nous faisons usage des pensées des poëtes et des orateurs, non pas tant pour y chercher une confirmation de nos paroles que pour tirer de ces citations quelque ornement. »

On serait tenté de croire qu'il se défie de sa propre pensée ou de son style.

Parmi les portraits que Labruyère a suspendus dans sa galerie, il en est un qui me paraît ressembler assez bien à l'auteur du *de Jure*, c'est celui d'Hérile. « Hérile, soit qu'il parle, qu'il harangue ou qu'il écrive, veut citer; il fait dire au prince des philosophes que le vin enivre, et à l'orateur romain que l'eau le tempère. S'il se jette dans la morale, ce n'est pas lui, c'est le divin Platon qui assure que la vertu est aimable, le vice odieux, ou que l'un et l'autre se tournent en habitude. Les choses les plus communes et les plus triviales, et qu'il est même capable de penser, il les veut devoir aux anciens, aux Latins, aux Grecs. Ce n'est ni pour donner plus d'autorité à ce qu'il dit, ni peut-être pour se faire honneur de ce qu'il dit. Il veut citer [4]. »

Grotius, du reste, n'a fait que payer tribut au goût de son époque. C'est un savant de la renaissance, un de ces érudits doués au suprême degré de cet esprit de polymathie dont s'est

---

[1] *Jugurtha*, ch. XXXI.
[2] *Proltég.*, § 60.
[3] *Proltég.*, § 47.
[4] LA BRUYÈRE, ch. XII.

moqué Malebranche, ce génie original et un peu révolutionnaire.

L'auteur du *de Jure* brille dans l'art d'illustrer un fait ou une pensée par des pensées ou des faits semblables; il a su faire parler tour à tour en faveur des théories qu'il inventait ou qu'il leur empruntait, poëtes, orateurs, philosophes, théologiens, historiens, jurisconsultes. C'était un grand mérite, et fort à la mode de son temps. Mais est-il parvenu, comme on l'a dit, à jeter sur les sujets qu'il traitait, un intérêt qui attire et captive [1] ? »

Pour moi, je crois qu'il serait fort difficile de lire le *de Jure* pendant de longues heures, et jusqu'au bout, sans rien passer. Sans doute, il y a un certain charme à voir tous ces fragments d'éloquence ou de poésie enchâssés par Grotius dans le cadre de ses thèses. Ce juriste sévère, qui affecte dans son style la brièveté et la gravité de Tacite, avait été poëte à ses heures, et il réussit à orner de quelques fleurs ses froides et arides sentences de droit. Mais on ne peut s'empêcher de penser que ces fleurs sont cueillies en jardin étranger.

Le savant est agréablement surpris de trouver réunis en un faisceau un si grand nombre de témoignages apportés en preuve de la même proposition.

Le littérateur, lui, appréciant surtout la forme, trouvera que les éléments exotiques du *de Jure* ne sont pas assez harmonieusement unis.

Au moyen âge, on vit des architectes utiliser les débris d'anciens temples païens, pour la construction de ces cathédrales que nous admirons aujourd'hui. C'étaient des artistes.

Grotius, avec ses matériaux empruntés çà et là, semble n'avoir pas voulu édifier, mais seulement collectionner. Son livre est comme un musée où chaque statue, chaque tableau porte le nom de l'artiste qui a peint ou sculpté ces chefs-d'œuvre; comme un cabinet d'amateur où chaque objet garde le nom de l'ancien propriétaire; une bibliothèque dont chaque volume est signé de l'auteur.

---

[1] Cauchy, *Droit marit. intern.*, t. II, p. 39.

Est-ce à dire pour cela qu'il n'y ait que des éléments d'emprunt dans le livre de Grotius? Loin de là. Il y a aussi son œuvre personnelle. On le retrouve là avec les qualités qui conviennent au légiste : fermeté, vigueur, gravité, concision. Malheureusement, cette concision n'est pas sans obscurité et sans sécheresse : une sécheresse qui n'admet ni émotion, ni figures de mots où de pensées, une obscurité qui a exercé souvent la sagacité des commentateurs.

On a dit que Grotius, dans le *de Jure*, a essayé d'imiter Tacite. Je sais un livre où Grotius a pris pour modèle le grand historien latin. C'est son récit des troubles de Hollande, divisé en annales et en histoires. Là, il y a vraiment du Tacite, et pour la disposition générale, et pour le style. Là, mais là seulement, et non dans le *de Jure*, Grotius a été aussi heureux que les autres imitateurs de la forme antique, les Vida, les Sadolet, les Bembo, qui, au xvie siècle, surent écrire et chanter comme Virgile ou Cicéron.

Examen de la théorie.

I

NATURE ET LÉGITIMITÉ DE LA GUERRE.

CHAPITRE PREMIER

DE LA GUERRE D'APRÈS GROTIUS.

En définissant la guerre : *l'état de gens qui vident leurs différends par les voies de la force,* Grotius a parfaitement indiqué et circonscrit son sujet. C'était, d'un mot, éliminer toutes ces luttes violentes qui déchirent la nature matérielle ; cette concurrence pour la vie qui se montre à tous les degrés de l'échelle des êtres ; ces combats de minéraux s'annexant d'autres minéraux, de grands végétaux étouffant les petits dans les forêts, d'animaux dévorant d'autres animaux. Ce sont là pourtant de vraies guerres, où il y a des vainqueurs et des vaincus, dès spoliateurs et des victimes. Mais Grotius ne considère qu'une des scènes de ce grand drame de la guerre dans le monde, savoir : *celle qui a les hommes pour acteurs.* C'est un mérite d'avoir ainsi précisé la question.

Felden a critiqué la définition de la guerre donnée par Grotius. Il a prétendu que cette définition pouvait convenir aussi bien à des combats de gladiateurs qu'à des luttes sérieuses, et il en a proposé une autre. La guerre, selon lui, serait l'état de gens qui ont rompu la société humaine. Mais avant de hasarder la critique, Felden aurait dû remarquer que les gladiateurs rompent, eux aussi, les liens de la société. Et puis, la définition de Felden n'implique pas positivement l'emploi de la force et de la violence, et Grotius voulait réglementer et discipliner la force. Laissons donc à chacun la liberté de choisir ses expressions, pourvu qu'on leur donne un sens précis et bien déterminé.

Osiander, un autre critique, n'est pas plus heureux sur la question d'étymologie [1]. Pourquoi veut-il que *bellum* vienne de βέλος (trait), plutôt que de *duellum?* Les exemples qu'il cite en preuve, ne sont pas convaincants. S'il est aussi douteux que *bellum* vienne de βέλος que πόλεμος de πολεῖν ou de πολύ αἷμα, rien n'empêche, à mon avis, de faire venir le mot de *duellum*.

La guerre est plutôt un duel qu'un javelot.

Une chose plus digne de remarque que ces questions de linguistique, c'est que la définition de Grotius désignant un phénomène bilatéral, il devenait difficile d'apprécier la guerre par un seul jugement, et de dire, par exemple, si elle est juste ou injuste. Il y a, en effet, dans la guerre l'antinomie de la justice et

---

[1] Ch. v, n. 15.

de l'injustice, du bien et du mal, du vrai et du faux. L'auteur avoue lui-même qu'elle ne saurait être juste matériellement des deux côtés, bien que formellement, dans la pensée des belligérants et par erreur de l'un d'eux, elle puisse n'être pas injuste.

Mais il n'était pas impossible de diminuer cette difficulté en réduisant la guerre à son élément constitutif simple : la force, et en recherchant la légitimité de l'emploi de la force.

Pour Grotius, la guerre n'est pas seulement un état ou une situation ; c'est une action, un phénomène qu'il examine en légiste et en praticien. La guerre, à ses yeux, n'est pas un état normal, et nécessairement éternel : c'est un trouble transitoire, qui tend à ramener la paix, tout comme le procès, cet autre moyen de vider un différend, doit faire régner la justice. Si donc Grotius avait dû lui choisir un emblème, il n'aurait pris ni Mars ni Bellone, mais une Minerve à deux attributs, portant d'une main la lance et de l'autre le caducée ou l'olivier.

CHAPITRE II

DU DROIT.

§ I. — DE L'EXISTENCE DU DROIT.

Il est étrange qu'avant d'avoir dit ce qu'il entend par le droit, Grotius se soit empressé, dès les prolégomènes de son livre, d'en affirmer l'existence ; c'est peut-être un léger défaut de logique. Mais quand on a entendu les sceptiques attaquer et nier une chose si indispensable au maintien de l'ordre public ; quand on a vu des hommes aussi imprudents qu'insensés enlever inconsidérément les bases fondamentales des sociétés, et, comme l'aveugle Samson, secouer les colonnes du temple qui les abrite, au risque de s'ensevelir, eux et leurs victimes, sous les ruines ; on aime à retrouver des garanties de sécurité auprès d'hommes mieux inspirés ; à recevoir de leur bouche des principes plus raisonnables ; à les voir affirmer sans préambule, en face d'un scepticisme désespérant, un dogmatisme plein de promesses et de tranquillité. Si par hasard on a souri des saillies malicieuses d'un Carnéade, d'un Philus, d'un Gorgias, ou de quelque autre sophiste spirituel et léger, on admire la grave et sévère raison du juriste et du philosophe, qui prend à partie le dangereux discoureur, pour l'écraser du poids de ses arguments victorieux. On ne voit plus la faute de logique.

Autant Socrate l'emporte sur Calliclès et Gorgias, Lelius sur Philus, autant Grotius l'emporte sur ce Carnéade qu'il s'est donné pour adversaire.

Que deviennent, en effet, les objections du sophiste, tirées de la diversité infinie des lois, de l'impossibilité de discerner le juste de l'injuste, du penchant commun aux hommes et aux animaux à ne chercher que leur utilité propre et leur égoïste intérêt ?

Pour nier le droit, Carnéade compare l'homme aux animaux. C'est le signe caractéristique de toutes les philosophies dangereuses et fausses, d'ôter à l'homme sa royauté, pour l'abaisser au niveau des bêtes. Il y a des gens qui semblent aspirer à descendre, et qui parviennent à fausser et à avilir tellement leur nature, qu'ils pourraient passer pour des preuves vivantes de leur dégradante théorie.

Grotius, laissant aux rivaux des stupides compagnons d'Ulysse leurs aspirations dépravées, sait affirmer et prouver que, si l'homme est un animal, c'est du moins un animal bien supérieur aux autres. Il suffit de considérer cette variété même qui existe dans les lois, et dont Carnéade se faisait un argument. Si les hommes changent leurs lois, leurs coutumes, leurs mœurs, c'est donc qu'ils n'obéissent pas à instinct uniforme et invariable, comme les animaux qui ne changent rien ; c'est qu'ils ont de plus qu'eux la liberté et la raison.

Voilà une première supériorité ; en voici une deuxième. Les animaux n'ont que des instincts égoïstes ; mais l'homme, quand il s'examine, reconnaît en lui des tendances naturelles qui l'inclinent d'un mouvement doux et fort vers ses semblables. Il se sent fait pour la sympathie, le désintéressement, l'affection, le dévouement, l'union, l'harmonie, la communauté des sciences, des arts, du langage, en un mot pour la *société humaine*. Ces incomparables prérogatives, Carnéade ne les a pas comprises; son observation, concluant à la similitude de l'homme et des animaux, était trop personnelle à lui-même ou trop incomplète. Avec Grotius, il faut reconnaître à l'homme une nature spéciale, et lui assigner une loi spéciale, une fin spéciale, en un mot un *droit hominal*, et non animal.

Quant à la deuxième objection du sophiste, pourquoi conclure de la variété des lois positives à la non-existence d'un droit naturel? N'est-ce pas comme si l'on prétendait que la différence des copies faites par des peintres différents, d'un paysage, ou d'une nature morte ou vivante, prouve que cette nature, que ce paysage n'existent pas?

Les législateurs sont comme les peintres; ils ont un original à copier : c'est le droit naturel. Si les lois positives sont différentes entre elles et ne ressemblent même pas au modèle, c'est que les copistes qui les font sont trop inhabiles et trop nombreux pour arriver au même résultat, voilà tout.

En troisième lieu, si d'une part il existe un droit naturel, si d'autre part les hommes ont une intelligence capable de connaître ce qui les intéresse, pourquoi cette intelligence ne connaîtrait-elle pas ce droit? La preuve qu'elle le connaît, c'est qu'elle le décrit et l'explique.

Les objections du sophiste sont sans valeur.

Au contraire, les arguments du philosophe en faveur du droit sont invincibles.

Les uns s'appuient sur l'observation psychologique, sur l'expérience. C'est, pour ainsi dire, l'anatomie de l'âme qui les fournit. Il est bien vrai que l'homme découvre dans sa conscience certains prescrits moraux, certaines lois qui règlent sa conduite soit envers lui-même, soit envers Dieu, soit envers ses semblables. Si l'on donne le nom de droit naturel à ce dictamen, à cette voix intérieure de la raison, le droit existe donc. De plus, l'âme entrevoit des rapports essentiels entre les choses, la nature humaine, par exemple, et les natures étrangères placées en face. Ces rapports sont les lois des choses et le droit lui-même. Le droit existe donc.

9

D'autres arguments s'appuient sur la nécessité du droit pour maintenir la société, et ne sont pas sans force. D'autres enfin se tirent des heureux effets produits sur la société et dans l'âme humaine, et cette preuve a toute la valeur que donne le principe de *causalité*. Si l'on appelle droit la cause qui procure le calme, la tranquillité, l'ordre dans le monde et dans la conscience, le droit existe donc.

Cette argumentation est solide. Je ne veux pas faire à Grotius le reproche d'avoir quelquefois, dans sa thèse de l'existence du droit naturel, désigné sous ce nom, au mépris de la précision philosophique, le droit naturel et le droit positif. Je lui adresserai une critique plus grave : c'est de n'avoir pas mis assez en lumière la réalité objective du droit. Il n'a pas assez parlé de ce droit absolu, idéal de tous les droits relatifs, de ces idées *a priori*, de cet ordre universel, de cette idée suprême du bien que l'âme humaine aperçoit, et qui existent certainement, puisque, autrement, on ne les apercevrait pas.

Grotius a omis la preuve ontologique de l'existence du droit.

§ II. — DE LA DIVISION DES DROITS.

Par suite de l'imperfection du langage philosophique, on est souvent obligé de donner au même mot des acceptions différentes, Grotius a subi cette nécessité. Il a donné le nom de droit à « ce qui n'est pas contraire à la nature d'êtres raisonnables, à une aptitude, une faculté, une prérogative, et enfin à la loi. »

Grotius, j'imagine, n'a pas voulu faire une division régulière des droits ; car une des règles de la division, c'est que les membres soient opposés et ne rentrent pas l'un dans l'autre. Or, si l'on voulait regarder de près, l'on verrait que ce droit social, nommé le premier, n'est qu'une partie de la loi naturelle indiquée la dernière. Et puis, quelle bizarrerie d'employer cette formule négative : « Ce qui n'est pas contraire à la société ! » Et quelle idée mesquine de la justice, de la faire consister à s'abstenir du bien d'autrui ! Comme si le droit n'imposait pas aussi des devoirs positifs !

Évidemment, Grotius avait en vue cette justice cicéronienne

qui a pour but et pour effet de maintenir la société, en empê-
chant, dans la course ardente des hommes vers le bien-être, les
procédés frauduleux des concurrents, et il n'a voulu que la
mentionner.

La deuxième espèce de droit, cette prérogative, cette qualité
morale en vertu de laquelle on peut faire ou posséder légitimement quelque chose, fait songer qu'il y a des prérogatives naturelles ou innées, comme la vie, par exemple, ou la liberté, et
des prérogatives acquises, comme sont un grand nombre de
celles que donnent les lois positives.

De plus, Grotius définissant le droit : une qualité morale,
suggère une distinction ingénieuse, et assez propre, ce semble,
à mettre quelque lumière dans cette obscure question des droits
réels et des droits personnels. Si le droit, en effet, est une chose
morale il faut bien qu'il soit toujours personnel quant à son dé-
tenteur. La division en réel et en personnel devra donc reposer
sur la différence des objets. Alors le droit réel sera celui qui
permettra de posséder ou de revendiquer une chose ; le droit
personnel, celui qui permettra de contraindre une personne.

Enfin, la division en droit strict et en convenance, sans comprendre peut-être assez ce qu'on appelle l'*équité*, suffit pour
distinguer les droits qui légitiment l'emploi de la force de ceux
qui ne l'autorisent pas.

En troisième lieu vient la loi. Définir ce droit la règle des actions morales, c'est le circonscrire à la nature humaine, car de
tous les êtres inférieurs aux purs esprits, il n'y a que les hommes
qui soient doués de volonté et capables de moralité.

Mais, d'autre part, prétendre que ce droit nous oblige à tout
ce qui est honnête, n'est-ce pas en agrandir démesurément la
sphère ? Et quoi ! s'il a pour objet non-seulement « les matières de la justice, mais encore celles des autres vertus sœurs
de la justice, comme la prudence, la force, la tempérance, la
bienfaisance » comment se distinguera-t-il de la morale ?
Suffit il de dire que le droit ne comprend que des devoirs obligatoires, tandis que la morale s'étend jusqu'aux simples conseils ?

on est loin de cette distinction délicate et subtile dont on fait honneur à Kant, et qui avait été entrevue avant lui par Thomasius, et même par Winkler et Bolognet, prédécesseurs de Grotius.

D'après Kant, le domaine de la morale comprend les intentions, les mobiles, les volontés de l'agent. Le droit ne s'occupe que des actes extérieurs. Les devoirs de morale ou de vertu sont ceux que commande la conscience par un impératif intérieur, abstraction faite de tout ordre extérieur; les devoirs de droit sous ceux qu'impose une législation extérieure, indépendamment de tout impératif de la conscience. Le devoir de droit est extérieurement exigible; le devoir de morale ne l'est pas de la même façon. Accomplissez un acte imposé par le droit, vous satisfaites à ce droit. Pour satisfaire à la loi morale, il faut avoir l'intention de l'observer. En imposant à un fils l'obligation de nourrir ses vieux parents, le droit n'exige qu'une chose : que ce fils fournisse des aliments. La morale exige de plus qu'il ait la volonté, le désir de remplir un devoir de vertu.

Grotius n'a pas vu ces différences. En faisant de l'obligation la seule caractéristique du droit, il s'expose à le confondre avec la morale individuelle, religieuse ou sociale.

Mais quel beau mot que celui qui termine la définition de la loi ! *rectum*, ce qui est droit. Naturelle ou positive, la règle des actes moraux ne peut prescrire que le juste, ou alors elle n'est plus règle. Ce n'est donc pas une vraie loi que l'ordre tyrannique par lequel on voudrait imposer un acte interne ou externe contraire au bien. La seule règle légitime est celle qui oblige à ce qui est droit.

Trop souvent troublé d'entendre donner ce nom de droit à des choses qui ne le méritent pas, à je ne sais quelle sentence de juge, à un édit de préteur, à un recueil de décrets, on est heureux de le voir réserver exclusivement à la vraie justice, à l'honnête, au vrai bien.

Le *droit règle* se divise en deux grandes branches : le droit naturel et le positif.

Le droit naturel a été défini : « Un dictamen de la droite raison indiquant qu'un acte, selon qu'il est conforme ou opposé à la

nature raisonnable, est bon ou mauvais moralement, et conséquemment commandé ou défendu par Dieu [1]. »

Cette définition a été critiquée par Felden et par Bœcler. Ils
ont trouvé qu'on s'y servait d'un mot obscur ayant besoin lui-
même de définition. Qu'est-ce que ce « dictamen de la droite
raison? » disaient-ils. Pour éclaircir cette obscurité, les deux
critiques n'avaient qu'à se reporter à la définition générale du
droit. Si le droit est une règle des actions morales, le droit
naturel, lui aussi, sera une règle, et le dictatum devra signifier
une règle dictée par la droite raison.

Si l'on veut s'abstenir d'épiloguer sur les mots, on avouera
que cette définition présente assez clairement tous les éléments
de la théorie de Grotius sur le droit naturel.

I. — DU DROIT NATUREL.

On a fait du droit naturel tantôt l'ensemble des lois physiques
découlant de la constitution des êtres en général; tantôt les tendances et les instincts communs aux animaux; tantôt les règle-
de conduite spéciales aux hommes et résultant soit de leur constitution animale et physique, soit de leur raison, soit de leur
nature complexe, déchue ou intègre, solitaire ou sociale, sauvage ou civilisée.

On a entendu aussi par droit naturel, ceux-ci un certain ordre
établi entre tous les hommes par la raison [2]; ceux-là l'idéal du
droit légal, le juste et le bien [3]; d'autres cette loi innée, cette
règle qui nous apprend à distinguer le juste de l'injuste [4]; je
ne sais quel démon, quel esprit divin résidant en nous, quelque
chose enfin qui rend des oracles si clairs qu'on les prendrait
pour la voix d'un Dieu plutôt que pour la voix de la conscience.

Enfin, d'autres philosophes plus hardis ont voulu que le droit
naturel fût non plus une loi physique, ni un concept de la
raison humaine, mais bien l'ordre universel, éternel, immuable,
l'absolu, Dieu lui-même.

[1] Ch. i, § 10, n. 1.
[2] *Instit. I*, tit. ii.
[3] *Digest.*, t. I, lib. ii.
[4] CICERO, *Pro Milone*.

De ces trois manières d'envisager le droit naturel, comme loi physique, loi morale, loi divine, c'est la seconde qui nous rappelle le *de Jure*.

Non, Grotius ne s'est jamais élevé à cette conception augustinienne et malebranchienne de l'ordre universel, à cette apothéose ontologique du droit et du juste ; ou, si parfois l'absolu s'est révélé à son esprit, ce n'a été qu'un éclair rapide dont il n'a pas fixé la trace lumineuse ; il n'était pas de ceux qui ont la noble et fière prétention de contempler Dieu dès ce monde-ci. Pour lui, les idées n'étaient pas les rayonnements du Verbe illuminant l'esprit comme un soleil divin ; son droit n'était pas l'ordre éternel et substantiel, l'ensemble des rapports existant entre les perfections divines.

Mais si Grotius n'est pas monté à ces hauteurs au-dessus desquelles il n'y a plus de sommets, il n'est pas non plus tombé, comme certains autres, dans les abîmes. Il n'a pas donné le nom de droit à ces lois physiques qui gouvernent le monde inférieur, à ces forces aveugles et fatales qui entraînent les astres dans leurs orbites, les flots à l'Océan, la séve printanière aux bourgeons ; ni à ces instincts admirables mais inconscients qui dirigent les animaux et portent l'hirondelle dans les plus doux climats, apprennent au castor à se bâtir un palais, au lion à dévorer la gazelle ; ni enfin à ces tendances animales qui abaisseraient l'homme au niveau des bêtes, s'il n'avait à son char, comme dit Platon, ce coursier ailé qui tend sans cesse à monter, c'est-à-dire la raison, son mobile, sa force, son guide.

L'auteur s'est tenu dans une voie moyenne. Pour lui, le droit naturel est la loi d'une nature intelligente et libre. C'est le dictamen de la raison, et non le dictamen d'un instinct.

Seulement, l'origine qu'il donne au droit est-elle assez noble ?

Le droit n'est-il qu'un concept, qu'une dictée de la raison, une collection de décisions semblables à ces articles quelquefois si peu sûrs, formulés par un législateur et inscrits dans un code ? Si la raison tirait le droit de son propre fonds, comme l'araignée fait sa toile, quelle serait la solidité d'un pareil ouvrage ? Où serait la garantie de certitude et d'infaillibilité ? C'est la droite raison, il est vrai, qui édicte ; mais comment savoir le

moment où la raison est droite, elle qui se laisse si souvent surprendre en flagrant délit d'erreur.

Mais peut-être Grotius n'a-t-il pas voulu faire de la raison la
cause efficiente du droit? Peut-être cette voix qui dicte n'est
pas celle du législateur qui fait la loi, mais du héraut qui la
promulgue! La raison n'est peut-être qu'un écho répétant un
oracle inspiré par la divinité. Grotius n'a-t-il pas dit que le droit
vient de Jupiter? [1] Oui, mais dans ce sens seulement que c'est
Dieu qui a fait la raison. Si c'était là tout le rôle de Dieu dans la
production du droit, faudrait-il conclure à l'infaillibilité du
produit? Faudrait-il lui donner ces magnifiques caractères :
l'éternité, l'universalité, l'immutabilité?

L'immutabilité! mais d'où viendrait-elle? Je veux que le
droit déduit de l'observation exacte de la nature humaine soit
aussi immuable que cette nature elle-même. Mais comme Dieu
peut la supprimer ou la modifier, il suit que le droit fondé sur
cette base mobile n'est que relatif et conditionnel comme elle.

Comment donc Grotius peut-il dire que son droit existerait
quand Dieu même ne serait pas? Est-ce qu'il y aurait une nature
humaine sans Dieu, et des lois que la raison pût constater?
Est-ce que le relatif peut exister sans l'absolu?

Lorsque Cicéron et les autres philosophes cités par Grotius :
S. Thomas, S. Jean Chrysostome, parlent de cette loi qui n'est
pas autre à Rome qu'à Athènes, mais universelle, ils n'enten-
daient pas parler d'un simple produit de la raison.

Quand les ontologistes affirment que l'intelligence voit en
Dieu les rapports des choses, et que c'est à cette lumière qu'elle
formule les lois, à la bonne heure! Voilà un droit qu'on peut
appeler éternel et immuable! Mais si Grotius, au lieu de contempler l'absolu, ne regarde que le relatif, le créé; si sa raison
n'a pas d'autre lumière que sa pâle lumière ou le rayon réfléchi
qui vient des créatures; si les jugements de cette raison n'ont
pas d'autre garantie que l'apparente convenance entre tel ou tel
acte et la nature raisonnable, ils sont suspects. Car la raison
ressemble au prisonnier de la caverne de Platon; elle ne voit

---

[1] *Jus a Jupiter*, Proleg., § 12.

que des ombres incertaines, des fantômes, pas de soleil. Il faudrait la mener en plein jour.

Telles sont les critiques qu'un ontologiste pourrait formuler contre Grotius sous le rapport de l'origine, de la nature, du fondement qu'il donne au droit; mais il ne faut pas se montrer trop sévère. Aussi bien, si Grotius a eu tort de ne pas rattacher par quelque lien le droit à l'absolu, à l'idéal, et de le priver de ce couronnement, du moins a-t-il réussi à l'établir sur un fondement qui ne manque pas de solidité.

Il cherchait la loi de l'homme, c'est-à-dire sa fin, et les moyens d'arriver à cette fin. Mais, évidemment, tout cela doit être en harmonie avec la nature elle-même. Il doit y avoir proportion entre l'être et sa fin. La connaissance de l'un des termes peut faire trouver l'autre. Qui connaît la nature de l'eau, sait qu'elle doit s'évaporer au soleil ou s'écouler dans le lit incliné des fleuves. En voyant la dent du lion ou sa griffe, on devine ses mœurs et son régime : *ex ungue leonem*. C'est donc un procédé logique de chercher le droit naturel de l'homme dans l'analyse même de la nature humaine.

Or, ce n'était pas chose si facile de découvrir la vraie nature de l'homme ! Que de gens s'y sont trompés ! C'est la partie animale, disaient les uns ; c'est la partie raisonnable, disaient les autres ; et, partant de principes si opposés et si incomplets, épicuriens et stoïciens arrivaient à des conséquences également fausses et opposées. On faisait un droit naturel ou inférieur ou supérieur à l'homme. Il fallait vivre comme les animaux en cherchant son bien dans la volupté, ou imiter les esprits purs en renonçant à ses passions. C'étaient deux excès auxquels conduisait cette formule exacte, mais mal appliquée : *Sequere naturam*.

Grotius, lui, dans son expression *natura rationalis*, paraît avoir compris, et à bon droit, les deux éléments constitutifs de l'homme : le corps et l'âme, mais en ayant soin d'accorder à l'âme la place d'honneur et la souveraineté. Ainsi faisait Platon qui, dans l'écheveau compliqué de nos facultés, appelait la raison le fil d'or.

Bien qu'il soit arrivé à Grotius de prendre pour règle du droit les appétits inférieurs, τὰ πρῶτα κατὰ φύσιν, on doit lui savoir gré d'avoir signalé la vraie mesure : la nature raisonnable.

Ce qu'est la règle ou le niveau aux mains d'un géomètre qui veut apprécier une ligne ou une surface, la nature raisonnable l'est pour la raison appréciant la rectitude des actes humains.

Et, cette nature raisonnable, il n'a pas l'air de supposer qu'elle ait été blessée par le péché originel. Il sait qu'elle a perdu certaines prérogatives surnaturelles. Mais cette perte a laissé intacts ses éléments constitutifs. A ses yeux, l'homme actuel ressemblerait à un lutteur à qui l'on aurait donné d'abord quelques armes artificielles : une lance, un casque, un bouclier, et qu'on dépouillerait ensuite de cette armure, mais sans lésion de sa force musculaire. Grotius a su éviter les exagérations de Luther.

Mais, en poussant plus loin son analyse, Grotius a cru découvrir dans l'homme un attribut essentiel : la sociabilité ; et voilà pourquoi il a donné quelque part comme fondement au droit la nature raisonnable et sociale ! Quelques commentateurs, entre autres Barbeyrac et Kaltenborn, ont pensé d'après cela que le principe du droit chez Grotius était la sociabilité. C'est une erreur, ou au moins une exagération. Le principe vrai du droit humain, c'est la nature humaine, et la sociabilité n'est qu'une aptitude choisie entre vingt autres, pour marquer avec plus de précision les limites du droit dont on voulait s'occuper.

Grâce à l'idée de sociabilité, le droit naturel s'est distingué de tout ce que l'on confond d'ordinaire avec lui. Il n'est pas l'ensemble des rapports existant entre tous les êtres, des lois physiques ou instinctives, puisqu'il a pour objet des actes moraux, et l'homme seul pour sujet. Il n'est pas non plus l'ensemble des règles de conduite particulières à l'homme. Car parmi ces règles qui portent le nom générique d'éthique, il en est qui concernent les rapports de l'homme avec Dieu, et c'est la morale religieuse ; d'autres regardent l'homme lui-même, et c'est la morale individuelle ; d'autres les rapports avec les êtres qui sont au-dessous de nous, ces frères inférieurs, comme dit S. François d'Assise, et c'est une morale qui n'a pas encore de nom spécial ;

---

[1] *Proleg.,* § 7, 8.

d'autres enfin règlent notre conduite à l'égard des autres hommes, et c'est la morale sociale. Mais ce n'est pas encore le droit ; car cette morale sociale comprend des prescriptions qui ne sont pas obligatoires, et le caractère distinctif du droit, c'est l'obligation.

Appuyée sur le fond commun de la nature humaine, la morale se divise en différentes branches d'après les différents objets auxquels elle s'étend, ou d'après les facultés dont elle doit régler l'épanouissement. Ainsi, la nature humaine est religieuse : il y a une morale religieuse qui part de cette faculté et aboutit à Dieu. La même nature est sociable : il y a une morale sociable qui unit l'homme comme par une douce et puissante chaîne aux autres hommes ses semblables. Maintenant, si dans cette morale sociale vous faites choix de tous les préceptes obligatoires capables de constituer une société tranquille et bien ordonnée, à l'abri des déchirements et des batailles, vous avez le droit naturel humain. En un mot, la loi morale est l'ensemble des lois prescrites à l'homme pour toutes les relations qu'il peut soutenir. *Le droit naturel est l'ensemble des lois obligatoires prescrites à l'homme dans ses relations avec les autres hommes.*

Ainsi se trouvent nettement distingués les domaines différents, les sphères diverses de la religion, de la morale individuelle et du droit ; distinction à laquelle les Allemands [1] attachent le plus grand prix, et dont les Français ne font peut-être pas assez de cas [2].

Grotius a-t-il été aussi heureux dans la question de l'obligation et du fondement de cette obligation ?

Il y a des moralistes qui ne conçoivent pas d'obligation sans volonté d'un législateur, ni de droit naturel sans volonté divine. Ainsi ont pensé Barbeyrac, Pufendorf et quelques légistes plus modernes : Serrigny, Bersot, Pezzani.

D'autres philosophes, comme Burlamaqui, Vattel, Bélime [3],

---

[1] KALTENBORN, p. 29.

[2] LERMINIER, *Introd. gén. à l'hist. du droit*, p. 105, et JOUFFROY, *Cours de droit naturel.*

[3] GROTIUS, *le Droit de la guerre et de la paix*, édit. Guillaumin, t. I, p. 14, note de M. Pradier-Fodéré.

ont revendiqué pour le droit une complète indépendance de la volonté divine, affirmant qu'il y aurait un droit obligatoire même pour des athées.

D'autres, plus sages, ont fondé l'obligation non sur la volonté arbitraire de Dieu, mais sur l'essence même du bien, que Dieu ne saurait changer à son gré. Tels sont Platon, S. Augustin, S. Anselme, S. Thomas, Malebranche, Fénelon, les plus grands génies.

En disant qu'un acte est moralement nécessaire par suite de sa convenance avec la nature raisonnable, Grotius a fondé l'obligation non sur la volonté de Dieu, mais sur la nature même du bien. Il ajoute, il est vrai, que l'acte se trouve commandé par Dieu, mais c'est parce qu'il est bon, qu'il est commandé. Grotius dirait comme Platon . le saint est aimé des dieux parce qu'il est saint ; mais ce n'est pas parce qu'il est aimé des dieux qu'il est saint.

Lorsque la raison approuve un acte, il y a comme une triple voix qui se fait entendre : celle de l'acte lui-même ou du bien qui s'impose ; celle de la conscience et celle de Dieu. C'est ce triple impératif qui constitue l'obligation complète.

En résumé, Grotius a pénétré profondément dans l'étude du droit naturel. Il en a établi l'obligation sur un fondement solide ; il en a marqué avec précision le sujet et les limites ; il en a indiqué le caractère ; mais il en a trop rabaissé la nature, en ne lui donnant d'autre source que l'être créé et relatif, d'autre idéal que des concepts de l'âme. C'est un droit dont l'on n'aperçoit pas l'archetype absolu, et dont on peut dire comme Mirabeau à un adversaire inférieur : « Il n'y a rien de divin en toi ! »

II. — DU DROIT POSITIF.

Le *de Jure* présente une opposition on ne peut plus tranchée entre le droit naturel et le droit positif.

Origine, caractères, étendue, objet, source d'obligation, tout est différend.

Le droit naturel est fondé sur l'essence même des choses ; le droit positif dépend d'une volonté arbitraire. Le premier est immuable et constant, le deuxième variable et inconstant. Celui-ci a pour objet des actes indifférents en eux-mêmes ; celui-là, des choses essentiellement bonnes ou mauvaises. D'une part, l'obligation jaillit des entrailles mêmes de la chose, si l'on peut parler ainsi ; d'autre part, elle est créée par une volonté quelconque, soit divine, soit humaine, et se mesure à l'énergie de cette volonté.

Or, cette distinction existe à tous les degrés de l'échelle des droits. Grâce à cette idée lumineuse et profonde, on peut concevoir une double série parallèle de toutes les lois réglant la conduite de l'homme, et ses relations avec sa famille, ses concitoyens, l'Etat, le monde entier. Il y a donc un droit privé naturel, et un droit privé positif ; un droit national naturel, et un droit national positif ; un droit international naturel, et, un droit international ; positif un droit cosmopolitique naturel, et un droit universel positif.

Cette opposition curieuse et intéressante, qui ressort évidemment de la théorie de Grotius, il ne l'a établie directement ni pour le droit privé, ni pour le public ni pour le cosmopolitique ; mais il a eu à cœur de la mettre dans tout son jour au sujet du droit international.

Non-seulement il a distingué le droit des gens du droit naturel universel, comme on distingue une branche d'un grand arbre, mais encore, ce qui est plus précis, un droit des gens positif d'un droit des gens naturel correspondant.

Quelques jurisconsultes romains, Ulpien, par exemple [1], confondant ensemble morale, droit naturel et droit positif, appelaient droit des gens l'ensemble des règles de conduite que doivent observer les hommes entre eux. D'autres donnaient ce nom de droit des gens aux lois communes à tous les hommes considérés comme êtres raisonnables. C'est ce que Kant appelle droit cosmopolitique. Le droit des gens désignait parfois chez les Romains, par opposition au droit civil, les lois en usage chez les peuples voisins.

Venu après Grotius, Pufendorf fit du droit des gens une sorte

---

[1] *Digest.*, lib. I, § 3.

de morale, et le définit « le droit naturel des Etats ». Il oubliait le droit positif reconnu par les vrais disciples du maître : Leibnitz, Wolf, Vattel, etc., et dont la codification va se perfectionnant tous les jours.

Le *de Jure* mentionne donc un droit des gens naturel, qu'il appelle interne parce qu'il est approuvé par la conscience. Ce droit se fonde sur la nature sociale de l'homme, et, pourquoi hésiter à le dire, sur la nature sociale des États considérés comme personnes morales. Il est universel, invariable, et se découvre par la raison.

A côté, se trouve le droit des gens positif. Celui-ci n'a d'autre origine que la volonté expresse ou tacite des nations. Il est mobile et non universel, bien que cependant il puisse, par une entente commune, s'étendre un jour à tous les peuples. Ce droit se constate par l'observation des coutumes, ou s'inscrit dans les traités. Il serait parfait s'il ne faisait que formuler et traduire exactement les préceptes du droit international naturel. Trop souvent, hélas! il diffère de son modèle par suite de l'imperfection de l'intelligence ou de la perversité de la volonté, de mille causes et de mille circonstances. Le devoir des législateurs, même un droit des gens, c'est d'imiter le plus possible l'idéal.

CHAPITRE III

LA GUERRE EST-ELLE LÉGITIME ?

Pour démontrer la légitimité de la guerre, il était logique de commencer par définir les lois ou les règles d'après lesquelles s'apprécie la légitimité, et puis de soumettre la guerre au contrôle de ces lois.

§ I. — LA GUERRE ET LE DROIT NATUREL EN GÉNÉRAL.

Est-il vrai que la guerre ne soit pas contraire au droit naturel ? Il semble assez facile de le savoir, puisque le droit naturel est un *dictatum* indiquant qu'un acte est commandé ou défendu selon qu'il est conforme ou contraire à la nature raisonnable et sociale de l'homme. La question revient à celle-ci : la guerre est-elle conforme à la nature raisonnable et sociale, ou du moins ne lui est-elle pas opposée ?

Grotius n'a pas cherché à démontrer positivement que la guerre fût conforme à la nature raisonnable et sociale. Il a eu raison. En effet, d'après Cicéron, des deux moyens de vider un différend, celui qui est conforme à la nature raisonnable, c'est la discussion, la lutte intelligente, le débat ; l'autre, la lutte violente, le combat, est le propre des bêtes.

Comment prouver que ce qui est le propre des bêtes convienne à la nature raisonnable ?

Voilà l'étrange question que l'auteur n'a pas osé aborder de front. Il a mieux aimé tourner la difficulté, en se demandant, ce qui est moins choquant, si le moyen violent de vider un différend est toujours opposé et, conséquemment, toujours interdit aux hommes. Et, avec Cicéron, il a répondu : non. Ce moyen est permis toutes les fois qu'il n'est pas possible de recourir à l'autre. Et quoi ! des êtres intelligents se conduire comme des loups ou des tigres ? N'est-ce pas toujours indigne de la raison ? Eh ! les hommes ne sont ni anges ni bêtes. Que d'actions on fait absolument comme les animaux ! Comme eux, en effet, on boit, on mange, on respire. Les actes en eux-mêmes sont indifférents. C'est de la volonté qu'ils reçoivent leur moralité.

Vous pouvez donc, ô hommes, recourir, vous aussi, à la force. Dieu lui-même n'a-t-il pas la foudre et les fléaux pour frapper les coupables ?

Mais qu'on y prenne garde ! Il ne faut employer la force qu'au service de la justice. Jamais il n'est permis d'en armer l'iniquité.

Voilà une première réserve. Il en est d'autres encore.

La raison n'approuverait pas non plus une guerre à laquelle on attribuerait la propriété de créer le droit ou de le manifester. La force a son droit, sans doute, comme les autres puissances de l'homme ; l'athlète vainqueur aux jeux olympiques pouvait emporter ses trépieds aussi légitimement que le poëte tragique ses prix et ses couronnes. Mais il est des droits que la force ne peut créer, quoi qu'en ait dit le paradoxal Proudhon. Ce n'est pas elle qui fait la propriété, la souveraineté, la religion. Elle n'a pas d'énergie juridique ; elle n'est pas justicière.

Le droit doit exister avant la guerre pour la justifier. Il n'eu est pas le produit. Demander le droit à la violence, à l'ordalie, ou jugement de Dieu, au duel privé ou à ces duels gigantesques que l'on appelle la guerre dans les formes, c'est être insensé. Au lieu de mettre aux prises les Horaces et les Curiaces, mieux eût valu faire de l'empire l'enjeu d'une partie de dés. C'eût été moins cruel et plus sage.

Qu'est-ce que cette guerre dans les formes qui met les adversaires sur un pied d'égalité, et dont on voudrait faire une procédure régulière ? Parce qu'il plaît à un voisin jaloux et puissant de disputer un droit, faut-il le traiter dès lors en loyal adversaire et, s'il est le plus fort, lui abandonner à jamais le fruit de sa conquête ? Peut-être y a-t-il certains droits que l'on puisse exposer au hasard du jeu ou des batailles ; mais il en est d'autres que la raison défend de sacrifier ainsi : la religion, l'honneur, la liberté. Ceux-là sont inaliénables et sacrés. Ils priment la force et sont hors de sa portée. Croire qu'ils puissent être créés ou transmis par la guerre ou la conquête, c'est folie. S'engager à ratifier la décision du glaive, à regarder comme un oracle le caprice du hasard ou l'abus de la force, c'est aller contre la raison.

Et pourtant voilà la belle institution que Grotius a réglementée, et que d'autres publicistes ont exaltée comme un progrès sur la lutte désordonnée et sans lois. Certainement il y a progrès. Les nations civilisées ne se battent pas entre elles comme des loups se disputant une proie. Elles se sont imposé certaines règles qui rappellent l'intelligence. Mais, en somme, ce combat dans les formes ne fait que singer le débat judiciaire ; la procédure guerrière n'est qu'une imitation grossière et absurde de la procédure civile. C'est toujours la force, et la force seule, qui siége au tribunal de sang et qui rend ses aveugles jugements ! Et voilà pourquoi nous souscrivons de grand cœur à cet anathème porté contre la guerre par un profond penseur des temps modernes : «Du haut du tribunal suprême, moralement législatif, la raison condamne la guerre sans exception comme voie de droit, et fait un devoir immédiat de l'état de paix[1]. »

En résumé, il n'est pas absolument contraire à la nature raisonnable de recourir à la force pour protéger un droit, quand il ne reste plus que ce moyen ; mais ce qui lui répugne, c'est de substituer la force à la raison, quand celle-ci peut suffire ; c'est l'emploi de la force comme moyen de déclarer ou de créer le droit ; ce sont ces duels stupides entre particuliers ou nations qui recourent au procédé bestial avant d'avoir essayé du procédé humain. Oui, il est contraire à la nature raisonnable de mettre le droit à la remorque de la force, au lieu de n'employer celle-ci qu'au service du droit. C'est un crime de lèse-humanité que de ne pas tenir compte de la faculté maîtresse là où elle doit juger en souveraine, de lui préférer les puissances inférieures, de sacrifier l'âme à la bête.

Grotius a dit encore que la guerre n'est pas contraire à la nature sociale ou à la société. « La nature de la société n'interdit que les voies de fait en opposition avec la vie sociale[2]. »

Cette proposition a besoin, ce semble, d'être éclaircie par une minutieuse et attentive discussion.

Et d'abord, il est à remarquer que Grotius, négligeant de chercher si la nature sociale appelait la guerre, s'est contenté d'établir cette thèse négative : la nature sociale n'est pas toujours opposée à la guerre.

Mais qu'est-ce que la sociabilité? Tantôt l'auteur en parle comme d'une faculté analogue à la religiosité, à la sensibilité ; tantôt, comme de la société elle-même.

C'est que, en effet, on peut supposer la nature humaine dans deux moments chronologiquement différents, savoir : un instant où elle n'est encore que sociable, et un autre instant, où la so-

---

[1] Kant, *Principes métaphysiques de la doctrine du droit*, trad. Tissot, p. 273.
[2] Lib. I, cap. II, § 1, n. 5.

ciabilité a reçu son complément, sa perfection, par une effective association. Le premier état a été nommé l'état de nature ; le deuxième, l'état social ou juridique. Dans l'état de nature, où peuvent se trouver déjà les sociétés rudimentaires : conjugale, hérile, etc., les différents droits ne sont pas garantis par des lois publiques. Ils ne sont que provisoires.

De cet état de nature, que quelques-uns appellent état naturel, on peut dire ce que Voltaire disait de l'histoire de Buffon : pas si naturel ! puisque l'homme est appelé à un état juridique où les droits de chacun soient garantis, et, comme dit Kant, *péremptoires*.

Cela posé, voyons comment la guerre ne serait pas contraire à chacun de ces deux Etats.

Hobbes a prétendu que l'état de guerre était l'état naturel de l'homme[1], c'est-à-dire que guerre et nature *insociata* seraient synonymes. D'après lui, chacun a un droit absolu à toutes choses[2], et doit soutenir ce droit par tous les moyens possibles ; l'homme, en un mot, est naturellement l'ennemi de l'homme : *homo homini lupus*.

Kant a dit[3] que l'état insocial ou non juridique est sujet à la guerre, parce qu'il n'y a d'autre garantie du droit que la violence ; mais il n'a pas prétendu que le danger de guerre, et surtout la guerre elle-même, fussent fatalement attachés à cet état, puisque, aussi bien, il y a des droits naturels dont l'observation procurerait la paix.

C'est l'erreur de Hobbes d'avoir cru que la nature humaine, hors de la société, serait guerrière. Comme si alors elle possédait une faculté particulière, *bellicosité* ou *combattivité*, semblable au caractère querelleur de ces oiseaux qu'on a cru devoir appeler combattants !

Montesquieu répond à Hobbes que, dans l'état de nature, l'homme serait plutôt timide qu'agressif. Et du reste, quand il y aurait des luttes, quand les hommes se battraient pour le gland des chênes, ou pour une belle épouse, comme dit Lucrèce,

[1] *De Cive*, ch. x.
[2] *Ibid.*, ch. i.
[3] *Princip. métaphys. du droit*, 169.

10

ce ne seraient là que des faits accidentels, si peu inévitables que Hobbes lui-même trouve un moyen de les réprimer, grâce à son absurde absolutisme.

Au point de vue de Grotius, la nature humaine n'est ni féroce ni sauvage. Il dirait, comme Platon, que l'homme est foncièrement doux [1]; et, comme son disciple Pufendorf [2], que l'état de paix est l'état naturel. Car, la nature est sociable. Or, qui dit sociabilité, dit aptitude, aspiration à la paix et répugnance à la guerre. Seulement la répugnance n'est pas absolue : il y a des cas où cesse l'incompatibilité.

C'est, par exemple, quand la nature (*insociata*) ne pourrait sans guerre arrriver à sa perfection, la société réelle. La société étant un droit, et tout droit étant exigible, on peut contraindre autrui à sortir de l'état insocial pour entrer dans l'état juridique.

Mais il y a loin de cette guerre accidentelle à un état permanent d'hostilités. La guerre perpétuelle est essentiellement opposée à la nature sociable, puisqu'elle l'empêcherait d'arriver à sa fin, qui est la société paisible.

Donc, la nature sociable des individus ou des nations ne rejette pas la guerre ou la force qui tend à protéger un droit quelconque, même provisoire, pourvu que ce soit un droit, et à établir l'état social; mais elle est incompatible avec la guerre éternelle. Nature sociale et guerre sont deux faits, deux concepts contradictoires. La sociabilité rejette cet emploi de la force régularisé par je ne sais quelles législations impuissantes, qui, en constituant une espèce de société bâtarde entre les nations, ajournent indéfiniment l'avénement de la vraie société juridique. Jamais les individus ne se seraient constitués en vraies nations, s'ils n'avaient renoncé aux duels comme moyen de régler leurs différends.

Arrivons à l'état social. Il est une idée première qu'éveille dans l'esprit le mot *société* : c'est l'idée de paix absolue et sans mélange. L'essence de la société, c'est la tranquillité de l'ordre. Ce qui apparaît au premier plan dans la notion de société,

---

[1] *Lois*, liv. VI.

[2] Pufendorf, *Droit nat. et des gens*, liv. II, cap. ii, n. 9 et 11.

c'est l'union gracieuse, désintéressée, d'hommes entraînés l'un vers l'autre par une sympathie mutuelle et irrésistible. Si la société n'est que le développement, l'épanouissement régulier de la nature sociable, n'est-il pas également naturel que chacun maintienne cette société et pratique la justice sans contrainte?

Mais hélas! ce n'est pas seulement un penchant naturel et sympathique qui a provoqué l'association, c'est bien aussi l'intérêt. Il s'agissait de se prémunir contre les aggressions des méchants. Chaque particulier s'est aperçu que la guerre privée est une mauvaise conservatrice des droits et de la personne. Les forces individuelles se trouvaient impuissantes en face de bien des dangers. Elles se sont réunies en faisceau, et ont constitué, par cette union, une force colossale et irrésistible. Chacun alors, renonçant à la liberté sauvage de se faire justice à soi-même, a trouvé des tribunaux qui protègent ou réparent son droit violé ou menacé. Chacun, de faible qu'il était, est devenu fort de toute la force publique, et se trouve maintenu dans ses droits par le concours des forces communes.

Evidemment cette notion nouvelle de la société ne répugne pas à la guerre, mais à quelle guerre? A celle qui est faite par l'État pour protéger un droit manifeste, ou constaté par les tribunaux; à celle encore qui est faite par un particulier empêché d'invoquer la force publique.

Hors de ces cas, l'emploi de la force guerrière est contraire à la société.

Est contraire à la société civile, la lutte engagée sans nécessité, et au mépris des tribunaux, par des particuliers. Sont contraires à la *sociabilité* des nations (puisque la *société* n'existe pas encore pour elles), les guerres incessantes qu'elles se livrent pour tenir lieu des tribunaux qui leur manquent.

Mais l'intention de Grotius n'était pas précisément de montre dans quels cas la guerre est opposée à la nature raisonnable et sociale. C'était de prouver qu'elle ne lui est pas toujours opposée, et il l'a fait avec quelque bonheur, sinon avec un plein succès.

Malheureusement, il a cru confirmer sa thèse de la légitimité de la guerre en l'appuyant sur ce qu'il appelle les premiers principes de la nature. Il n'a fait que l'affaiblir.

Qu'est-ce en effet que ces premiers principes? Rien autre chose que la nature animale. Lui qui avait écarté des concepts du droit naturel cette notion malsaine et fausse, en donnant pour unique mesure de ce droit la nature raisonnable et sociable, le voilà qui, pour les besoins de sa cause, a recours à un procédé sophistique et frauduleux. Comment, dit-il, la guerre ne serait-elle pas de droit naturel? Mais voyez donc le jeune veau frapper de sa corne naissante, le jeune cheval de son pied, le lionceau essayer la force de sa mâchoire à peine armée ! Et qu'est-ce que cela prouve, ô Grotius? que l'emploi de la force est de droit bestial; mais le droit bestial n'est pas le droit humain. Avec cet argument, les cyniques n'auraient pas tort d'imiter les chiens. La loi de l'animal, c'est de suivre ses instincts; la loi de l'homme, c'est d'obéir à la raison. Vous l'avez dit vous-même. Pourquoi vous contredire? Pourquoi, élevé au niveau de Platon, redescendre au niveau de Carnéade? Que si vous consultez le règne animal pour juger de la légitimité de la guerre, pourquoi pas aussi le règne végétal et le règne minéral? Là encore vous trouveriez des exemples victorieux. Partout, dans la nature inférieure, éclate la guerre violente. Il y a des bêtes de proie, des oiseaux de proie, des poissons de proie... La nature, comme dit Hésiode, a fait les gros pour manger les petits[1]. Mais est-ce à dire pour cela qu'il doive y avoir des hommes de proie?

A tous les degrés de l'échelle des êtres apparaît une terrible concurrence pour la vie. Mais ces violences, qui s'exercent dans les règnes inférieurs, sont dans l'ordre. La nature veut appeler le plus grand nombre possible d'êtres à la vie, et voilà pourquoi elle se hâte de faire succomber les vivants qui encombrent la place. Qu'est-ce, du reste, que les êtres inférieurs, ces métaux ou ces gaz attaqués sans cesse et sans cesse vaincus dans les actions ou réactions chimiques; ces végétaux étouffés par leurs puissants voisins dans les forêts; ces troupeaux dévorés par les

____

[1] *Œuvres et Jours,* liv. 1. v. 276.

carnassiers; ces bataillons de sauterelles précipités par un coup de vent dans les flots? Des êtres sans personnalité, sans conscience, sans droit. Dans le règne *hominal*, au contraire, il y a des droits et des devoirs : des droits qui peuvent s'exercer dans les limites tracées par les droits d'autrui ; une liberté qui peut sépanouir et se développer tant quelle ne gêne pas la liberté des autres. Les hommes, eux aussi, périssent sous la dent des carnassiers dans les orages, les tempêtes. L'univers peut écraser ces *roseaux pensants*. Mais l'homme n'a pas le droit d'écraser l'homme. S'il fait une guerre légitime, ce n'est pas parce qu'il tient à sa disposition des armes naturelles ou artificielles ; c'est parce qu'il s'en sert pour protéger un droit!

En voyant Grotius fonder la légitimité de la guerre sur les premiers principes de la nature, il y a une chose qui étonne, c'est qu'il n'ait pas essayé de tirer parti, au moins à titre d'exemple, de la guerre intestine que font dans l'homme déchu les passions et les appétits à l'âme et à la raison.

§ II. — La guerre et le droit positif en particulier.

Il semble, à première vue, qu'il ne soit pas difficile de constater si la guerre est interdite ou permise par le droit positif. Ne suffit-il pas, en effet, d'ouvrir les codes profanes ou sacrés où sont consignées les volontés de Dieu et des hommes, et les histoires où sont enregistrées les coutumes ?

C'était une simple enquête à faire. Il fallait lire la loi et l'interpréter avec sagacité, voilà tout.

I. — La guerre privée.

Pour ce qui regarde la guerre privée, il est bien certain, et Grotius a eu raison de le dire, que le droit humain ne l'interdit pas absolument. Ce qui est interdit aux particuliers par les codes civilisés, c'est de se faire justice à eux-mêmes, quand les tribunaux de leur pays sont là pour constater leurs droits et les appuyer par la force publique ; c'est de recourir volontairement, pour vider leurs différends, au procédé violent de l'état insocial. Mais les codes n'ont pas supprimé le droit naturel de légitime défense. Ils ont même pris soin quelquefois de déterminer les cas particuliers où il est permis de mettre la force au service de son droit. La loi hébraïque allait jusqu'à autoriser le meurtre du voleur de nuit.

Et cependant, en face des livres saints, Grotius a éprouvé, il l'avoue, une certaine difficulté. C'est qu'en effet, dans l'Écriture, dans le Nouveau Testament surtout, cette loi de paix et d'amour, les amis de la paix, les ennemis de la guerre, avaient rencontré, en faveur de leur thèse pacifique, les plus convaincants arguments. N'avaient-ils pas pour eux ces défenses faites à Noé de verser le sang humain ; ce commandement si absolu du Décalogue : Tu ne tueras point ; ces leçons divines du Sauveur perfectionnant la loi ancienne, et interdisant non-seulement le meurtre, mais jusqu'à la résistance non sanglante ? n'avaient-ils pas les exemples de Jésus-Christ pardonnant à ses bourreaux ; la conduite des premiers chrétiens se laissant égorger comme d'innocents agneaux ; la doctrine de ces Pères de l'Eglise, élevant la charité chrétienne jusqu'à ce point d'exquise délicatesse de mettre en question si le disciple de l'Évangile a le droit de résister au brigand qui veut l'assassiner ?

Certes, en présence de ces textes que la merveilleuse érudition du savant a réunis en si grand nombre et si bien mis en lumière, on comprend qu'on se prenne à douter de la légitimité de la résistance et du meurtre. Mais ces textes, Grotius en a l'intelligence. Il les interprète, il les commente avec une lucidité parfaite. Il trouve dans l'Écriture d'autres paroles et d'autres faits favorables à sa thèse, et qui seraient contradictoires aux premières citations, si l'on voulait s'obstiner à suivre la lettre qui tue, au lieu de l'esprit qui sauve. Il a découvert une harmonieuse conciliation.

Oui, la Bible interdit le meurtre : mais c'est le meurtre illégitime seulement ; et la preuve, c'est que le droit pénal hébreu porte peine de mort contre l'assassin. La réponse, il faut l'avouer, est sans réplique.

Quant aux objections tirées du Nouveau Testament, Grotius les résout à l'aide d'une ingénieuse distinction. Il y a dans l'Évangile des préceptes et des conseils : des préceptes obligatoires pour tous ; des conseils de perfection ne s'adressant qu'aux âmes héroïques. S'il fallait imiter le Christ, on devrait donc aussi le suivre jusqu'au Calvaire. D'ailleurs, le Sauveur lui-même a eu parfois recours à la violence, ne serait-ce que le jour où il chassa les vendeurs du temple. De plus, en armant du glaive vengeur le bras des princes, S. Paul a suffisamment indiqué qu'il n'est pas défendu de mettre la force au service du droit, ni même de verser le sang pour la justice.

Grotius, dans cette curieuse discussion, avait raison contre les interprètes mal inspirés du droit divin, et en particulier contre Erasme et Jean Ferus [1], lesquels, du reste, exagéraient à dessein la rigueur de leur pacifique théorie, pour faire contrepoids à la licence de la guerre.

II. — LA GUERRE PUBLIQUE.

Le contrôle de la guerre publique et des droits positifs a fourni les mêmes résultats que pour la guerre privée. C'était naturel. Du moment que le droit de tuer est accordé aux particuliers dans certains cas, pourquoi les nations, les Etats, les peuples, n'auraient-ils pas, dans les mêmes circonstances, les mêmes priviléges ? La logique des hommes a reconnu que l'analogie des situations appelait des garanties analogues, et nulle disposition humaine n'a ravi aux nations le droit naturel de mettre la force au service de la justice. Il y a plus : l'absence de société internationale laissant chaque peuple à sa faiblesse individuelle, sans la protection d'une commune justice et d'une force commune appuyant cette justice, il suit que les Etats n'ont encore pour vider leurs différends d'autre moyen que la guerre, et ils en usent malheureusement trop souvent.

Pour ce qui a rapport au droit divin, c'est dans les livres saints eux-mêmes, dans les écrits des commentateurs, et dans l'histoire des premiers chrétiens, que l'auteur a trouvé des réponses aux différentes objections tirées de ces sources, et ces réponses sont

[1] *Prolég.*, § 29.

pour la plupart pleines de force et de finesse. Dieu lui-même a commandé des guerres, puisque les juifs possédaient le *Liber bellorum Domini*, puisque Jéhovah se faisait appeler *Deus sabaoth*. La Bible donne à Dieu un rôle presque semblable à celui des dieux militants d'Homère. C'est lui qui dirige la campagne de Palestine, qui organise la victoire, qui préside au partage des dépouilles. Il entre dans les moindres détails de l'administration ; il intervient dans les mêlées ; en un mot, il est guerrier.

Mais ces guerres du Seigneur sont toujours au service de la justice. Elles ne ressemblent pas à ces luttes suspectes que se livrent les hommes pour un droit incertain, et elles ne les autorisent nullement.

Grotius devait faire cette distinction, et ne pas s'exposer au danger de paraître donner aux guerres internationales, telles qu'elles ont lieu dans l'état insocial où se trouvent les peuples, la consécration du droit divin.

De plus, il ne fallait pas traiter si légèrement cette magnifique prophétie d'Isaïe, et ces sublimes aspirations des Pères de l'Eglise, au sujet de la paix. Il ne fallait pas les regarder comme des rêves ou de chimériques utopies.

La cessation de la violence dans les règnes inférieurs de la nature, l'apaisement des luttes intestines dont l'homme est le théâtre et le héros, la suppression de tout antagonisme, de toute concurrence parmi les habitants de cette terre, l'espoir de faire entrer complétement dans la pratique ces principes chrétiens qui, de l'aveu de Franklin, donneraient la paix parfaite au monde : voilà ce qu'on peut traiter de chimères et d'utopies !

Mais pourquoi ne serait-il pas possible de faire régner entre les Etats une paix égale à celle dont jouissent les particuliers au sein de ces mêmes Etats ? Pourquoi ne pourrait-on établir une société de nations, comme on a établi des sociétés d'individus, avec les mêmes avantages et les mêmes conditions ? Si les hommes sont sociables, pourquoi les nations ne le seraient-elles pas ? Pourquoi la sociabilité qui a franchi les bornes de la famille, pour s'étendre jusqu'aux limites de la patrie, n'irait-elle pas plus loin encore ? Peut-on, modérant à son gré l'expansion de cette merveilleuse faculté, lui dire, en montrant les grains de sable qui forment les frontières des Etats : « Tu viendras jusqu'ici, et tu n'iras pas plus loin ? »

Non, Grotius ne devait pas laisser dans l'ombre cette manière logique et si pleine d'espérances d'entendre la prophétie d'Isaïe, les vœux des Pères, et cette parole de S. Paul : « Il n'y a plus ni Juifs, ni Grecs, ni Gentils. »

III. — LA GUERRE MIXTE.

Il n'était pas difficile à Grotius de prouver la légalité de la guerre mixte que font aux particuliers les pouvoirs publics. Les codes pénaux, en effet, sont pleins de lois répressives, coercitives, punitives. Police, gendarmes, armée, bourreaux, venaient apporter à l'avocat de la guerre leur imposant et effrayant témoignage. La société s'est arrogé le droit de punir, le droit sanglant du glaive, et, ce droit, elle l'a inscrit dans ses constitutions comme un de ses priviléges les plus essentiels et les plus indispensables. Aux patrons trop bienveillants des malfaiteurs, aux adversaires de la peine de mort, la société répond par cet argument *ad hominem* : « Que les assassins veuillent bien commencer. »

Le droit que revendique le pouvoir public, ni l'Ancien ni le Nouveau Testament ne le lui enlèvent. Quand même le chrétien, simple particulier, devrait, par charité, souffrir le soufflet sur la joue droite, et tendre la joue gauche, ce devoir-là n'est pas fait pour le magistrat. Celui-ci est ministre du prince, qui est ministre de Dieu. La guerre mixte de l'Etat contre les perturbateurs de l'ordre n'est plus le procédé de gens vidant leurs différends par les voies violentes. C'est le droit fort qui se protége et se venge. Ce n'est pas le droit de la force, c'est la force du droit qui se révèle.

Jusqu'ici on ne peut que souscrire aux thèses de Grotius sur la possibilité d'une guerre juste. Passant en revue presque toutes les espèces de guerres, il les a soumises à la pierre de touche des différents droits, et ce contrôle n'a été fatal à aucune. Mais il est une guerre que repoussent à la fois, dit-il, et le droit humain et le droit divin : c'est la guerre de résistance des sujets aux puissances absolues.

Infortuné Grotius, à quelle déplorable nécessité le réduisait sa condition de proscrit et de pensionnaire de Louis XIII ! Lui, le citoyen d'une république affranchie au prix d'efforts si opiniâtres et si sanglants, lui qui s'est fait le champion et le martyr de la liberté provinciale contre les empiétements d'une centralisation oppressive, lui enfin qui dans ses annales avait cité sans la moindre critique le décret donnant congé au roi d'Espagne, le voilà qui, en France, est devenu le défenseur exagéré de la souveraineté. Il incline à l'absolutisme, comme Hobbes et l'école protestante de ce temps. Il devance Bossuet, et cherche dans l'Écriture sainte les fondements de la tyrannie politique.

Les textes ont été accumulés avec profusion. L'antiquité tout entière a été fouillée. Les auteurs païens ont fait écho à la parole divine. Samuel, David, l'Évangile, les Pères ont paru unanimement sacrifier les sujets à César, à ces rois que Plutarque proclamait jadis « adorables et divins ».

Mais le juriste se laisse surprendre en flagrant délit de partialité et de défaut de critique. Quand les textes sont opposés à la thèse de la légitimité de la guerre, il a des distinctions subtiles entre préceptes et conseils. Quand, au contraire, ces textes confirment son opinion, ce ne sont plus des conseils, ce sont des ordres.

Est-ce que le seul exemple des Machabées ne suffirait pas à prouver que la résistance n'est pas aussi absolument interdite qu'il l'affirme, et qu'il y a au service des opprimés d'autres moyens de salut que la patience ou la fuite ?

On respire plus à l'aise en quittant le droit divin pour le droit humain. Il y a alors comme des souffles de libéralisme qui passent. « Les lois humaines, dit Grotius, dépendant de la volonté de ceux qui font la société, il n'est pas probable que les citoyens aient voulu s'imposer la dure nécessité de mourir plutôt que de prendre jamais les armes contre les puissances. » Voilà du moins une sauvegarde pour le peuple contre les caprices de ses maîtres ! Voilà une correction à la thèse précédente de l'obéissance passive et de la résignation. Une fois dégagé de ses liens, Grotius reprend une plus grande liberté d'allures ; une fois sorti de la sombre prison où il s'était renfermé, il s'habitue de nouveau à la lumière. Avec une lucidité parfaite, il distingue, au-dessous du pouvoir absolu, les différentes situations que font aux princes les constitutions, et c'est à ces règles diverses qu'il mesure et proportionne les droits de la résistance.

Sans autoriser les violences des fougueux prédicateurs de la ligue, il se rapproche de cette libérale école dominicaine du XIIIe siècle, dont S. Thomas fut le plus brillant organe. Comme lui, il permet le meurtre du tyran oppresseur, mais en se gardant d'ouvrir carrière aux révolutions, et il tempère son libéralisme par les conseils les plus pacifiques et les plus prudents.

II

DES CAUSES JUSTIFICATIVES DE LA GUERRE
OU DES DROITS AU SERVICE DESQUELS ON PEUT EMPLOYER LA FORCE.

La logique demandait que le législateur de la guerre, après avoir démontré la possibilité de la guerre juste, indiquât les causes qui la justifient. Cette seconde partie du programme de Grotius ouvrait un vaste champ à ses recherches.

Si l'on conçoit la guerre comme l'emploi de la force au service du droit, on comprend que l'énumération des causes justificatives de la guerre ne doive être, en somme, que le catalogue des droits en faveur desquels on peut invoquer la force. C'est l'idée qui est cachée sous ces mots de l'auteur : « La cause de la guerre est l'injure déjà faite, ou menaçante. » L'injure, en effet, n'est qu'une violation du droit, et il faut bien que l'analyse remonte jusqu'au droit lui-même pour trouver la justification de la guerre.

Voilà, si je ne me trompe, le lien intime et puissant qui ratta-cherait aux autres parties du *de Jure*, ce livre second que cer-tains critiques[1] ont regardé comme un hors-d'œuvre. Les cha-

---

[1] Lerminier, *Introd. à l'hist. du droit.* 1829, p. 124. — Hallam, t. III, p. 287

pitres relatifs aux droits privés ou publics, où l'on n'a vu que des disgressions intempestives, apparaissent alors comme les anneaux d'une seule et même chaîne, comme les fils d'une trame un peu difficile à saisir parfois, mais forte néanmoins et assez régulière.

Etablissez donc les différents droits de l'individu, de l'Etat, des sujets, des pouvoirs publics, et vous indiquez par là même, comme a fait Grotius, les causes justificatives de la guerre privée, de la guerre publique et de la guerre mixte.

CHAPITRE PREMIER

LES DROITS PRIVÉS. LA PROPRIÉTÉ.

Les principaux droits privés qui peuvent être défendus par la force, sont, d'après Grotius : la vie, les membres, la pudeur et l'honneur. Ces biens tout personnels sont d'une importance incontestée. Ils constituent l'homme lui-même, ou en sont le rayonnement. On sent qu'ils doivent être protégés contre les attaques; et, sans entrer dans les détails d'une trop minutieuse casuistique qui prétendrait mesurer et calculer les différents degrés de force à mettre au service de ces droits suivant leur prix et les circonstances, on reconnaît, du premier regard de la raison, qu'il faut se ranger du côté de Grotius contre certains moralistes trop scrupuleux. Ceux-ci, en effet, en vertu du principe : *ne léser personne*, supprimaient la légitime défense. De par la charité, ou le droit naturel, il ne faudrait pas attaquer la vie du brigand qui menace la nôtre [1]. Certes, cette charité et ce droit naturel finiraient par mettre un peu trop les honnêtes gens à la discrétion des méchants. Ce n'est pas, ce semble, manquer de modération, que d'autoriser le meurtre, avec les jurisconsultes modernes, quand il y a agression injuste, voies de fait, attaques personnelles, et nécessité actuelle.

[1] S. AMBROISE, *De Offic.*, lib. III, cap. IV. — S. CYPRIEN, lib. VI, cap. XVIII. — AHRENS, *Droit naturel*, t. I, p. 156.

Il faut observer qu'en mettant l'honneur au rang des droits qui légitiment l'emploi de la force, Grotius a eu le courage de protester contre ce faux honneur, cet honneur de convention qui, de son temps déjà, mettait l'épée aux mains de tant de gentils-hommes, et faisait couler, en pure perte pour la patrie, le plus généreux sang.

Quant aux biens extérieurs, il est certain que le droit positif autorise à les défendre. Mais s'il est vrai que l'Evangile interdise le meurtre des agresseurs, comment se fait-il que Grotius, repoussant au nom de la loi chrétienne les meurtres particuliers, devienne si large quand il s'agit d'immolations sans nombre ? Pourquoi n'avoir pas dit, comme l'exigeait l'analogie, que l'Evangile défend aux peuples de tuer d'autres peuples pour des biens extérieurs ? Est-il vrai encore que le droit naturel permette le meurtre pour des biens importants ? Il devait déclarer au juste ce qu'il faut entendre par ces biens importants. Or, il me semble qu'on peut distinguer des biens de deux sortes. Il en est que l'on peut appeler naturels, et d'autres qui ne sont qu'artificiels. Les premiers nous sont indispensables pour l'entretien de la vie. Telle est leur importance, qu'ils constituent comme un moi extérieur. Ceux-là, vous pouvez les défendre comme votre personne même, car c'est la nature qui vous les donne, et sans eux vous ne sauriez vivre. Mais les autres, les biens superflus, que le seul droit positif confère, et qu'il permet peut-être de défendre à tout prix, il n'est pas bien évident que la charité évangélique et la raison autorisent les possesseurs à leur sacrifier la vie des hommes.

Ceci nous amène à examiner la théorie grotienne de la propriété, savoir : l'origine de la propriété, son objet, son étendue, ses limites.

Grotius croit volontiers à un âge d'or pendant lequel, si le lait et le vin ne coulaient pas dans le lit des fleuves, si le miel ne distillait pas de l'écorce des chênes, si la terre ne donnait pas spontanément aux mortels ses moissons et ses fruits vierges de culture, du moins toutes choses étaient communes. Alors, on ne connaissait pas encore ni *Tien* ni *Mien*, son frère, ou plutôt son rival ; alors il n'existait pas de propriété particulière du sol, mais les hommes le possédaient en commun.

On s'est demandé si ce n'était pas tomber dans une contradiction flagrante, que de fixer l'origine de la propriété et de la division des terres à la fin de l'âge d'or, tout en admettant autour du berceau du genre humain une propriété universelle[1].

C'est une querelle de mots. La propriété individuelle a succédé, d'après Grotius, à un état de choses que l'on peut appeler, à son gré, vacance générale de la terre, communauté, ou propriété commune. Il y avait vacance par défaut de propriétaires particuliers, mais il y avait un propriétaire collectif, le genre humain lui-même, auquel le globe a été donné en propre, au milieu des mondes.

Ce qu'il y a de plus étrange, à mon avis, que ce communisme primitif, c'est la base fragile que donne Grotius à la propriété individuelle.

Tandis que la majorité des philosophes des derniers temps, surtout du xixe siècle, donnent une sorte de consécration à la propriété, en la faisant naître du sein de la nature humaine elle-même, des instincts, de la raison, de la liberté, ou au moins du travail de l'homme[2] ; tandis qu'ils en font un rayonnement, une extension, un complément nécessaire de la personnalité, complément si nécessaire même qu'on le rencontre jusque dans l'état insocial : car le chasseur sauvage et le pasteur nomade ont au moins la propriété de leurs flèches, du fruit qu'ils ont cueilli, du gibier qu'ils ont abattu, Grotius, lui, semble ne faire de la propriété qu'un produit de la volonté arbitraire, d'une convention expresse ou tacite, j'allais dire d'un contrat social.

Il se rapproche ainsi de ces philosophes du xviiie siècle[3], et de certains publicistes de nos jours[4], qui ne regardent la propriété que comme un ouvrage de la loi.

Pour Grotius, la propriété n'est pas de droit naturel. Elle est

[1] HAUTEFEUILLE, *Des Droits et des Devoirs des nations neutres.* Guillaumin, 1858, t. I, p. 35.

[2] PRADIER-FODÉRÉ, I, 391.

[3] MONTESQUIEU, *Esprit des lois,* liv. XXXVI, ch. xv. — BENTHAM, *Traité de la législation,* t. I, p. 196. — MIRABEAU.

[4] LABOULAYE, *Etude sur le droit de propriété.*

chose indifférente, c'est-à-dire ni commandée ni défendue. Le monde a été donné aux hommes. Qu'ils se le partagent ou non, peu importe au point de vue du droit naturel. Ç'a été la pensée de grands théologiens et de jurisconsultes prédécesseurs de Grotius, tels que Vasquez, Molina, Soto, Lessius, Connan, Bolognet.

Et, en effet, que demande le droit naturel ? Que chaque homme envoyé sur cette terre pour y jouer son rôle et s'acquitter du devoir de la vie, ait le droit de s'approprier tout ce qui est nécessaire à l'accomplissement de ce devoir, et rien de plus. Or ce nécessaire, il peut le trouver également dans les deux régimes de la communauté ou de la division des biens.

Selon Grotius, après avoir essayé quelque temps avec succès de l'état de communauté, les hommes, devenus méchants, le rendirent impossible. Les bons, menacés par les mauvaises passions de leurs dangereux ennemis, se virent sans protection, et sur le point d'être privés même de leurs droits naturels, savoir : des biens réclamés impérieusement par leur nature humaine, du vivre, du vêtement, etc.

C'est alors que l'on crut remédier au mal, soit en se partageant la terre, soit en consentant à ce que chacun possédât ce qu'il voudrait occuper. Malheureusement, Grotius n'a pas dit comment s'est fait ou a dû se faire le partage. Est-ce l'arithmétique qui a fait les parts exactement semblables ? A-t-on pris pour bases du calcul la force des muscles, l'intensité des instincts de propriété, la violence des appétits égoïstes ?

Que si l'on a fait naître la propriété de l'occupation, quel moyen dangereux et peu pratique ! Car alors ne suffisait-il pas de quelques audacieux, aux ambitions colossales, aux passions envahissantes, pour occuper un territoire, une province, un continent, et exclure les timides d'une propriété si facilement créée ? Peu importe que, dans les temps éloignés, la terre, encore peu peuplée, ait pu satisfaire tous les instincts de propriété ; il suffit de constater son impuissance actuelle, pour ruiner ce fondement emprunté par Grotius au droit romain : l'occupation.

Quelle que soit l'origine historique de la propriété, le philosophe aurait dû remarquer que sa communauté primitive ne pouvant plus subsister, pour toutes les raisons par lui énumérées, il fallait, pour ramener l'ordre dans le monde bouleversé, autre chose que la substitution de la propriété privée à la propriété publique; il fallait la création d'un état social puissant, l'introduction d'un élément conservateur et protecteur : la force.

En vain les hommes se seraient fait des promesses réciproques, auraient parlé de droits, et jeté ainsi les premières assises d'un état de société réglementée : leurs droits n'étaient que provisoires, s'ils manquaient d'une force capable de les protéger, de les réparer et de les venger.

Grotius aurait dû, de plus, distinguer deux sortes de propriétés : la propriété du nécessaire, de l'indispensable, et la propriété de l'agréable, du superflu. La première peut être dite naturelle, parce qu'elle est appelée par les instincts de la nature de l'homme ; la deuxième est plutôt artificielle, parce qu'elle est moins appelée par la nature humaine que par ses exorbitantes passions. L'une, étant naturelle, est inaliénable, et devrait être assurée à tout homme venant en ce monde. L'autre, étant artificielle, est mobile et variable. Elle peut comprendre tout ce qui n'est pas du domaine de la première, mais ce domaine, elle ne saurait l'entamer.

Grâce à cette distinction, il n'est pas impossible de mesurer la part de vérité et d'erreur contenue dans les théories qui fondent la propriété soit sur la volonté, soit sur la nature.

Oui, il y a une propriété naturelle, mathématiquement proportionnelle aux besoins ou au nombre des individus. Celle-là peut être le complément des instincts de chacun, ou la conquête de l'activité et de la liberté. Mais qu'on n'aille pas prétendre que l'appropriation illimitée, indéfinie des choses, soit de droit naturel ! Parce qu'un homme pourrait se trouver doué d'une ambition sans bornes et d'une énergie de volonté égale à son ambition, devrait-il donc accaparer le globe entier ? Mais est-ce que chaque homme n'a pas aussi ses aspirations et ses instincts de propriété ? Tout cela serait refoulé par le géant envahisseur. Et il n'y aurait pas de remède au mal ! Quand un membre du corps humain se gonfle de pléthore, au détriment des autres membres, le médecin sait corriger cette maladie, parce qu'elle n'est pas naturelle. Si l'accroissement excessif, démesuré de la propriété était naturel, nul médecin ne pourrait y remédier.

Tels sont les dangers de la théorie qui établit, sans rien distinguer, la propriété sur la nature et l'occupation. Celle de Grotius a les siens.

Si les hommes, en effet, sont les fondateurs de la propriété, il suit qu'ils peuvent la modifier à leur gré, quand le but pour lequel ils l'ont établie ne leur semble pas atteint.

Il en serait de la propriété comme de la souveraineté que l'on confie à quelqu'un pour un certain but et à certaines conditions, et qu'on lui retire s'il l'exerce mal.

Vraisemblablement, la propriété a été instituée dans l'intérêt de tous, ou au moins du plus grand nombre. Si quelques individus ont renoncé à certains droits, à leur quote-part du trésor commun, de la terre par exemple, c'était à condition d'obtenir quelque compensation. Mais si, par hasard, la compensation ne se faisait pas, si le plus grand nombre se voyaient dépouillés de tout et sans espérance, alors, est-ce que ces misérables ne s'adresseraient pas aux quelques hommes qui se seraient démesurément développés, et seraient devenus semblables aux grands chênes étouffant les taillis ? Est-ce qu'ils ne leur diraient pas : « Frères, nous vous avons jadis, dans la personne de nos pères, abandonné quelques-uns de nos droits, mais c'était à condition que nous ne serions pas trop malheureux. Aujourd'hui les clauses du contrat ne sont évidemment pas observées, puisque nous sommes dans la détresse, et que vous nagez dans l'abondance et le superflu. Il est temps de résilier le marché et de recommencer l'antique partage. Du reste, à défaut de la nécessité qui nous presse, il suffirait pour cela de notre bon plaisir. »

Telles sont les conséquences logiques de la théorie de Grotius. Elles sont terribles pour l'ordre des choses établi à présent. Sans doute, l'honnête juriste eût été effrayé de les entrevoir, et peut-être ne faut-il pas le charger du poids de conséquences qu'il n'a pas soupçonnées. Quoi qu'il en soit, voici, à mon avis, la vérité : S'il est une propriété purement artificielle, qui n'a d'autre base que les lois positives, il en existe une autre qui est naturelle.

Incomplet sur la question des origines de la propriété, Grotius s'est trompé aussi à propos de son objet.

Qui lui a révélé que la mer ne pourrait être appropriée? Qu'il n'ait pas trouvé dans l'histoire, ou dans le droit des gens, d'acte de partage de l'Océan, c'est probable ; mais qu'il soit aussi impossible de s'approprier la mer que l'air, parce qu'on ne peut y tracer de limites, c'est faux. Pour lui prouver que le liquide peut être mesuré, divisé, approprié, Selden[1] cite le vin qu'il a dans son verre. Ce n'est qu'une plaisanterie, mais ce qui est sérieux, c'est qu'il y a eu des tentatives d'appropriation. Il n'est pas plus difficile d'arpenter l'Océan que la terre ferme ; pas plus difficile de dresser la carte de celui-là que de celle-ci. Il suffit pour cela d'un méridien ou de quelques bouées. Du reste, si la plupart des mers sont demeurées vacantes et libres, il en est qui sont possédées et fermées.

En tout cas, il faut savoir gré à Grotius d'avoir été opposé[2] à cet empire des mers qu'ambitionnait l'Angleterre, et que Selden revendiquait pour elle.

Un autre mérite de Grotius, c'est d'avoir marqué au droit de propriété ses limites principales et ses restrictions, qui sont : le droit de nécessité, et le droit d'usage innocent.

Lorsque les hommes s'entendirent pour ratifier l'appropriation des choses qui étaient naguère du domaine public, lorsque chacun promit de s'abstenir de ce que deviendrait le bien d'autrui, on ne fit pas cette promesse à l'étourdie et sans condition. On se réserva le droit de recourir aux biens aliénés, dans deux cas : quand il y aurait nécessité, et quand on pourrait en jouir sans causer de dommage au propriétaire.

Certes, après le principe de charité chrétienne qui, dans les premiers siècles du christianisme, ramena le bonheur de l'âge d'or, en supprimant du même coup la propriété individuelle et ces passions qui, au dire de Grotius, l'avaient fait établir, je ne sais rien d'aussi touchant, d'aussi moral, d'aussi humain que ces droits de nécessité et d'usage innocent; rien qui rappelle plus

[1] *De mari clauso.*
[2] *De mari libero.*

vivement la propriété naturelle à tout homme, rien qui offre de plus solides garanties à la propriété artificielle elle-même, bien qu'au premier abord celle-ci en paraisse amoindrie.

Si le riche, fidèle à la philosophie chrétienne, ne se considérait que comme l'économe du bien des pauvres, il mettrait sa propriété à l'abri de toute atteinte et de toute envie. Qu'il permette donc au moins à l'indigent de ramasser quelques miettes de sa table, de contempler de plus près sa fortune, de goûter quelques plaisirs qui ne diminuent point ses plaisirs à lui, et certainement il y aura moins de colère et de haine dans le cœur ulcéré de ces déshérités, qui se disent victimes du hasard ou de la loi.

Aussi bien, les deux restrictions de la propriété ne seront jamais fatales au propriétaire. Car, dans une égale nécessité, dans un péril égal, c'est à lui que Grotius donne la préférence. Sur un radeau de naufragés, c'est l'heureux possesseur du dernier morceau de pain qui aura droit de le manger, de survivre à ses compagnons et d'attendre le salut !

Quand on ne marchande pas la louange, on est autorisé à formuler le blâme.

Or, Grotius a émis sur les droits personnels privés des idées contre lesquelles il faut protester.

Que la nature donne aux parents sur leurs enfants le droit de les élever et de les châtier, rien de mieux ; mais qu'elle leur confère une autorité à peu près égale à celle du maître sur l'esclave, qu'elle leur permette de les vendre s'ils ne peuvent plus les nourrir, c'est une révoltante monstruosité. Grotius se montre là trop esclave du droit romain. La nature n'est pas une marâtre, et ce n'est pas à l'aide d'une infamie qu'elle sauverait ses enfants. Semblable à l'aïeule des fils de Clodomir, elle aimerait mieux voir les siens morts que déshonorés.

L'auteur a mieux connu les droits réciproques des époux. Sans chercher à établir entre eux une aptitude égale à toutes les fonctions publiques, il a su garder pour la femme sa part de dignité, et donner au mariage cette consécration commencée par le droit romain, et achevée par l'Evangile.

Mais ensuite, à quelle profondeur de bassesse il se plonge, en acceptant cette dégradation, cette honte, qu'il appelle la servitude parfaite ! Des hommes, abdiquer leur liberté, leur volonté, leur personnalité, pour se faire esclaves d'un autre homme ! et cela, à quel prix ? Pour quelques aliments ! J'aime à croire que Grotius n'approuvait pas le suicide. Comme Platon, il était d'avis que chacun doit rester au poste fixé par la Providence. Mais pourquoi approuve-t-il le suicide moral, l'esclavage volontaire des individus ? Du reste, il est conséquent, car il l'approuve aussi pour l'Etat.

CHAPITRE II

LES DROITS DE L'ÉTAT.

Hobbes[1] a comparé l'Etat au composé humain. L'âme serait la souveraine ; les membres, les magistrats ; les nerfs, les récompenses et les punitions ; les forces, la richesse ; la santé, la concorde ; les maladies, les séditions ; et la mort, la guerre civile.

L'idée ne manque pas d'originalité. Grotius, comme Platon[2], sans pousser si avant le parallèle, assimile la société parfaite à l'individu, et ce rapprochement ne contribue pas peu à éclaircir la notion de l'Etat, et à préciser ses rapports avec les Etats ses voisins.

Comme l'individu, l'Etat a sa vie, son indépendance, son honneur, ses biens extérieurs.

Ce sont là autant de prérogatives que l'on pourra défendre par la guerre, mais seulement quand il y aura danger imminent. Par là, Grotius l'emporte sur Montesquieu, lequel autorise trop facilement les guerres préventives contre un Etat dont l'accroissement rapide inspirerait des craintes. Le meilleur moyen de se

[1] Préface du *Léviathan*.
[2] *Lois*, I.

mettre en défense, n'est-ce pas de grandir soi-même par le travail, l'industrie de la civilisation, jusqu'au niveau de la puissance rivale ?

Il faut approuver encore ces principes généreux de bonne fraternité internationale, qui permettent à un Etat de prendre les armes, non-seulement pour la défense de ses intérêts, mais aussi en faveur de voisins en péril, alliés ou non. C'est là d'excellente morale cosmopolitique, bien supérieure au principe égoïste et antisocial de non-intervention. En dépit de toutes les conventions qui mettraient l'indifférence à l'ordre du jour, et tendraient à fonder je ne sais quelle politique étroite de lâche neutralité, la saine raison admet qu'une nation tende la main à une autre nation en détresse, et mette sa force au service de la justice opprimée. Ç'a été le mérite de la chevalerie. Ç'a été aussi la gloire spéciale de la France, ce soldat de Dieu. C'est l'honneur de Grotius d'avoir formulé la règle de cette noble conduite, et d'avoir fait de l'intervention en faveur du bon droit un devoir naturel.

Ministres de la sainte justice qui tient la balance entre les peuples, les Etats se trouvent ainsi constitués magistrats de l'ordre universel. Malheur à tous ceux qui troublent cet ordre ! aux pirates, par exemple, aux violateurs du droit naturel et divin. Certains publicistes [1] crieront peut-être que c'est ouvrir carrière aux fureurs du fanatisme. Mais Grotius ne mérite pas ce reproche, tant sont sévères les conditions imposées à l'intervention par sa prudente raison.

Plût à Dieu qu'il n'eût pas commis de plus grave erreur dans l'esquisse de son code international !

Puisqu'il assimilait les Etats aux individus, il aurait pu, au lieu de tant insister sur l'indépendance absolue de chacun, constater chez eux, comme chez les particuliers, une sociabilité naturelle qui les invite et les pousse à former une société supérieure, et cela sans danger pour eux de déchoir. Les hommes qui ont renoncé à quelque chose de leur liberté sauvage pour former l'Etat, se sont-ils donc par là déshonorés ?

Grotius a donc eu tort d'exagérer la personnalité des Etats. Il

---

[1] VATTEL, *Droit des gens*, liv. II, ch. I.

a eu tort aussi de ne pas leur rappeler, à l'occasion de la défense des biens extérieurs, que l'Evangile n'autorise pas le meurtre pour un si vil motif. Mais peut-être craignait-il de paraître utopiste, en imposant le même évangile aux individus et aux nations.

Quoi qu'il en soit, il a manqué de courage ou de logique en ne poussant pas jusqu'au bout son parallèle.

Et pourtant, ce parallèle, il n'hésite pas à le poursuivre sous de moins nobles rapports.

Le droit excessif accordé à l'individu de se précipiter dans la servitude, Grotius l'accorde aux Etats. Il accepte la servitude politique, en ajoutant cette circonstance aggravante, que l'esclavage des peuples est éternel, tandis que celui des particuliers n'est que transitoire comme leur existence.

D'où vient donc cette immortalité de la servitude publique ? Est-ce que la génération qui se fait esclave, engagerait à jamais les générations suivantes ? Mais c'est là un vieux préjugé de juriste trop asservi aux formules à la mode. Bien que l'on assimile le peuple au navire à trente rames des théories, que les Athéniens purent conserver si longtemps parce qu'on y remplaçait tantôt la carène et tantôt les agrés, bien que l'on considère une nation comme une personne morale qui aurait son enfance, sa jeunesse et son âge mûr, on sait que ce n'est là qu'une fiction. Or, ce n'est pas une fiction qui doit arracher à jamais à un peuple le privilége inaliénable de la liberté.

CHAPITRE III

DROITS RESPECTIFS DES SOUVERAINS ET DES SUJETS.

§ I. — DROITS DE LA SOUVERAINETÉ. — DROIT DE PUNIR.

Toute société parfaite, dit Grotius, est souveraine. La souveraineté consiste essentiellement dans l'indépendance à l'égard des sociétés étrangères et dans le triple pouvoir législatif, administratif et judiciaire. Tels sont, en effet, les éléments constitutifs et anatomiques de la souveraineté.

La souveraineté, c'est la volonté collective de la nation, supérieure aux volontés individuelles. Elle est la somme des volontés, et l'on peut dire qu'elle naît d'elles, comme un nombre total naît des nombres partiels qui le composent.

Grotius a bien connu l'origine de la souveraineté, mais en a-t-il aussi bien déterminé les droits ? En posant pour mesure de ces droits la volonté même de ceux qui se réunissent, il a enseigné, ce semble, un moyen facile de les reconnaître. Il suffira d'étudier dans l'histoire les constitutions que se sont données les peuples, ou qu'ils ont acceptées de leurs législateurs. A Sparte, l'individu sera sacrifié à l'Etat. Il sera plutôt la victime que le protégé de cette terrible divinité. C'est l'Etat qui possédera le sol, et il n'en cédera que la jouissance au citoyen. Il aura droit de vie et de mort sur l'individu. Il saisira l'enfant nouveau-né, et le supprimera s'il est mal fait, ou l'élèvera à sa guise, s'il juge à propos de le conserver. Il dirigera les unions passagères des parents, et ruinera la famille. Ailleurs le souverain dira aux citoyens : « C'est moi qui suis le législateur, et vous n'avez droit ni sur vos corps, ni sur vos biens[1]. » Les terres que je vous abandonne, l'argent dont je vous laisse la libre disposition, sont un bienfait de ma munificence. Il choisira des guerriers, et les enverra mourir au gré de ses caprices. Il essaiera de persuader à tous que l'intérêt particulier est toujours sauvegardé quand l'Etat est sauvé[2].

Ailleurs, le particulier sera propriétaire du sol, mais ne pourra, de par la loi, l'aliéner pendant plus de cinquante ans.

Ailleurs encore, le citoyen sera mieux traité. On ouvrira à son activité et à sa liberté la plus magnifique carrière. S'il a du talent, au lieu d'être ostracisé comme dangereux, il pourra obtenir dans sa patrie une influence presque sans bornes. Il pourra réaliser une immense fortune, et la transmettre à ses fils ou aux héritiers de son choix. Si l'utilité commune réclame

---

[1] Platon, *Prosop. des lois.*
[2] Périclès.

l'usage de quelque partie de ses vastes domaines, on aura soin de lui offrir une préalable indemnité.

Quant à sa vie, moyennant une faible somme d'argent, il sera dispensé de l'exposer sur les champs de bataille.

Tantôt on proclamera que le but de la société est le salut du peuple, en tant qu'État; tantôt que c'est avant tout le salut du citoyen, et la conservation des droits inaliénables de liberté, de propriété, etc.; en un mot, que le citoyen est fait pour l'État [1], ou, au contraire, l'État pour le citoyen.

Ici, on voudra fonder l'ordre en supprimant la liberté individuelle; là, on cherchera le moyen d'être le moins gouverné que possible, ou de concilier les deux éléments, l'ordre et la liberté, dans une harmonieuse proportion. A Venise, le conseil des Dix; dans les Pyrénées, cette coutume qui défend à la force publique d'approcher de plus de dix pas de la maison d'un Basque.

Voilà quelques-uns des droits si différents accordés par les constitutions à la souveraineté d'une part et de l'autre aux sujets.

Parmi ces droits tout positifs, il en est beaucoup qui ne sont pas approuvés par la saine raison. L'État, par exemple, ne doit jamais absorber la famille, qui est son plus solide fondement. Il ne peut à son gré réglementer le mariage, qui est quelque chose de plus que l'union d'un homme et d'une femme [2].

Il est des droits naturels privés, qui ne doivent pas disparaître à la création d'un droit social, parce que l'homme ne peut s'en dépouiller. La souveraineté n'a pas de pouvoir contre ces droits-là.

On ne peut nier cependant que le particulier ne soit tenu à de grands sacrifices envers l'État. « Pour régler, dit Pascal, l'amour que l'on doit à soi et à la société, il faut s'imaginer un corps composé de membres pensants. » La main reconnaîtrait qu'elle vaut l'autre main, mais non les deux bras, et surtout le corps entier, et qu'au besoin elle doit être sacrifiée. Dieu lui-même règle son amour sur les degrés de perfection des êtres. Or, si un homme vaut un autre homme, il n'en vaut pas dix, cent, mille

---

[1] Aristote, *Polit.*, I, ch. ii.
[2] *Conjunctio maris et feminæ.*

autres ; il ne doit pas se préférer à la société, au monde entier.

C'est une proportion de dignité et d'importance que Fénelon voulait établir quand il disait : « J'aime ma famille plus que moi-même, ma patrie plus que ma famille, et le monde plus que ma patrie. »

Du reste, outre la supériorité naturelle du nombre sur l'unité, toutes choses égales d'ailleurs, il y a une autre raison qui demande le sacrifice du particulier à l'État : c'est son consentement. Bien que nul n'ait de droit direct sur sa vie, et que le droit naturel fasse un commandement de la conserver, chacun demeure libre de se dévouer pour le salut public. Or, tout citoyen, né dans une société et y demeurant, n'est-il pas sensé s'être engagé à de suprêmes efforts et à la mort même pour l'intérêt commun ? S'il en est ainsi de la vie, que dire des biens ?

En présence de ces droits de la société et de ces obligations des sociétaires, on pourrait se demander quel avantage si grand a l'état social sur l'état insocial, surtout quand la vie et les biens sont exposés aux mille dangers de guerres colossales et sans cesse renaissantes. On ne trouve qu'une réponse raisonnable : c'est que la société est plutôt faite pour donner satisfaction aux sentiments naturels de sympathie qui entraînent les hommes les uns vers les autres, qu'à des instincts purement intéressés.

Parmi les droits que les philosophes ont revendiqués pour la souveraineté sur les membres de la société, se trouve le droit de punir, le droit de glaive, le droit de mort.

L'importance intinsèque du sujet et la place que Grotius lui a faite dans le *de Jure*, attirent sur cette pérogative tant discutée, et encore assez mal définie de la puissance souveraine, une attention particulière.

Platon fonde le droit pénal sur l'ordre lui-même, qui, à son avis, réclame la peine comme expiation du mal commis. La faute appelle la peine, comme le mérite appelle la récompense. Le coupable aurait droit au châtiment. Il devrait se présenter au magistrat [1] et implorer ce châtiment comme un bienfait et un moyen de rentrer dans l'ordre.

[1] Gorgias.

Cette noble idée de l'expiation fut acceptée par les théologiens scolastiques, et depuis, par Kant et Cousin, avec cette différence toutefois pour Kant, qu'il ne parle pas, comme Platon, de l'utilité du coupable.

D'autres ont fait dériver le droit de punir de la souveraineté de Dieu même [1].

Les philosophes du xviiie siècle, Rousseau, Beccaria, Voltaire, fondèrent la pénalité sur le droit de défense. C'est à très-peu de chose près la théorie de MM. Ortolan [2] et Franck [3], lesquels appuient le droit de punir sur le droit de conservation.

Bentham le faisait reposer sur l'utilité du plus grand nombre, indépendamment même de toute idée de justice et de moralité de l'agent. D'après lui, tout individu dangereux méritait d'être frappé.

Sous la Restauration, on essaya de combiner les idées de Platon, de Kant et de Bentham. On donna pour bases au droit pénal la justice absolue et l'utilité de la société.

Grotius, qui fait de la punition une espèce de guerre appelée guerre vengeresse, la fonde, comme toute autre guerre, sur le droit lui-même. Vous attaquez un droit, on vous repousse par la force; vous l'avez violé, on vous oblige non-seulement à le réparer matériellement par la compensation, mais encore d'une façon toute particulière par la peine. Celle-ci est une sorte de sacrifice expiatoire offert à la divinité outragée du droit.

Droit naturel, droit divin, droit humain, voilà, d'après Grotius, les fondements et les causes de la peine.

Il se rattache à la théorie de Platon par l'idée d'expiation; il se rattache à celle de Bentham par le triple but qu'il assigne à la peine. Celle-ci, en effet doit être utile au plus grand nombre, au lésé et au coupable : au plus grand nombre, en inspirant un salutaire effroi à ceux qui seraient tentés d'attaquer la société; au lésé, en réparant autant que possible le dommage qui lui a été causé, et en le protégeant contre de nouvelles attaques; au

---

[1] Donnat, *Traité des lois*, ch. ix, n. 7.
[2] *Eléments de droit pénal*, p. 86.
[3] *Philos. du droit pénal.*

coupable lui-même, en lui ménageant l'occasion d'expier son crime et de se corriger.

Il est clair que ces trois buts ne peuvent pas toujours être obtenus à la fois. S'il s'agit d'un assassinat, par exemple, à punir, on peut bien pourvoir à l'utilité de la société en supprimant le coupable ou en le mettant dans l'impossibilité de nuire, mais comment indemniser la victime? et comment même songer à la conversion de l'assassin, si le crime demande son supplice immédiat?

Puisque Grotius fait émaner la peine, non-seulement de la justice absolue et du droit naturel, mais encore du droit positif et humain, il se trouve ainsi en une certaine communauté de pensée avec Domat d'une part, et d'autre part avec ces auteurs qui légitiment le châtiment, en disant que le coupable lui-même l'a voulu : car ce droit positif qui demande la peine, c'est, dans la théorie grotienne, le concours de toutes les volontés individuelles qui le forme.

Mais, en accordant à la société le droit de punir, Grotius a su lui imposer des limites. Il exige que l'on ait égard, pour la fixation de la peine, non-seulement à l'utilité de la société, mais à la moralité et à la culpabilité de l'agent. Il reconnaît que nul ne doit être puni publiquement pour sa pensée, ou pour des actes qui n'intéressent pas directement la société humaine; et si, parmi les faits punissables énumérés dans son code pénal, il compte des fautes contre le droit naturel et la religion, il a en vue des crimes qui sont de nature à ébranler la société.

De plus, s'il a l'air d'accorder parfois au premier venu le droit de punir, cela doit s'entendre des cas de nécessité et des temps de désordre. Mais l'âge des Hercule, des Thésée, et même des chevaliers vengeurs des torts, est passé. L'unique ministre du châtiment, pour les délits ou les crimes sociaux, c'est la société elle-même, et ceux qu'elle a délégués.

En somme, Grotius a donné au droit de punir les fondements que les philosophes ont regardés comme les plus solides. Il lui a marqué son vrai rôle, et des limites qui ne paraissent ni trop étroites, ni trop larges. Il n'a pas demandé ouvertement l'abolition de la peine de mort, comme Beccaria, mais il n'aurait pas non plus, comme lui, sollicité en secret le supplice d'un voleur; car il n'était pas cruel, cet homme qui conseillait aux chrétiens de fuir les fonctions de juges criminels; qui recommandait au magistrat des précautions si minutieuses, un examen si attentif des dispositions, des antécédents de l'accusé, avant de porter la sentence; qui enfin revendiquait pour la société, comme un de ses plus beaux priviléges, le droit de faire grâce.

Ces leçons du *de Jure* sont comme un écho lointain, mais trop affaibli, du beau discours de Cicéron, ou du traité de Sénèque sur la clémence, ou plutôt un rayon de la charité évangélique.

Mais c'est assez, c'est trop peut-être sur les droits de la souveraineté, voyons à qui elle appartient.

La souveraineté, dit Grotius, réside dans l'État tout entier. C'est lui qui possède essentiellement les pouvoirs législatif, administratif et judiciaire. Voilà une vérité digne du citoyen qui, dans un livre fameux [1], et dans une de ses lettres [2], comparait avec complaisance sa patrie aux amphictions de la Grèce. Seulement, l'État, la société ne serait que le sujet commun de la souveraineté, celle-ci ne pouvant avoir pour sujet propre qu'un seul individu ou un petit nombre de personnes. A la rigueur, dans les très-petits États, le peuple pourrait peut-être garder l'exercice de la souveraineté. Il ferait les lois lui-même dans son forum, il veillerait à leur exécution et à leur interprétation. Mais dès que l'État atteint certaines proportions, il devient impossible que tout le monde exerce le pouvoir suprême. Alors, on le confie à quelqu'un, qui devient le sujet propre de la souveraineté.

Malgré son apparente clarté, cette théorie a besoin d'être expliquée.

Il faut se garder de confondre la souveraineté avec l'exercice de la souveraineté, les pouvoirs publics avec l'usage de ces pouvoirs, l'État avec le gouvernement de l'État.

La souveraineté, les pouvoirs publics appartiennent essentiellement à l'État, c'est-à-dire à la société, à la foule, au peuple.

[1] *Annales*, p. 134.
[2] *Epist.* LXXXVI, 24 novembre 1616.

Cette souveraineté, ces pouvoirs, la société ne peut jamais s'en dépouiller entièrement, puisqu'ils lui sont essentiels.

Si elle pouvait les exercer elle-même, elle en serait à la fois le sujet commun et le sujet propre. L'État et le gouvernement seraient alors tous deux républicains et démocratiques.

Mais que la société confie l'exercice des pouvoirs à quelqu'un, à une ou à plusieurs personnes, l'État pourrait à la rigueur rester républicain, tout en ayant un gouvernement oligarchique ou monarchique, tant est profonde la différence qui existe entre les éléments dont il vient d'être parlé.

Or Grotius n'a pas eu l'intuition claire de ces distinctions. Elles sont le résultat de méditations postérieures à ses études. Il admet que la souveraineté a sa source dans le peuple ; que ce dernier peut la partager à des degrés divers avec un prince constitutionnel ; qu'il peut même ressaisir la part antérieurement confiée. Mais il ne lui est pas venu à l'esprit de mettre une différence entre le pouvoir et l'exercice du pouvoir.

Voilà pourquoi les gouvernements quels qu'ils soient, monarchiques ou aristocratiques, ont tant de prestige à ses yeux; car il les croit dépositaires de la véritable souveraineté de l'État, quand ils n'en sont, en réalité, que les ministres. Voilà pourquoi la monarchie absolue surtout, attire ses hommages, comme étant une contraction plus étroite, une personnification plus énergique du pouvoir.

Il a cru que la société pouvait se dépouiller de sa prérogative essentielle comme d'un manteau, pour en revêtir les élus de son choix. Ce qu'elle donne, ce n'est que la mission d'exercer son pouvoir ; mais le pouvoir lui-même, elle le conserve dans sa racine et son essence. Car la souveraineté est pour l'État ce qu'est la liberté pour l'individu, un bien inaliénable.

L'auteur a beau accumuler les exemples historiques, dans ce chapitre qui est comme l'arsenal de l'absolutisme, nuls faits ne prouveront qu'un peuple ait le droit de se suicider moralement [1]. L'histoire n'est pas précisément une règle du juste et du bien. Comment se persuader que les Danois jouissaient de leur bon

---

[1] ORTOLAN, *Cours d'hist. du droit constit.*, 1833, p. 73.

sens, quand ils écrivaient dans une charte après la révolution de 1660 : « Le roi héréditaire de Danemark et de Norwége sera désormais réputé indépendant sur la terre. Il sera au-dessus de toutes les lois humaines, ne reconnaissant de puissance supérieure à la sienne que celle de Dieu. Il jouira d'un pouvoir absolu, illimité, et l'on donnera à ces mots une valeur plus étendue encore qu'ils n'en ont dans les pays où les rois chrétiens sont censés jouir d'un pouvoir absolu [1]. »

En dépit de l'histoire, ou même à cause de l'histoire, il faut rejeter cette monarchie absolue, aux priviléges si exorbitants ! Quoi qu'en dise Grotius, il est faux qu'un seul à qui l'on confie le gouvernement, puisse se substituer à tout l'État ; il est faux qu'un prince, même conquérant, puisse sacrifier l'intérêt du peuple conquis à son unique avantage ; il est faux que les rois possèdent les hommes comme un troupeau, qu'ils puissent les aliéner et les transmettre comme un immeuble. Ce ne sont pas les exemples de Thésée ou d'Hercule qui légitimeront de si monstrueux abus. Il est faux qu'on doive regarder les actes tyranniques du prince comme des actes méritoires. Et s'il a pu se rencontrer une génération assez insensée pour renoncer à sa liberté et essayer de plonger sa postérité dans le même esclavage, ce n'est pas une raison pour que les descendants se croient obligés, par la volonté des ancêtres, d'accepter un rôle de victimes.

Quelle qu'ait été au fond la conviction personnelle de Grotius, il mérite un blâme sévère pour avoir dressé avec un soin si scrupuleux le code étrange et absurde de la monarchie absolue, sans avoir dégagé le vrai droit de ce chaos affreux de coutumes, d'usages et de constitutions tyranniques.

§ II. — DROITS DES SUJETS.

Grotius a sacrifié les sujets aux puissances absolues. Il n'a parlé que de leurs devoirs, point de leurs droits. Ce serait une mauvaise excuse que le désir de restreindre par là les révoltes,

[1] Cité par M. Pradier, t. I, p. 208.

ou d'enchaîner les passions, etc.; c'en est une très-mauvaise que de rendre les sujets eux-mêmes responsables de leur malheur, en leur disant qu'ils l'ont voulu, et en répétant la question de Géronte : qu'allaient-ils faire dans cette galère ?

Cependant, quand il n'est plus fasciné par le fantôme de l'absolutisme, le publiciste reprend possession de sa raison, et il enrichit le catalogue des droits des peuples à mesure qu'il retranche aux droits des puissances.

Il a, du reste, formulé un principe qui doit lui faire pardonner bien des erreurs, c'est que les droits des citoyens, en face des pouvoirs publics, se mesurent à la volonté de ces mêmes citoyens et sont inscrits dans les constitutions.

Pour connaître les droits positifs du peuple, il suffit de lire une charte. Ici on a confié le pouvoir à un prince pour la vie et à titre d'hérédité; là, à un président nommé pour un nombre restreint d'années. Tantôt l'État choisit directement ses hauts mandataires, tantôt indirectement. Et sous la variété presque infinie des institutions se retrouve le principe, à la fois si salutaire et si dangereux, de la souveraineté du peuple.

C'est la gloire ou l'excuse de Grotius d'avoir reconnu ce principe, et d'avoir ajouté à ses théories serviles cette théorie libérale, comme on mettrait le remède à côté d'un poison.

<hr>

III

LES LOIS DE LA GUERRE.

Sous le nom de lois de la guerre, Grotius a formulé des règles bien dissemblables, contradictoires même bien souvent, qui demandent par conséquent des appréciations fort différentes. Son droit des gens positif ne respire guère que la cruauté, la sauvagerie, la bestialité; de ses tempéraments se dégage le plus doux parfum de délicatesse, d'humanité, de charité.

CHAPITRE PREMIER

LA GUERRE ET LE DROIT DES GENS POSITIF.

Afin de faire mieux ressortir les monstrueux excès autorisés par le droit des gens volontaire, qu'on nous permette un anachronisme de deux siècles et demi. Transportons la guerre fatale de ces dernières années au temps de la rédaction du *de Jure*, en pleine guerre de trente ans, ou supposons qu'on ait observé le droit grotien à notre époque, voici comme les choses se seraient passées.

La France et la Prusse, les deux rivales, se piquant de noblesse et de courtoisie, devaient remplir exactement toutes les formalités relatives au commencement, à la conduite et à la fin de la guerre. Comme les loyaux champions du moyen âge, on devait observer les règles du tournoi.

Assurément la guerre n'était pas juste des deux côtés, du moins en réalité. Ce n'est pas le lieu, heureusement, d'en scruter les causes ou les prétextes : cet accroissement inquiétant d'une puissance qui veut créer un saint empire protestant à l'instar du saint empire romain, ce danger que court l'autre puissance, le besoin qu'a son gouvernement de se redonner un prestige de victoire, un baptême de gloire, ces vieilles antipathies nationales, cette candidature d'un prince protestant à un trône catholique, ces observations d'un ambassadeur trop mal accueillies peut-être… Bref, la guerre est allumée.

Il y a eu déclaration solennelle par voie de hérauts. Les hostilités ont pu commencer immédiatement. Grâce à ces formalités, et à la qualité de souveraines des deux puissances rivales, la guerre était réputée juste des deux côtés jusqu'à ce que la victoire eût prononcé sa sentence.

Or, pour mettre la victoire de son côté, chacun avait le droit de recourir à la ruse et à la violence.

Si, par exemple, quelque officier allemand était venu proposer au camp français un moyen rapide et pratique de terminer la guerre, en assassinant le roi Guillaume, on pouvait accepter cette proposition. On pouvait même envoyer des assassins, pourvu qu'ils ne fussent soumis précédemment à aucune obligation à l'égard de leur victime.

Lorsque le sort des batailles eut amené les ennemis triomphants au cœur du territoire, les Prussiens pouvaient immoler non-seulement les soldats et tous ceux qui portaient les armes, mais tous les sujets français de tout âge, de tout sexe et de toute condition, femmes, enfants, vieillards, laboureurs, artisans inoffensifs, mais les étrangers même découverts sur le territoire français. Ils pouvaient massacrer tous les prisonniers, c'est-à-dire nos armées tout entières, et même les otages. Permis à eux d'ajouter à leur formidable armement tous les engins de destruction jugés propres à mener à bonne fin la campagne. Il leur était licite d'empoisonner les fontaines et les puits, sinon avec du poison, du moins avec des cadavres et de la chaux vive. Ils avaient le droit d'inonder le pays de leurs espions.

Peut-être même le vainqueur pouvait-il se permettre le viol, car la question est controversée. En tous cas, il avait un droit de vie et de mort sur les vaincus. Il pouvait, en conséquence, s'il leur laissait la vie, les réduire en esclavage. Or, comme il n'est rien qu'un maître ne puisse faire subir à son esclave, voilà non-seulement nos soldats, mais tous les habitants de la France, paysans, bourgeois, nobles, femmes, enfants, livrés en proie aux caprices des Allemands et devenus leur chose, une propriété dont on a la faculté d'user et d'abuser.

La France était métamorphosée en un vaste *ergastulum*. Et pas de moyen pour les infortunées victimes de la guerre d'échapper à leur sort. La fuite leur était interdite, surtout s'ils avaient promis de subir les conditions du vainqueur. La résistance leur était également interdite; car résister au maître, c'eût été résister à l'autorité suprême elle-même chargée de protéger le droit du maître.

Le droit de conquête s'étendait non-seulement sur les personnes privées, mais sur la nation elle-même. La France cessait d'être un Etat. Elle était rayée de la carte d'Europe. Elle devenait partie intégrante de la Prusse, que dis-je? fief de la Prusse, comme la fourmilière vaincue devient esclave de la fourmilière victorieuse.

Or ce servage, cet esclavage de notre pays et de ses habitants était éternel. De par le droit de conquête rédigé par Grotius, il ne devait plus naître désormais sur le sol de la France asservie que des esclaves de la Prusse.

Ce n'est pas tout. Comme le maître est propriétaire sans limites et sans bornes de tout ce qui a été à son esclave, toutes les propriétés particulières et publiques, mobilières et immobilières, devenaient la proie des vainqueurs. Vêtements, joyaux, objets d'art, domaine public, arsenaux, flottes, temples, cimetières, tout en un mot était à eux. « Car, Cicéron l'a dit, il n'est pas contre la nature de dépouiller des gens qu'on peut honnêtement tuer. »

Aux vainqueurs ensuite à s'entendre ensemble pour le partage de ce riche butin. C'est à l'État qu'appartenait cette superbe artillerie dont on a élevé (*ex œre capto*) un monument de notre défaite. Peut-être chaque soldat eût-il reçu, pour prix de sa valeur, des sommes énormes qui l'eussent à jamais enrichi!

Peut-être eût-on vu à Berlin, comme jadis à Sparte, des marchés d'Ilotes et des fonctionnaires publics chargés de vendre aux enchères les dépouilles.

Bref, d'après le droit grotien, la France vaincue devenait la proie des hommes du Nord. Son sol, ses richesses, ses habitants, tout tombait en leur pouvoir. C'était une conquête semblable à la conquête de l'Angleterre par les Normands, et plus cruelle que celle de l'Europe par les Barbares.

Et voilà les abominables excès que Grotius a codifiés de l'air le plus sérieux du monde! C'est le commentaire et l'exécution du *Vœ victis!*

Quelle différence entre cette guerre à l'antique, et celle qui, nonobstant des crimes trop nombreux, s'est faite, en général, selon les règles plus humaines du XIXᵉ siècle!

Aujourd'hui, la guerre est considérée comme un duel entre les armées ennemies plutôt que comme une lutte universelle d'une nation contre une autre. C'est pourquoi, à part les réquisitions et les contributions de guerre frappées sur les particuliers, ceux-ci sont respectés dans leurs personnes et dans leurs biens. Le but actuel de la guerre est plutôt de paralyser les forces de l'ennemi [1] que de les anéantir. Si donc, dans la bataille, on peut donner la mort à l'adversaire tant qu'il a les armes à la main, on l'épargne du moins quand il les dépose. On ne prend contre lui que les mesures nécessaires pour le mettre hors d'état de nuire; on pourvoit à sa subsistance; on panse avec sollicitude ses blessures. On évite les rigueurs inutiles; on ne sévit contre les paysans que s'ils prennent part à la lutte, malgré les lois reçues. On n'exerce le dégât et la dévastation dans les propriétés privées qu'autant que le succès des opérations militaires l'exige impérieusement. On respecte les monuments publics, les chefs-d'œuvre des arts. Malgré certains exemples blâmables, on ne doit mettre la main que sur le matériel de guerre; on évite d'employer des armes trop cruelles, de recourir au poison et aux stratagèmes qui ressembleraient à la trahison ou à la perfidie [2].

Que dire de Grotius, qui s'est plu à rechercher dans l'histoire tous les plus affreux excès auxquels se soient portés les gens de guerre, pour leur donner le nom sacré de droit des gens?

Est-ce donc là cette prétendue protestation du juriste, au nom de l'humanité, contre les violences de la guerre?

Quoi! parce qu'il y a eu dans les siècles barbares des villes incendiées ou pillées, des populations entières passées au fil de l'épée, traînées en esclavage ou soumises aux plus horribles tortures physiques et morales, et parce que vainqueurs et bourreaux sont demeurés impunis, fallait-il scandaliser des lecteurs en écrivant que ces crimes sont licites?

Car, dans le vocabulaire bizarre de Grotius, licite veut dire

[1] Villiaumé, *L'Esprit de la guerre.*
[2] Ortolan, *Règles internat.* 1864, t. II, p. 24. — Heffter, *Le Droit internat public*, § 125. — Wheaton, *Éléments de droit internat.*, t. II, p. 2. éd. 1858. — Martens, *Précis du droit des gens*, t. II, p. 225. Édit. Guillaumin, 1864.

impuni. La piraterie n'était pas licite, parce qu'on la poursuivait comme le meurtre et le vol. Mais les crimes de ces hommes de guerre que les hostilités sans fin rendaient aussi féroces et aussi sauvages que les plus sauvages et les plus féroces des carnassiers, étaient licites, parce qu'ils n'étaient ni punis ni poursuivis. Grotius raconte, en ses Annales, que des Hollandais dévorèrent le cœur d'un soldat espagnol. Cet acte d'anthropophagie ne fut pas puni, il était licite!!

Il n'y a qu'un moyen d'excuser de telles théories : c'est de penser qu'en les exposant, l'auteur n'avait d'autre intention que d'inspirer l'horreur de la guerre, tout comme à Sparte on montrait aux enfants des esclaves enivrés, pour les détourner de l'ivrognerie ; tout comme on fait voir à certains jeunes gens, dans les hôpitaux ou les musées spéciaux, les suites épouvantables du vice qui pourrait les séduire et les perdre.

Du reste, à côté de l'érudition malsaine qui n'a retenu que les mauvaises leçons de l'histoire, brille la lumière de la vraie morale et du vrai droit. A côté du prétendu droit des gens qui autorise toutes les licences, il y a la loi meilleure qui les réprime ou les supprime.

Sur les champs dévastés où se sont combattus des milliers d'hommes, quand agonisent les mourants, quand les blessés qui se croient oubliés poussent des gémissements de désespoir, ou gardent un sinistre silence, alors apparaît le médecin ou la sœur de Charité qui panse les plaies, donne le cordial avec de douces paroles de compassion et d'encouragement. Cette image se présente tout naturellement quand on lit les admirables chapitres où sont indiqués les tempéraments à la guerre.

CHAPITRE II

DES TEMPÉRAMENTS AU DROIT DE LA GUERRE.

Ce sera l'un des plus beaux titres de gloire du publiciste hollandais, d'avoir fait entendre au milieu des violences de cette guerre de trente ans, et peu après ces excès qui ont signalé la trop longue guerre de l'indépendance des Provinces-Unies, le cri de l'humanité, de la charité, de la religion.

Après avoir paru déchaîner le monstre sanguinaire, Grotius le musèle et le dompte. Après avoir raconté ce qui s'est fait de pire dans le monde, il retrace ce qui s'est fait de mieux, et propose d'imiter ces exemples meilleurs. Comme il s'élève tout d'un coup au-dessus de lui-même et surtout au-dessus de ces publicistes du XVIIIe siècle [1], lesquels prétendaient encore que tout ce qui est fait contre l'ennemi est légitime !

La plupart des lois que les nations civilisées se font honneur de respecter, il les a formulées dans son code corrigé. On épargnera, dit-il, le sang humain. On se montrera clément envers l'ennemi qui dépose les armes. On évitera les batailles inutiles. Au lieu de l'esclavage, on aura l'échange des prisonniers. On respectera les femmes, les enfants, les vieillards et tous ceux qui ne portent pas les armes : laboureurs, gens de lettres, marchands. Les vaincus seront traités sur le même pied que les vainqueurs. On leur laissera leurs lois, leurs coutumes, leur religion, leur indépendance même. On n'exigera de frais de guerre que ce qui est strictement requis par la justice.

Quand il s'agira de conclure la paix, on se montrera d'une scrupuleuse fidélité à sa parole. En un mot, on n'oubliera pas que tous les hommes sont concitoyens, et qu'un grand nombre sont chrétiens.

C'est ainsi que Grotius essayait d'humaniser la guerre, de la christianiser, de lui donner cette délicatesse chevaleresque qui devrait toujours être la compagne de la vaillance. C'est ainsi qu'il essayait de la réprimer, avant de la supprimer ou de la remplacer par d'autres procédés.

---

[1] Wollf et Bintershoek, cités par M. Pradier. — Grotius, t. III, p. 94.

IV

REMEDES A LA GUERRE.

CHAPITRE PREMIER

POSSIBILITÉ DU REMÈDE.

Kant [1] raconte qu'un aubergiste avait eu la singulière idée de faire peindre sur son enseigne un cimetière avec cette inscription : *A la paix éternelle*. Cet aubergiste n'avait peut-être songé qu'au tranquille sommeil de la tombe; mais Kant lui prête une ironie profonde à l'adresse des hommes insensés qui se tuent les uns les autres, et qui semblent ne vouloir trouver la paix que dans un vaste tombeau.

Grotius, du moins, n'a pas désespéré du genre humain. Il n'a pas oublié que Dieu a fait les nations guérissables.

En voyant les hommes en proie au fléau de la guerre, il y a des gens qui croient le mal incurable, et qui passent, comme le lévite de la parabole, sans essayer le moindre remède. Pour eux, l'humanité est comme ces suppliciés des enfers dont le supplice est éternel. Elle est, sur le globe, comme Prométhée sur son rocher, livrée au vautour immortel qui lui ronge le foie.

Se croyant autorisés à préjuger de l'avenir par le passé, ils pensent que la guerre ne finira jamais, parce qu'elle a duré toujours. De même que le soleil, par les apparitions régulières de chaque matin, nous habitue à compter sur lui pour le lendemain, ainsi, à leur avis, la guerre nous menace de ses retours

---

[1]. *Principes métaphysiques du droit,* p. 249.

périodiques. C'est une fièvre intermittente qui a ses instants de repos au milieu des accès brûlants, mais sans que ces moments de répit puissent jamais constituer la santé. Certes, il ne manque pas de prophètes de mauvais augure pour annoncer l'éternité de la guerre. « C'est Dieu, dit-on, qui tient en sa main les passions humaines, et qui leur lâche la bride pour remuer tout l'univers, et pour exercer sa vengeance selon les règles de sa justice toujours infaillible. » « La guerre est un fléau divin destiné à nous châtier, et nous serons toujours punissables. Elle est le fruit des passions des hommes, et les passions sont immortelles; elle est une suite du péché, et le péché n'est pas détruit, mais se renouvelle tous les jours. » « La guerre enfin est une loi du monde [1]. Elle est nécessaire comme le sel aux eaux de la mer, l'agitation à l'air, le mouvement aux êtres vivants. Sans elle, la terre serait une étable [2]. » C'est un fléau, mais il durera jusqu'à la fin du monde.

Mais quoi! quand la guerre serait la maladie mortelle de l'humanité; quand les hommes, cette race de fer, *durum genus*, seraient destinés à s'entretuer comme les guerriers issus des dents du fabuleux dragon, est-ce à dire pour cela qu'il ne faille pas combattre le mal? Parce qu'un homme doit succomber un jour sous l'étreinte d'une dernière maladie, l'abandonne-t-on dès qu'il est frappé de quelque mal dangereux et difficile à vaincre?

Que de gens, à propos des remèdes de la guerre, tombent dans le travers que Leibnitz appelle l'argument paresseux [3], lequel conclut à l'abandon d'une entreprise, parce qu'elle serait pénible.

Mais, de même qu'autour du lit d'un malade, sur lequel s'incline le médecin, on entend des pronostics divers sur son salut, ainsi, autour du théâtre sanglant où s'agite la grande victime de la guerre, les uns nient avec désespoir, pendant que les autres affirment le retour possible à la santé.

Grotius est de ceux qui n'ont pas désespéré. Il n'a pas cru à

<hr>

[1] Bossuet. De Maistre.
[2] Proudhon, après Hégel.
[3] *Théod.*, t. II, in-8°, p. 416.

l'éternité de la guerre, et il a eu raison. Pourquoi la guerre serait-elle éternelle?

Dans sa notion la plus générale, elle est un fléau. Mais rien de mobile et de changeant comme un fléau! Qui connaît aujourd'hui l'éléphantiasis ou la peste noire du moyen âge? Et si le fléau est conçu comme le châtiment d'un crime, ne posez pas la cause, et vous ne verrez pas l'effet. Même le crime commis, on peut détourner le châtiment par la prière, comme firent les Ninivites. Du reste, dans l'arsenal de ses vengeances, Dieu tient sous sa main bien d'autres fléaux que la guerre, et lui-même proposait à David coupable de choisir entre celui-là, la peste et la famine.

Aussi bien, et cette observation est très-importante, il faut se rappeler que, par la guerre, Grotius n'entend pas cette « violence manifeste qui règne dans le vaste domaine de la nature vivante, cette espèce de rage prescrite qui arme tous les êtres *in mutua funera;* » il savait bien que cette guerre-là est naturelle, et qu'elle sévira jusqu'à la mort de la mort.

Il n'entend pas non plus cette guerre intestine, cette guerre cruelle que décrivait Racine, et que Louis XIV ressentait en lui comme les simples mortels. Il n'entend pas, enfin, cet antagonisme qui existe entre les hommes eux-mêmes et qui se manifeste sous des formes non sanglantes.

Cet antagonisme est inévitable, comme le duel de l'âme et du corps dans l'homme, comme la lutte universelle dans la nature : car les hommes se précipitent à la fois vers les objets communs de leurs appétits physiques, moraux et intellectuels; et leur course ardente est loin de « ressembler à la danse légère des muses qui se mêlent, se croisent sans se choquer jamais, sous les lauriers de l'Hélicon ».

Mais, ce qu'il faut bien remarquer, pour éviter tout soupçon d'amphibologie et tout reproche d'utopie, c'est uniquement l'antagonisme sanglant, le procédé violent de la bataille, de la guerre judiciaire, pour dirimer les différends, que Grotius a en vue et auquel il propose ses remèdes.

Or, cette guerre sanglante, qui dira qu'elle soit éternelle?

Est-ce Dieu qui voudrait l'éterniser? C'était bon pour les

cruelles divinités des païens : Mars, Teutatès, Moloch, de se repaître de sang humain; mais le Dieu des chrétiens! il y a longtemps même qu'il a rejeté le sang des génisses et des taureaux. C'est Dieu qui fait les conquérants, il est vrai, et qui fait marcher devant eux la terreur; c'est lui qui conduisit les Hébreux dans la terre promise et dirigea cette campagne sanglante contre les peuples coupables de Chanaan; mais Dieu n'est pas un général d'armée, comme quelques orateurs ont voulu le persuader. Le nom de *Deus Sabaoth*, qui brille à chaque page des Écritures, est l'un des plus beaux noms qui soient donnés à Dieu, mais il faut savoir le comprendre. Les armées divines, dont Dieu est le chef, sont les anges, les mondes ou les astres [1].

Il n'est pas non plus un bourreau, pour vouloir infliger toujours de sanglants supplices aux coupables; et ce serait cruel de forcer ceux-ci à s'administrer de leurs mains la correction! Rien de particulier ne recommande la guerre comme châtiment; rien ne prouve que Dieu préfère ce fléau à beaucoup d'autres qui ont pris fin. Après d'innombrables revers, les Juifs ont pu s'asseoir en paix sous la treille et l'olivier; après le déluge, la colombe s'est montrée à ce qui restait du genre humain, avec un rameau pacifique; et Dieu a fait briller l'arc-en-ciel dans la nuée même qui avait versé les eaux.

Que Dieu se serve des passions brutales et sanguinaires des hommes pour les châtier à l'occasion, soit! mais qu'il prenne soin lui-même de provoquer de leur part des passions et des actes si opposés à leur nature intelligente, ne serait-ce pas une impiété de le penser?

L'antagonisme sanglant est si peu une forme essentielle de la nature, de l'activité humaine, que les individus s'en sont débarrassés. Où sont maintenant les guerres privées d'autrefois? Si l'on est encore témoin de temps en temps de quelques éruptions violentes de bestialité entre des matelots, des portefaix ou des enfants grossiers, ces luttes sont une exception aux mœurs des peuples civilisés et ne manquent pas d'être couvertes de l'opprobre et de la réprobation qu'elles méritent.

[1] Cornelius a Lapide, *Nombres*, cap. IV, v. 3, et *Deuteron.*, cap. XVII, etc.

Or, si l'on est parvenu à humaniser les premiers hommes, ces tigres, ces lions farouches, qui obéirent aux premiers législateurs, aux premiers éducateurs, Linus et Orphée ; si l'on est parvenu à faire cesser la guerre violente parmi eux, pourquoi ne l'enlèverait-on pas du milieu des nations? Pourquoi ne civiliserait-on pas les peuples, qui sont les individus de l'univers? Pourquoi n'y aurait-il pas de remèdes à la guerre?

CHAPITRE II

RÉALITÉ DES REMÈDES.

Les remèdes, mais ils existent, ils sont connus et ils ont déjà été expérimentés avec succès. Autrefois, chaque malade après sa guérison avait soin de décrire son mal, et d'indiquer avec précision ce qui l'avait guéri ; puis il suspendait à la porte des temples une tablette destinée à porter ses découvertes à la connaissance du public, afin qu'on pût en tirer parti à l'occasion.

Or, on sait les remèdes qui ont guéri le mal de la guerre parmi les individus ; pourquoi ne pas les appliquer aux nations?

Grotius en propose quelque-uns d'une vertu merveilleuse, applicables aux Etats.

§ I. — LA CONFÉRENCE.

Le premier est la conférence. Que de combats seraient évités, si les partis rivaux voulaient commencer par où l'on a coutume de finir! Ce moyen de prévenir la guerre, Napoléon Ier en savait l'importance et l'efficacité. Après sa campagne désastreuse de 1812, il faisait cet aveu : « Alexandre et moi, nous étions comme deux coqs, prêts à nous battre sans savoir pourquoi. Il nous eût fallu deux ministres capables d'entrer en négociations. On eût évité bien des malheurs [1]. »

---

[1] THIERS, *Histoire du Consulat et de l'Empire.*

Or, ce regret, qui pourrait paraître un peu tardif, était sincère, car longtemps auparavant, et à plusieurs reprises, quand il n'avait rien à craindre de ses ennemis, mais de la gloire militaire à espérer, il avait proposé des conférences destinées à prévenir la guerre.

Dès 1797, n'étant encore que général, il écrivait au prince Charles, son rival : « Depuis six ans, n'avons-nous pas assez tué de monde, et causé assez de maux à la triste humanité?... Quelle que soit l'issue de cette campagne, nous tuerons de part et d'autre quelques milliers d'hommes, et il faudra bien que l'on finisse par s'entendre, puisque tout a un terme, même les passions humaines. Si l'ouverture que j'ai l'honneur de vous faire peut sauver la vie à un seul homme, je m'estimerai plus fier de la couronne civique que j'aurai méritée, que de la triste gloire qui peut revenir des succès militaires [2]. »

Deux ans après, en 1799, il écrivit dans le même sens aux gouvernements d'Angleterre et d'Autriche.

Les conférences demandées n'eurent pas lieu, et la guerre éclata.

§ II. — LA MÉDIATION.

A défaut de colloque entre les rivaux eux-mêmes, pourquoi ne pas recourir à la médiation d'un tiers ou à l'arbitrage pour dirimer les différends sans effusion de sang? C'est le moyen qui substitua aux guerres privées les procès; le procédé humain, au procédé bestial. Les Germains étaient émerveillés, eux les hommes de la lutte et du sang, de voir avec quelle facilité se terminaient devant les tribunaux les différends des Romains.

L'arbitrage et la médiation ont du reste été souvent employés heureusement pour prévenir la guerre entre les peuples, et les heureux résultats qui ont été obtenus prouvent assez évidemment la merveilleuse efficacité du moyen [2].

[1] THIERS, *Histoire de la République*, t. IX, p. 88.
[2] Voir de nombreux exemples d'arbitrage de Grotius, et dans les savantes *Études* de M. Egger *sur les traités publics chez les Grecs et les Romains*, p. 67 et suiv.

Ce moyen, Grotius a voulu le régulariser et le perfectionner. Il l'a recommandé à tous les peuples, mais il en a fait un devoir aux chrétiens. C'est pour eux une nécessité d'établir des congrès de députés des puissances chrétiennes, devant lesquels seraient discutés et jugés les litiges internationaux. Qu'est-ce que ces congrès, sinon des tribunaux de justice de paix établis d'une façon permanente? Il ne s'agit plus d'un tribunal arbitral convoqué accidentellement pour un cas donné. C'est une haute cour de justice internationale qu'il faut instituer, pour connaître de tous les litiges des nations, et substituer pour elles aussi, et à jamais, le procès régulier à la procédure guerrière, les débats aux combats. Grotius a donc, lui aussi, son plan de pacification, son projet de paix perpétuelle. Ce qu'il veut, c'est non pas la paix absolue, puisqu'il parle de querelles sans cesse renaissantes à terminer, mais la cessation de la guerre sanglante; et cela au moyen d'une confédération entre les peuples, d'un tribunal établi pour juger les membres de cette confédération, comme les tribunaux civils jugent les particuliers. Voilà son plan; il a tout prévu, jusqu'au moyen de faire exécuter la sentence du tribunal par les forces réunies des nations confédérées.

Certes, cette admirable pensée n'est pas une découverte de Grotius. Lui-même en fait honneur à Molina et à d'autres illustres théologiens. Elle fut réalisée autrefois dans la Grèce, et même en Europe au moyen âge. Elle charma le génie de Henri IV, mort quinze ans avant la publication du *de Jure*, mais il est glorieux pour un homme de se rallier aux grandes et nobles idées. Il est glorieux d'être en communion avec tous les profonds penseurs qui depuis Grotius ont poursuivi le même but que lui; avec tous les philosophes que les gens aux passions aveugles ou aux vues bornées peuvent bien traiter de rêveurs et d'utopistes, mais qui ne laissent pas d'être les vrais apôtres du bonheur et de la paix du monde.

Rêveurs et utopistes des hommes qui parlent d'une confédération, d'une société morale entre des nations diverses! Mais ils ne le seraient pas même quand ils parleraient d'unité absolue, physique et politique! On objecte la dignité, l'indépendance nationale, le patriotisme! et l'on dit que les nations ne peuvent pas abdiquer ces priviléges et ces sentiments. Ah! ce n'est pas moi qui, dans des temps où tout cœur français s'est senti si souvent gonflé d'amour et d'enthousiasme pour sa patrie, irai médire du patriotisme; mais qui donc m'empêchera de désirer l'agrandissement infini de mon pays? Est-ce que le patriotisme, l'une des plus nobles passions de l'âme, n'est pas immense comme l'âme elle-même? Est-ce qu'il doit fatalement se borner à telle frontière, à tel fleuve, à telle montagne? Comme si l'histoire ne nous apprenait pas comment s'est formée, par des accroissements successifs, l'unité nationale française; comment s'est agrandi le territoire de la patrie, sans que dans les cœurs le patriotisme fût amoindri.

Quant à la dignité et à l'indépendance des nations, pourquoi veut-on, en corrompant ces nobles sentiments, en faire un obstacle à l'unité? Faut-il comprendre l'indépendance et la dignité d'une nation autrement que la dignité et l'indépendance des individus? Or, comment ces derniers ont-ils sacrifié leur dignité et leur indépendance, en devenant membres et citoyens d'un État? Ou, s'il y a eu quelque sacrifice, les avantages obtenus ne l'ont-ils pas compensé? Lorsque César vint en Gaule, il y trouva, au dire de Strabon, trois ou quatre cents peuplades très-fières et très-jalouses qui se faisaient des guerres continuelles. Par quelques coups d'épée à travers ces patries trop nombreuses, il créa une patrie unique qu'il rattacha à cette grande Rome, centre prédestiné du monde.

Plus tard, après maintes alternatives d'union et de désunion, quelques provinces opposèrent de terribles résistances, quand il s'agit de les rallier à une patrie commune et de former notre France. La Bretagne fit des efforts désespérés. Chacun vendit son bœuf ou sa vache pour acheter des armes. D'autres encore ont versé des flots de sang. Tous ces pays, maintenant français, pleurent-ils encore les blessures faites à leur patriotisme et à leur indépendance?

Cela posé, le nombre des nations de l'Europe est-il irréductible? Maintenant que la vapeur et l'électricité ont supprimé les distances, est-il plus difficile de gouverner l'Europe qu'il ne l'était au moyen âge de gouverner une province?

Rien donc ne s'oppose absolument à la création d'une unité publique : ni la langue qui n'a jamais été un obstacle insurmontable, et qui d'ailleurs peut changer; ni les frontières, car on peut les transporter ou les supprimer; ni les caractères, car ils deviennent uniformes; non, rien que des préjugés funestes, ou les intérêts privés des gouvernements.

Cette unité politique a un type, c'est l'unité religieuse du christianisme. L'existence de l'une prouve la possibilité de l'autre. Aussi bien, celle-là même a déjà été réalisée dans l'empire romain, et c'est une preuve, j'imagine, qu'elle n'est pas une chimère.

Mais ce n'est pas l'unité que rêva Grotius, c'est la confédération, c'est-à-dire la variété dans l'unité, le respect des nationalités, des patriotismes, de toutes les institutions, de tous les sentiments qui plaisent à l'esprit ou charment le cœur, et en même temps les avantages de l'unité.

Où est l'absurdité d'un pareil vœu? L'idée de confédération est vieille comme le monde. Elle a été réalisée en Grèce dans une institution fameuse, et elle l'est encore actuellement sous nos yeux en Amérique et en Europe. Il y a plus : nous avons vu naguère fonctionner un tribunal arbitral, tel que le souhaitait Grotius. Ce n'était pas la première fois, et ce n'est pas la dernière [1].

§ III. — SORT ET DUEL.

Après l'entrevue, après l'arbitrage, il n'est pas jusqu'à la voie du sort qui ne doive paraître un excellent moyen de remplacer la guerre. Ce moyen, saint Jean Chrysostome et saint Thomas l'ont conseillé.

Quand on n'est pas sûr de pouvoir faire triompher son droit, quand il y a danger de verser inutilement des flots de sang, pourquoi ne pas tirer au sort? Trouverait-on le hasard trop

---

[1] Voir *De la Réforme du droit des gens*, par Frédérick SEEBOHM, trad. Farjasse. Paris, 1873.

aveugle ? Mais la bataille ne l'est pas moins. Au témoignage de l'homme le plus compétent de ce siècle en pareille matière, les batailles ne seraient que des parties de dés [1]. Lui-même en eut des preuves évidentes à Marengo et à Waterloo. Il comparait les généraux à des joueurs, et son étoile n'était rien autre chose que ce que les joueurs heureux appellent leur veine [2].

Grotius, lui aussi, regardait bien la bataille comme un jeu de hasard, puisqu'il rattache au sort le combat singulier.

Assurément ce dernier remède ne vaut pas les premiers, puisqu'il est encore la guerre, une guerre en miniature si l'on veut, mais qui ne laisse pas de faire répandre le sang. Néanmoins, quel avantage immense de substituer le duel à la grande guerre, et de sauver la vie à des milliers d'hommes, en sacrifiant seulement celle de quelques victimes.

Le duel a été d'un usage si fréquent dans le cours des siècles, il a évité tant de catastrophes, que l'on s'étonne de voir Grotius professer pour le combat singulier une sorte d'aversion, et ne l'autoriser que comme un pis aller, en l'assimulant à l'usure et à la prostitution.

Il y a toutefois une observation à faire, la voici : le duel est un excellent moyen, en comparaison de la guerre, de vider un litige incertain; mais il est bien clair qu'une nation menacée dans ses droits incontestables, doit repousser le duel et se défendre de toutes ses forces.

§ IV. — REMÈDES MORAUX.

Il est d'autres remèdes encore conseillés par Grotius, plus efficaces que ceux-là et qui couperaient le mal par sa racine.

Quoi donc ! voudrait-il, comme les stoïciens, retrancher les passions de l'homme, afin de le plonger dans cet état de quiétude béate qu'ils appelaient *ataraxie?* Non, il sait que, dépourvu de passions, l'homme serait comme un navire sans voiles une masse inerte, à peu près aussi inhabile au bien qu'au mal. S'il avait parlé de passions à supprimer, il n'aurait désigné que les plus

[1] *Histoire du Consulat*, t. XX, p. 306, et encore t. II, p. 155; t. VII, p. 255; t. XIX, p. 52.
[2] THIERS, t. XX, p. 323.

dangereuses, les plus fécondes en batailles : l'orgueil, l'avarice, la vaine gloire, et surtout ces passions guerrières, nées le plus souvent d'une fausse éducation, qui poussent à la guerre pour la guerre, et qui dégénèrent en habitudes comme la passion du jeu ou de la chasse.

Mais il s'est contenté de recommander quelques vertus : la prudence, la bienveillance, la bonne foi, la charité.

Aussi bien, ces vertus-là ne sont guère compatibles avec les passions mauvaises qui engendrent la guerre. Si elles étaient dans tous les cœurs, si la morale de l'Évangile entrait dans la pratique, et dirigeait la conduite des individus et des nations, on verrait se réaliser sur la terre l'idéal de la société. La charité, en effet, ne connaît pas les combats, mais l'union, la paix et l'harmonie.

Je ne veux pas examiner les autres vertus en détail. Leur efficacité pour la paix est assez évidente. Je dirai seulement que Grotius a exagéré la prudence jusqu'à la pusillanimité et la lâcheté. Il est faux qu'il vaille mieux supporter la tyrannie que s'exposer au péril et à la mort. Donner de tels conseils, c'est faire trop bon marché de la dignité humaine, et tenir trop peu compte des sentiments généreux du cœur.

Blâmer la défense de Sagonte, parce qu'elle fut imprudente ou malheureuse, c'est blâmer le patriotisme qui s'exalte jusqu'à l'héroïsme, le dévouement qui s'offre en sacrifice, en voulant la victoire ou la mort.

Grotius était libre de bien des préjugés. Il se serait ri d'un patriotisme étroit et vulgaire, qui ne voit que des ennemis au delà de certaines lignes géographiques tracées par le caprice ou le hasard. Il renonça même solennellement à sa patrie quand la fortune l'appela en Suède; il lui arriva de railler un de ses fils qui s'attachait à son pays; il connaissait la pensée de ces philosophes qui plaçaient la patrie là où l'on est bien, et qui se proclamaient citoyens de l'univers; il se rappelait que du haut des étoiles, Scipion voyait les choses de la terre bien petites, et

---

[1] C'est la passion guerrière qui faisait dire à Napoléon : « Monsieur de Metternich, vous ne savez pas ce que c'est qu'un soldat; il lui faut de la gloire, de la renommée. Que me font à moi deux cent mille hommes! »

rougissait presque du peu de place occupé sur le globe par l'empire romain ; mais est-il donc impossible d'être philosophe sans conserver le sentiment des grandes choses que tout le monde admire, sans critiquer la conduite d'une cité héroïque qui s'ensevelit dans ses ruines plutôt que de se rendre ?

Originalité de Grotius. Ce qu'il doit à ses devanciers.
Son influence sur ses successeurs.

On a dit que, pour apprécier un ouvrage, il fallait le considérer en lui-même, mais que, pour juger un auteur, il fallait le comparer à son siècle. J'ai cherché jusqu'à présent le mérite du livre, en essayant d'apprécier les principales théories qu'il renferme. Je vais maintenant chercher surtout le mérite de l'auteur en le comparant à quelques-uns de ses devanciers, de ses contemporains ou de ses successeurs.

Grotius est-il un génie original, ou n'a-t-il fait que recueillir çà et là et mettre en ordre les divers éléments de son livre ?

Si l'on s'en rapportait à ses admirateurs, il faudrait le regarder comme un Descartes ou un Galilée.

« On ne saurait refuser à mon auteur, dit Barbeyrac [1], la gloire d'être original en son genre. Le *de Jure* est le premier traité qui ait été fait pour réduire en système la plus belle des sciences humaines et malheureusement la plus négligée. Représentons-nous l'affreux chaos où étaient le droit de la nature et des gens et les principes généraux du droit public... S'agissait-il de décider quelque différend entre deux nations ou entre le corps de la nation et le souverain, on en appelait au droit du plus fort ou à quelque homme divin, ou au droit romain qu'on disait infaillible. On avait perdu le goût du raisonnable à force de se repaître

---

[1] Préface de la traduct. de Grotius. Amsterdam, 1729.

d'autorité... En vain les révélations avaient ouvert les vraies sources du droit. »

« Tel était l'état de cette jurisprudence quand Grotius conçut le noble dessein de la dépouiller des haillons dont on l'avait revêtue. »

Ces éloges, Barbeyrac les a mis également dans la préface de son Pufendorf [1]. Ici même, Grotius devient le restaurateur, sinon l'inventeur de la morale. Car la morale, les Pères ne l'avaient pas connue : ni Lactance, ni S. Ambroise, ni S. Chrysostome, ni S. Augustin. Quant à l'antiquité, quelle morale que celle des cyniques, des cyrénaïques qui nient le droit naturel et prétendent que les lois ne sont pas faites pour le sage, de Socrate qui se croit faussement et niaisement obligé de mourir malgré son innocence ! de cet Aristote, qui conseille à son élève Alexandre de ne traiter en hommes que les seuls Grecs, et le reste des humains en bêtes !

Comme son traducteur, Pufendorf, en jugeant ses devanciers, donnait la palme à Grotius [2].

De Burigny porte aux nues son héros.

Vico l'appelle le jurisconsulte du genre humain.

Hallam dit que l'ouvrage est aussi original que possible dans une époque aussi avancée [3].

Cauchy [4] et Laferrière [5] proclament Grotius fondateur et créateur du droit des gens.

Enfin, M. Pradier Fodéré, dans la préface de son édition récente du *de Jure* [6], n'hésite pas à dire que Grotius a apporté dans la jurisprudence le progrès que Galilée et Descartes ont fait faire aux sciences cosmologiques ou philosophiques.

Voilà bien des témoignages favorables.

Grotius lui-même, en passant en revue quelques-uns de ses prédécesseurs, s'est montré sévère pour eux, et les a souvent

---

[1] P. 47 et 89. Lyon, 1771.
[2] Préface.
[3] *Histoire de la littérature de l'Europe*, t. III, p. 281.
[4] *Le Droit maritime internat.*, t. II, p. 476.
[5] *Cours de droit public et administratif*. 1860, t. I, p. 299.
[6] Préface, pag. LVIII et LXXIII.

méconnus, sans manifester toutefois l'intention de s'élever plus haut en les abaissant.

« J'ai vu, dit-il, des livres sur le droit de la guerre écrits, les uns par des théologiens, tels que Vittoria, Henri de Gorkum, Guillaume Mattheus ; les autres, par des docteurs, tels que Jean Lupus, Jean de Lignano, Martinus Laudensis. Ce qui leur a manqué à tous, c'est la lumière de l'histoire… Le savant Faber a essayé de combler cette lacune… Balthazar Ayala unit à quelques règles générales une très-grande quantité d'exemples. Albericus Gentilis fit mieux encore, et je reconnais hautement avoir tiré profit de son ouvrage. »

L'antiquité, selon lui, n'aurait rien laissé sur le droit de la guerre… Les casuistes n'auraient que des titres de chapitres. Les théologiens et les docteurs ont dit fort peu de chose d'un sujet si fécond et ont confondu le droit naturel avec le droit divin et le droit des gens. Les juristes romains et leurs commentateurs : Accurse, Bartole, Irnerius et les autres ont commis la même erreur.

Bref, il n'y avait rien avant Grotius, ou peu de chose.

On ne le devinerait pas cependant, à voir les innombrables citations qui sont dans le *de Jure*. Que l'on jette seulement un regard sur l'index des sources du livre, et l'on trouvera, outre l'Ecriture sainte, des Pères et des théologiens en grand nombre : S. Chrysostome, S. Basile, S. Augustin, Tertullien ; des législateurs et des codes : Moyse, Solon, la loi des douze tables, le *Corpus Juris* ; des jurisconsultes : Jean Bodin, Barclai, Connan ; des philosophes : Platon, Aristote, Sénèque, Plutarque, Xénophon ; des historiens : Polybe, Diodore de Sicile, Josèphe, Tite Live, Appien, Agathias, Justin, Valère Maxime, Tacite, etc. ; des poëtes : Homère, Virgile, Dante ; des orateurs : Démosthène et Cicéron.

Or, cette liste est loin d'être complète. Car il y a quantité de noms célèbres, cités dans le corps de l'ouvrage, que l'on ne trouve pas dans l'index. Tels sont, par exemple : Suarez, Lessius, Molina, Soto, Vasquez, Banner.

---

[1] *De Jure*, Proлég., § 37.

L'esprit investigateur de Grotius avait tout étudié; sa mémoire, tout retenu.

Certes, il est bien difficile d'être très-original après tant et de si grands noms.

Il s'agit de savoir si Grotius l'a été autant qu'on l'a dit, et si en particulier, il mérite le titre de Père du droit de la nature et des gens.

L'ordre logique et la symétrie demanderaient peut-être que l'on suivît pour cette dernière étude, les divisions adoptées pour l'exposé analytique et la critique de la théorie de la guerre, mais, afin d'éviter la monotonie qu'il y aurait à faire passer pour la troisième fois ces divisions sous les yeux du lecteur, il vaut mieux rechercher, l'histoire en main, quel progrès Grotius a fait faire au droit de la guerre, au droit de la nature, au droit des gens, au droit public, et à la très-intéressante et très-importante question de la paix.

Aussi bien, ces différents points sont dans l'ordre indiqué par le titre même du *de Jure,* dont ils résument toute la doctrine.

CHAPITRE PREMIER

LA QUESTION DE LA GUERRE AVANT ET APRÈS GROTIUS.

§ I. — PRÉDÉCESSEURS DE GROTIUS.

Lorsque Grotius composa son *de Jure,* ce n'était pas la première fois que l'esprit d'un homme s'appliquait à l'étude de la guerre.

Quels philosophes, quels jurisconsultes, quels moralistes n'en avaient pas parlé?

Indiens, Perses, Juifs, Arabes, Grecs, Romains ont entendu leurs poëtes, leurs prophètes, leurs législateurs, leurs généraux, leurs historiens discourir de la guerre, de ses causes, de ses remèdes, et la preuve, c'est Grotius lui-même, qui a recueilli ces échos de l'antiquité.

On avait fait, avant le *de Jure,* des traités spéciaux sur cet important sujet, et l'on peut mettre au nombre des devanciers de Grotius Jean de Lignano[1], Jean Lupus[2], Martinus Laudensis[3], Henri de Gorkum[4], Vittoria[5], Alvarez[6], Bellus[7], Bocerus[8], Arias[6], Neumayr[10], Chemnitius[11], Gentilis[12] et Ayala[13].

Les traités antérieurs au *de Jure* n'offraient pas tous des trésors de philosophie et d'érudition, mais il en est plusieurs dont Grotius a su tirer parti.

Celui de Gentilis, par exemple, a trois livres où l'on peut retrouver quantité de questions, et même des titres de chapitres du *de Jure*. Dans le cinquième livre se trouvent exposées : la nature[14], la légitimité[15], les causes[16] de la guerre. Le livre deuxième traite de la déclaration de guerre[17], des stratagèmes et des ruses[18], des conventions et des trêves[16], de la conduite a tenir à l'égard des prisonniers, des otages, des suppliants, des enfants et des femmes, des laboureurs, des marchands, etc.[20], du pillage et de l'incendie[21], de la sépulture des morts[22]. Le troisième livre à pour objet les effets de la conquête[23], et le rétablissement de la paix[24].

[1] *De Bello*, dans le *Tractatus tractatuum*, t. XVI.
[2] *Tractatus de Bello et Bellatoribus*.
[3] *De Bello, de Confœderatione, Pace et Conventibus principum*.
[4] *De Bello justo*, 1460.
[5] *Prælectiones theologicæ*. Præl. VI, *de Jure belli*.
[6] *De Bello justo et injusto*, 1543.
[7] *De Re militari et Bello*. Venetiis, 1563.
[8] *De Bello et Duello*. Tubingen, 1607.
[9] *De Bello et ejus justitia Tract.*, tract. t. XVI.
[10] *Des Alliances en temps de guerre*.
[11] *Trente-trois thèses inaugurales de Jure belli*.
[12] *De Jure belli et de Justitia bellica*, 1588.
[13] *De Jure et Officiis belli*, lib. III. Antuerpiæ, 1597. Voir D'OMTEDA, *Literatur des Rechts*, p. 168, et MUNSTER, *Bibliotheca juris*, etc., t. I, au mot *Bellum*.
[14] Ch. II.
[15] Ch. V et VI.
[16] Ch. VI, VIII, XII, XIII, XIV, XV, XIX et XXV.
[17] Ch. I et II.
[18] Ch. III, IV, V, VIII, IX.
[19] Ch. X, XII.
[20] Ch. XVI, XVII, XVIII, XIX, XX, XXI, XXII.
[21] Ch. XXIII.
[22] Ch. XXIV.
[23] Ch. V, VI, VII, X, XI.
[24] Ch. I, XIII, XVIII.

Grotius lui-même a reconnu les emprunts qu'il a faits à Gentilis.

Ayala, jurisconsulte et grand prévôt de l'armée espagnole dans les Pays-Bas, a pareillement divisé son ouvrage en trois livres. Dans les deux derniers, le grand prévôt fait surtout de la stratégie et énumère les devoirs des généraux et des soldats. Mais dans le premier, Grotius a trouvé d'intéressants détails sur la nature de la guerre [1], ses formalités [2], ses lois [3], ses causes justificatives [4]. C'est à tort que l'auteur du *de Jure* accuse Ayala d'avoir négligé de parler de la « justice et de l'injustice de la guerre, » car le ch. 2 du premier livre a trente-quatre pages sur ce sujet, et les causes diverses qui justifient la guerre sont groupées, comme dans le *de Jure* autour de trois droits principaux, savoir : défendre, réparer, venger.

Comme Grotius, Ayala met en avant cet étonnante fiction en vertu de laquelle la guerre est réputée juste des deux côtés. Seulement, ni les pirates, ni les rebelles, n'ont le droit de faire la guerre. Ils ne bénéficient pas des priviléges réservés aux États; la guerre ne crée pas pour eux la propriété. Toutes ces décisions et bien d'autres encore, se retrouvent dans le *de Jure* sous des titres semblables, comme se rangent sous des étiquettes communes, des marchandises de même nature.

Or, si l'on veut remarquer qu'Ayala lui-même s'est inspiré de ses prédécesseurs, et surtout de Covarruvias et de Suarez [5], on verra comment le flambeau de la science n'a fait que passer de main en main.

L'ouvrage de Bellus parut trente-quatre ans avant celui d'Ayala. Dans la première partie, l'auteur reherche les origines historiques et morales de la guerre, ses espèces, ses acteurs, etc., et, remontant plus haut que Grotius, il mentionne les guerres célestes des anges, la lutte de Caïn contre Abel, cette première action tragique. La seconde partie expose les causes de la

---

[1] Ch. ii, hi.
[2] Ch. i.
[3] Ch. i, vi, viii, ix.
[4] Ch. ii.
[5] KALTENBORN, *Die Vorlaüfer des H. Grotius*, p. 183.

guerre, ses formalités, son but qui est la paix, ses effets, etc. La quatrième recommande la douceur à l'égard des personnes, et surtout des chrétiens. La dixième traite de la paix, qui est définie : la tranquillité de l'ordre. La onzième et dernière a pour objet le sort des otages [1].

Outre les ouvrages spéciaux composés avant Grotius sur la guerre, on pourrait mentionner un grand nombre d'études sur le même sujet. Elles sont dues à ces prodigieux savants du XVIᵉ siècle, qui ont agité tant de questions dans leurs énormes in-folio, répertoires immenses des sciences divines et humaines.

Les Winkler, les Vasquez, les Lessius, les Soto, les Bolognet, les Vittoria, les Suarez, n'ont parlé qu'incidemment de la guerre dans des traités généralement consacrés au droit et à la justice ; mais leurs théories sont souvent assez complètes pour mériter d'être mises en parallèle avec celle de Grotius.

Dans le livre de Winkler [2] se rencontrent plusieurs propositions que l'on dirait copiées dans le *de Jure*.

Winkler distingue des guerres publiques, des guerres privées, des guerres mixtes... La guerre a un triple but : la défense, la revendication, la punition. Il est permis de défendre sa vie, son corps, ses enfants, ses amis. S'il est des guerres justes, il en est aussi d'injustes. Les causes justificatives de la guerre sont les droits, qui ne peuvent être protégés efficacement que par les armes. Les guerres privées ne sont pas permises quand on peut recourir aux magistrats.

Covarruvias était connu de Grotius, qui le nomme dans ses Prolégomènes.

D'après l'évêque de Tolède [3] la guerre a pour but de défendre, de venger, de punir. Des deux partis belligerants, il n'y en qu'un seul qui puisse avoir raison. La guerre exige pour conditions l'autorité du prince et une cause juste. Les principales causes justificatives de la guerre sont la tyrannie, la revendication

---

[1] Le titre de Bellus paraît avoir été admiré même par les poëtes, qui disaient à l'auteur en jouant sur son nom :

> Perbelle ac bene, Belle, doces qua bella gerantur,

[2] *Principes du droit* (1615) liv. IV, ch. x.

[3] *Œuvres compl.*, (1583). Francf.-sur-le-Mein, t. I, p. 221, 249.

d'un bien injustement ravi... Il serait injuste de déclarer la guerre aux infidèles pour le seul motif de leur infidélité. L'auteur traite ensuite des effets de la guerre, de la propriété et du partage du butin, de l'esclavage que les chrétiens ont supprimé, etc.

L'ouvrage de Vittoria[1] est composé de treize dissertations dont deux ont rapport au droit de la guerre. La cinquième dissertation, intitulée *de Indis*, est une leçon de modération et de désintéressement donnée aux Espagnols. Dans la sixième, *de Jure belli*, l'auteur se demande si la guerre est permise aux chrétiens; à qui appartient le droit de la déclarer ; quelles sont les causes justificatives de la guerre, et quels droits une guerre juste donne sur l'ennemi. Les réponses à ces questions sont à peu près celles que fournirait le *de Jure*. De même que Grotius, après avoir autorisé bien des violences qui semblent excessives, Vittoria les corrige par des tempéraments. La dissertation finit en recommandant la fraternité, en imposant pour but à la guerre, non la destruction des hommes, mais la paix, et en faisant un devoir au victorieux de la justice et de la modération. Citons enfin Suarez[2], que Whéaton appelle à tort Saurez, et dont Grotius a dit qu'il n'avait pas d'égal pour la force et la subtilité de son esprit. Sa science prodigieuse, l'éclat de ses leçons aux universités d'Alcala, de Salamanque, de Rome, l'avaient fait surnommer « le pape des métaphysiciens ». Comme ses compatriotes Vittoria et Covarruvias, il fut naturellement invité par la haute fortune de l'Espagne, arrivée de son temps à l'apogée de sa puissance politique et militaire, à étudier les questions relatives à la guerre.

Du reste, ces étonnants théologiens se persuadaient que la théologie devait embrasser toutes les sciences, et leur génie ne se trouvait pas trop au-dessous d'un tel programme.

Parmi les nombreux traités de Suarez, lesquels remplissent vingt-quatre volumes in-folio, il en est un qui offre une théorie assez complète de la guerre[3].

La guerre est comprise comme une lutte extérieure opposée

---

[1] *Relectiones theolog.* Lyon, 1557.
[2] 1548-1617.
[3] *De triplici Virtute theologica, Fide, Spe et Charitate,* disput. XIII.

à la paix extérieure. Elle est publique, mixte ou privée. Il n y a que l'autorité souveraine qui puisse déclarer la guerre publique. Suarez réfute la prétention des Césars allemands de posséder seuls l'autorité suprême, et il revendique pour le pape un droit supérieur d'arbitrage. C'était indiquer un des meilleurs remèdes au fléau de la guerre. Pour être légitime, la guerre doit avoir des causes justificatives. La cause universelle de la guerre, c'est l'injustice ou la violation d'un droit. Il y a cause justificative de guerre quand, par exemple, un prince s'empare d'un pays étranger, quand il refuse certains droits communs, comme le transit des marchandises, etc.

Suarez s'étend longuement sur la manière de faire la guerre, et, adoptant la division suivie depuis par Kant, il considère le droit avant, pendant et après la guerre.

Il appuie avec infiniment plus de complaisance sur *les tempéraments* que sur les violences permises. Le but de la guerre n'est autre que la paix. Il faut avoir soin de distinguer des hommes d'armes les femmes et les enfants, les ambassadeurs, les ecclésiastiques. L'usage autorise la saisie des personnes et des biens, mais les chrétiens ne font plus d'esclaves. Leurs prisonniers peuvent se racheter moyennant rançon. Les généraux doivent éviter la cruauté et le mensonge.

Tels sont les précurseurs de Grotius. Cette rapide analyse de quelques-uns de leurs ouvrages fait voir assez clairement où en était le droit de la guerre à l'apparition du *de Jure*.

Si j'avais à faire l'histoire du droit ou des théories de la guerre, je ne manquerais pas de citer S. Thomas, le prince des scolastiques, qui, dans quatre articles de sa *Somme* [1], a parfaitement défini la nature de la guerre, ses espèces, sa légitimité et son but. Je trouverais dans les ouvrages de Cicéron les conditions requises pour constituer une guerre juste [2], une description du rôle des féciaux [3], des exhortations à la bonne foi, à la

[1] 2 2ae q. 40.
[2] *Republ.*, III, XXIV.
[3] *Lois*, II, IX.

modération, à la clémence confirmées par d'illustres exemples [1], enfin tout un programme de traité de la guerre [2].

Mais il ne s'agit pas de rechercher curieusement toutce qui a pu paraître avant Grotius sur la question présente. Je laisserai donc dans l'ombre et ce traité d'Aristote mentionné dans le *de Jure* [3], et ces premiers essais de codification contenus dans les livres sacrés de l'Orient.

Encore moins parlerai-je des différents usages observés en temps de guerre par les différents peuples : Hébreux, Perses, Grecs, Romains, etc. ; et des traités stipulant, comme la fameuse convention amphictionique, certaines règles particulières à suivre dans le même temps.

Ces traités, ces usages, aussi bien que les théories, étaient connus de Grotius. C'était un héritage scientifique qu'il ne pouvait négliger. C'étaient des sources auxquelles il ne pouvait s'empêcher de puiser. De là le *de Jure*. Que fit Grotius ? Il choisit çà et là quelques idées, quelques opinions suspectes, un très-grand nombre de faits et d'usages remarquables par un caractère tout particulier de cruauté et de violence, et il en tira ces lois étranges que l'on pourrait appeler le code draconien de la guerre. Mais, à côté, il trouva quelques actions guerrières, et un grand nombre de théories marquées au coin de la douceur et de l'humanité, et il s'en inspira pour tracer les règles des *tempéraments*. Il n'aurait pas inventé les premières ; il aurait découvert les secondes dans son cœur d'honnête homme et de chrétien.

Voilà la grande originalité de Grotius. C'est d'avoir présenté dans une même synthèse, un même livre, deux choses si différentes : le code de la violence et le code de la douceur. Grâce à lui, pour améliorer la guerre il n'y a plus qu'à prendre son livre à la main et d'y étudier ce qui est mal et ce qui est bien, ce qu'il faut faire et ce qu'il faut éviter.

Tout le progrès réalisé depuis Grotius dans le droit de la guerre est contenu entre ces deux limites extrêmes marquées

[1] *De Off.*, lib. I, cap. xiii, et lib. III, cap. xxix.
[2] *Lois*, liv. II, ch. xiv.
[3] *Protég.*, § 36.

par lui : les pratiques barbares du premier code et les règles idéales du second.

Il n'est pas difficile de suivre ce progrès dans les idées et dans les faits, et de constater l'influence et la fortune du *de Jure* jusqu'à nos jours.

§ II. — LA GUERRE APRÈS GROTIUS.

Depuis le milieu du xvii° siècle, la guerre a fait l'objet d'un nombre presque infini de travaux. Français, Anglais, Allemands, Italiens, Espagnols ont rivalisé d'ardeur pour ces intéressantes études.

Il y a des traités spéciaux, comme ceux de Binkershoek [1], Zouch [2], Moser [3], Schiarra [4], Villiaumé [5], Morin [6], et les travaux nombreux des membres des sociétés de paix [7].

Sous des titres différents, tous les auteurs de droit des gens ont parlé de la guerre, qui, avec la paix, constitue les deux grandes catégories dans lesquelles sont comprises toutes les relations internationales. Il suffit de nommer Pufendorf, Martens, Heffter, Hübner, Bentham, Wheaton, Kant, etc.

Or, chez la plupart de ces successeurs de Grotius, se retrouvent ses idées sur la nature et la légitimité de la guerre. Comme lui, on pense que la guerre est légitime, quand elle est faite au nom de la justice. Après lui aussi, on répète généralement qu'à côté de cette justice essentielle à la bonne cause, il y a je ne sais quelle légalité de convention attribuée indistinctement aux deux partis dans une guerre solennelle. Mais cette légalité factice que Grotius acceptait comme un bien, et dont il voulait couvrir tous les résultats de la guerre dans les formes, a soulevé de toutes parts des protestations.

[1] *De Rebus bellicis.*
[2] *Du Droit fécial.*
[3] *Grundsatze des ietz üblichen europäischen Volkerrechts in Kriegszeiten*, Tubingen, 1752.
[4] *Theologia bellica.* Rome, 1701.
[5] *L'Esprit de la guerre.*
[6] *Les Lois relatives à la guerre*, 2 vol. in-8.
[7] *Folie de la guerre*, par M. Mézières. — *Le Crime de la guerre*, par Henri du Pasquier, librairie Franklin, etc.

A l'exception de certains esprits amis du paradoxe, qui voudraient faire du combat une procédure régulière révélant ou créant le droit, et de la victoire un jugement parfaitement valide, tous les vrais penseurs rejettent le droit de la force, la virtualité justicière de la guerre. Dût s'écrouler tout ce que la violence seule et la force ont produit dans les sociétés et les empires, en dépit de toutes les réglementations et législations appliquées à la guerre, jamais on en fera un moyen naturel, humain, légitime de régler les différends et de faire droit. La victoire ne doit servir qu'à protéger, réparer ou venger un droit antérieur à la bataille; elle n'en peut créer ni consacrer de nouveau sans le consentement des vaincus; elle ne peut justifier la conquête, l'usurpation de la souveraineté des Etats ou de la propriété des individus. En vain objecterait-on que les hommes sont bien libres de faire dépendre leurs droits d'une bataille, comme ils les font dépendre souvent de l'issue d'une partie à un jeu de hasard. Si les hommes sont libres de jouer leurs droits politiques ou privés à un jeu sanglant et indigne d'eux, ils ne doivent pas moralement le faire. Ils peuvent rendre le jeu de la guerre légal, ils ne sauraient le rendre légitime. Du reste, dans tout jeu, ce n'est pas précisément le hasard qui transmet la propriété de l'enjeu, c'est la volonté des joueurs. Par conséquent, dans la guerre qui ne serait que légale, ce n'est pas, quoi qu'en dise Proudhon, la victoire ou la force qui décideraient du droit, c'est la volonté des combattants qui auraient attaché ce droit à la victoire.

En un mot, si les successeurs de Grotius ne regardent comme légitime que la guerre qui met la force au service d'un droit préalablement constaté, ils savent aussi bien mieux que lui découvrir et démontrer l'*illégitimité* de la guerre purement *légale*, protester contre cette virtualité justicière et créatrice que l'on voudrait attribuer au combat et à la force [1].

Les définitions seules qu'on a données de la guerre indiqueraient l'immense progrès réalisé depuis deux siècles dans la manière de la comprendre et de la faire. Grotius a défini la

---

[1] MARTENS, t. II, p. 202. Note de M. Vergé.

guerre : *l'état de gens luttant par la violence (status per vim certantium)*. Pour Vattel, c'est *l'état dans lequel on poursuit son droit par la force;* et pour un commentateur de Vattel, Pinheiro Ferreira [1], c'est *l'art de paralyser les forces de l'ennemi.*

Grotius mentionne la violence et oublie le droit. La force pour ou contre la justice, peu importe, voilà l'essence de la guerre.

Avec Vattel, la force se met au service du droit, et dans l'accomplissement de cette mission légitime, Ferréira la modère encore en lui donnant pour loi de paralyser l'ennemi au lieu de l'anéantir. Ces derniers mots ne sont-ils pas tout un code d'humanité et de douceur, toute une révolution contre les guerres à mort et leur licence infinie [2]?

Dans les usages et les pratiques de la guerre on peut observer un mouvement parallèle à celui qui s'opère dans les idées, un progrès analogue.

Pour ce qui regarde les personnes, quelle différence, par exemple, dans la manière de traiter les prisonniers! L'esclavage, qui avait succédé au droit de tuer les captifs, ne paraît pas avoir été entièrement aboli du temps de Grotius [3]. On commence par lui substituer la rançon [4], puis l'échange qu'avait conseillé l'auteur du *de Jure.* Aujourd'hui on met en liberté les officiers sur parole de ne pas servir pendant la durée de la guerre, et on renvoie les soldats après les hostilités.

Quant aux biens, ils sont loin d'être livrés à la discrétion du vainqueur, comme aux jours de la guerre de trente ans. A en croire Heffter [5], qui les a décrits en quatre propositions, les usages modernes observés dans les guerres continentales ne s'écarteraient pas beaucoup des règles idéales des *tempéraments* [6].

[1] Martens, t. II, p. 204.
[2] *Jus belli infinitum.*
[3] Wheaton, *Histoire du Droit international,* t. I, p. 213.
[4] En 1780, dans une convention entre la France et l'Angleterre, on fixe encore le chiffre de la rançon des officiers. Wheaton, t. I, p. 213.
[5] *Le Droit internation. public de l'Europe,* trad. Bergson, § 130-132.
[6] Voici la conduite observée dans les guerres maritimes à trois époques principales : 1° d'après le droit rigoureux de Grotius, qui suit les règles du consulat de la mer (XIVe siècle), on saisit partout ce qui appartient à l'en-

Aujourd'hui la guerre est une relation d'État à État, un duel entre deux armées. Les conséquences de la victoire ne peuvent plus ressembler à la conquête antique. On ne prive plus un peuple de sa liberté civile; on ne le réduit plus en esclavage; on ne fait plus d'un État une simple colonie. La guerre n'ayant d'autre but que la conservation d'un droit, on ne se propose plus directement la destruction des hommes ni le pillage des biens. La guerre n'atteint pas les personnes ou les propriétés des sujets qui n'y prennent aucune part, mais ses effets sont restreints aux droits et aux propriétés publiques des nations belligérantes.

Sans doute, parmi les faits de guerre, il en est encore de condamnables et de barbares. A côté d'actes de la plus délicate courtoisie, il y a des éruptions de sauvagerie et de bestialité; mais la règle idéale de conduite n'en demeure pas moins tracée dans les écrits des philosophes et des jurisconsultes; et, comme il n'est pas possible que la théorie reste sans influence sur la pratique, et que les hommes se laissent toujours plutôt guider par leurs passions que par leurs lumières, on peut espérer que le code de la guerre recevra de nouveaux perfectionnements, que l'idée sera maîtresse du sabre et saura le diriger. Depuis dix ans déjà, les puissances de l'Europe ont accepté cette fameuse convention de Genève qui permet d'aller jusqu'au milieu du champ de bataille, sous la fragile mais sûre sauvegarde d'une petite croix couleur de sang, porter les premiers secours aux blessés; et voilà que ces puissances se concertent [1] actuellement ensemble pour rédiger un code de guerre en harmonie avec les idées et la civilisation.

Tels sont les progrès accomplis depuis Grotius et qui doivent le faire tressaillir dans son tombeau. Je ne veux pas lui attribuer l'honneur de ces heureux résultats, pas plus que je ne veux le

---

nemi et la contrebande de guerre. 2° Au XVIIIe siècle, on saisit également tout ce qui est à l'ennemi, navire et marchandises, et de plus la marchandise neutre sous pavillon ennemi. 3° D'après le traité de Paris (1856), le pavillon neutre couvre la marchandise ennemie, excepté la contrebande de guerre, et la marchandise neutre n'est pas saisissable, même sous pavillon ennemi. WHEATON, t. I, p. 253, et MARTENS, t. II, p. 348.

[1] Conférences de Bruxelles.

rendre responsable de tous les forfaits qui pourraient trouver dans son livre leur justification. Je ne dirai pas, avec un de ses admirateurs, qu'il a préparé les traités de Westphalie, de peur de n'avoir rien à répondre au détracteur qui l'accuserait d'avoir préparé aussi l'incendie du Palatinat. Je rappellerai seulement à sa gloire que, de ce mouvement progressif qui a été constaté relativement à la question de la guerre, l'auteur du *de Jure* a su entrevoir et indiquer l'heureux terme, comme il en avait marqué le déplorable point de départ.

CHAPITRE II

GROTIUS ET LE DROIT NATUREL.

§ I. — LE DROIT NATUREL AVANT GROTIUS.

On a proclamé Grotius le père du droit naturel Est-ce que l'antiquité et le moyen âge n'auraient pas connu ce droit? Mais quel cas fait-on donc alors de la *République*, des *Lois*, du *Gorgias* de Platon, de la *Morale* et de la *Politique* d'Aristote, de la *République*, des *Lois* et des *Devoirs* de Cicéron?

N'est-ce pas du droit naturel que parle Platon, quand il dit qu'un homme juste vaudrait mieux que la loi; que la science royale consisterait à procurer le règne de la vraie justice [1]; que le juste est bien différent de la force [2]; que le magistrat devrait avoir étudié cinquante ans la philosophie [3]; que les philosophes devraient être rois, ou les rois philosophes [4]; quand enfin il fait sentir par le mythe de l'anneau de Gygès la différence essentielle qui existe entre le bien et le mal, le juste et l'injuste [5]?

Aristote n'a-t-il pas parfaitement distingué le droit naturel du

[1] *Politique.*
[2] *Gorgias.*
[3] *Républ.*
[4] *Républ.*, liv. V.
[5] *Républ.*, liv. II.

droit positif ou légal [1]? Le premier, d'après ce philosophe, a partout la même énergie; l'autre est circonscrit et particulier. Celui-ci dépend d'un caprice, et n'est bon que parce qu'il est commandé; celui-là est établi sur la nature même des choses et tire de ce fonds solide sa force obligatoire et sa bonté.

Cicéron n'a-t-il pas prouvé l'existence et décrit les caractères de la loi morale?

C'est en vain que Philus le sceptique monte sur son char de dragons ailés pour voir défiler sous ses yeux les cités et les peuples, constater la différence de leurs lois, et conclure qu'il n'y a pas de droit naturel. Lélius répond par cette admirable affirmation : « *Est quidem vera lex*, etc. Il est une loi véritable, la droite raison, conforme à la nature, immuable, éternelle, qui appelle l'homme au bien par son commandement, et le détourne du mal par ses menaces. On ne peut ni l'infirmer par d'autres lois, ni déroger à quelqu'un de ses préceptes, ni l'abroger. Ni le sénat ni le peuple ne peuvent nous dégager de son empire. Elle n'a pas besoin d'interprète qui l'explique. Il n'y en aura pas une à Athènes, une autre à Rome; une aujourd'hui, une autre dans un siècle; mais elle est seule, éternelle et inaltérable, régissant à la fois tous les peuples dans tous les temps. L'univers entier est soumis à un seul maître, à un seul roi suprême, au Dieu tout-puissant qui a conçu, médité et sanctionné cette loi [2]. »

Quelle est belle et glorieuse cette loi contemporaine de la pensée divine et consubstantielle à cette pensée: *ratio est recta summi Jovis* [3]. »

Dans cette contemplation, Cicéron s'élève jusqu'à la notion ontologique de la loi ; et, à cette hauteur, il plane bien au-dessus de Grotius, sans toutefois se perdre dans les nues; car, cette loi, nous la voyons, nous la connaissons, même sans l'avoir jamais apprise [4].

Cette loi n'est autre que celle dont S. Paul attribue la connaissance aux païens. C'est la loi entrevue et décrite par tous

[1] *Mor. Nic.*, lib. V, cap. x.
[2] *Républ.*, liv. III, ch. xxii.
[3] *De Legibus*, lib. II, n. 4.
[4] *Pro Milone.* Est vera lex, *etc.*

les philosophes depuis Platon jusqu'à Malebranche et Montesquieu. Le *Digeste* lui-même l'a signalée comme l'idéal du droit, dans ses formules [1].

Dira-t-on que l'originalité de Grotius consiste dans la précision avec laquelle il a marqué les limites du droit dans le vaste domaine de la morale et dans le champ plus vaste encore de la loi universelle? Mais Cicéron, lui aussi, a fondé son droit sur la nature raisonnable : il a donc distingué des autres lois, la loi spéciale qui dirige l'humanité. Il l'a fondé sur la nature *sociable* [2] : il l'a donc compris comme la règle des rapports sociaux, et l'a séparé ainsi de la morale religieuse et de la morale individuelle [3].

Grotius n'a donc pas le premier, ainsi qu'on l'a dit, choisi la sociabilité comme fondement du droit. Du reste, cet attribut de la nature humaine avait été observé avant lui, non-seulement par Cicéron, mais par Aristote [4], Sénèque [5], S. Augustin [6], Bacon [7], S. Thomas, et tous ceux que Grotius a reconnus lui-même pour ses maîtres [8].

Au moyen âge, la religion, la morale et le droit sont le plus souvent étudiés ensemble comme une espèce de trilogie, sous la rubrique : *de Justitia et Jure.* Malgré cette union intime maintenue entre les trois parties de la morale universelle, il n'y a pas eu de confusion, et les concepts du droit n'ont pas été altérés par ces scolastiques dont Grotius a si largement utilisé les leçons.

S. Thomas, le plus illustre docteur en droit naturel du moyen âge, est à la fois disciple d'Aristote et des juristes romains. Bien supérieur aux glossateurs laïques, Irnerius, Accurse et Bartole, il distingue avec une merveilleuse clarté une loi éternelle, une loi naturelle et une loi positive [9]. La première est la raison divine

[1] *De Justitia et Jure*, t. 1, lib. II.
[2] *De Offic.*, lib. I, cap. VII.
[3] *De Offic.*, lib. VII, cap. X, et *Lois*, liv. I, ch. XXIII.
[4] *Polit.*, liv. I, ch. II.
[5] *De Benef.*, lib. VII, cap. I.
[6] *De Doctr. christ.*, lib. III, cap. I.
[7] *De Augment. Sc.*, lib. VII, cap. I.
[8] *De Jure*, lib. I, cap. I, § 10, n. 1.
[9] 2ᵃ 2 q. 91.

elle-même, dont la loi naturelle est une participation ou une espèce de copie. De la loi naturelle universelle, S. Thomas distingue la loi spéciale à l'homme, laquelle est éternelle, une et immuable [1].

Mais arrivons aux prédécesseurs immédiats de Grotius, à ceux qui font pour ainsi dire partie de son groupe, et chez lesquels il a pu trouver ses idées dans leur plus récente expression.

Je nommerai parmi les catholiques, Vasquez [2], Covarruvias [3], Molina [4], Lessius [5], Connan [6], Suarez [7], Loto [8] et Bolognet [9]. Tous, évêques, cardinaux, religieux ou juristes, ont parfaitement compris et défini le droit naturel, son essence, ses caractères, son fondement.

Le jurisconsulte français Connan distingue avec précision le droit naturel du droit civil et du droit des gens. Avant Kant, il a parlé d'un droit naturel privé, qui dirige l'homme solitaire, et d'un droit naturel social, qui règle les rapports des hommes réunis. Le droit naturel est immuable et éternel ; il est la règle ordonnatrice de la société, et se résume en ces trois préceptes : *honeste vive, neminem læde, suum cuique tribue.* Connan semble avoir entrevu encore, avant Kant, le caractère distinctif du droit et de la morale, quand il dit que « le droit civil et des gens n'atteint que l'acte, sans s'occuper de l'intention de l'agent, la conscience ne relevant que de la philosophie, et non des tribunaux. »

Bien au-dessus de Grotius s'élève Suarez, qui distingue de plus que lui, à côté du droit naturel, un droit surnaturel, que le juriste hollandais, malgré ses études théologiques, n'a jamais mentionné.

Le traité *de Legibus* de Suarez est un exemple frappant de la puissance d'analyse que possédaient les maîtres en cette théo-

1 2ª 2ᵃᵉ q. 94.
2 *Controversiarum illustrium libri III.*
3 *Practicarum quæstionum.*
4 *De Justitia et Jure.*
5 *Id.*
6 *Commentariorum juris civilis libri X.*
7 *De Legibus ac Deo legislatore.*
8 *De Justitia et Jure.*
9 *De Lege, jure et Œquitate.*

logie scolastique que l'on affecte trop souvent de dédaigner. Là le savant jésuite étudie successivement la nature de la loi et du droit qu'il compare ; la loi éternelle, son objet et ses caractères ; la loi naturelle, son essence, ses espèces, le fondement de son obligation, et ce qui la distingue du droit des gens, etc. [1]. La loi naturelle est une « participation de la loi éternelle par la nature raisonnable ». Elle apprend à l'homme à discerner le bien du mal. Le droit naturel est fondé sur la nature raisonnable, et non sur la nature inférieure. Il est distinct du droit des gens. Il a pour objet l'honnête ; mais il ne faut pas confondre le précepte obligatoire et strict avec le simple conseil [2].

La loi éternelle est la Providence elle-même ; elle est le type idéal des lois dérivées, et le fondement suprême de leur obligation.

Dominique Soto, évêque de Ségovie, joua un rôle important au concile de Trente, et fut appelé à juger en qualité d'arbitre les différends des Indiens et de leurs rapaces conquérants. Dans son Traité du droit, il est disciple d'Aristote et de S. Thomas. La loi est éternelle ou naturelle. La première est l'éternelle volonté de Dieu ; la seconde est la participation de cette loi par les créatures. Elle est raisonnable chez l'homme, instinctive dans les animaux.

Le cardinal Bolognet, énumère cinq espèces de lois : la loi divine, la loi céleste, la loi naturelle, la loi humaine et la loi divine positive. La loi naturelle humaine est le fondement de nos lois positives. Comme Connan, Bolognet devance Thomasius et Kant à propos de la fameuse distinction du droit et de la morale ; car il déclare que la loi positive n'a rien à voir dans le domaine de la pensée, qu'elle ne règle que les actes extérieurs, etc.

Comme on le voit, la théorie du droit naturel, chez ces juristes théologiens, n'est pas mal complète. Le droit est regardé comme étant particulier aux hommes. Il est conçu dans son idéal comme une règle objective, divine, élevée au-dessus du caprice des

---

[1] *De Legibus*, lib. I, cap. I et II ; lib. II, cap. I-XX.
[2] Lib. II, cap. IX, n. 2.
[3] Lib. II, cap. IV.

individus. Il a pour objet les rapports sociaux ; il est obligatoire extérieurement, et se distingue de la morale en ce que celle-ci s'impose directement à la conscience.

L'historien Schmaus, jugeant les écrivains scolastiques, a dit qu'ils se sont appliqués à l'étude du droit avec beaucoup de zèle. N'a-t-on pas le droit d'ajouter : Et avec succès ?

A côté des docteurs catholiques composant leurs énormes in-folio, travaillaient les protestants, avec une ardeur échauffée par l'agitation de la réforme. Le chef du mouvement, Luther, n'était guère capable de comprendre le droit naturel, lui qui parlait si mal de la nature humaine, niait la liberté et méprisait la raison.

Quelques-uns de ses disciples : Mélanchthon, Stephani, Meisner, de l'aveu même de Schmaus [1], ne firent guère que répéter les scolastiques. Mais il est dans la foule trois personnages que l'on peut regarder comme les précurseurs de Grotius. Comme lui, ils se laissent aller à d'interminables citations, selon le goût de leur siècle érudit ; mais leur style est plus classique que le sien.

Le premier est Oldendorf [2]. Il cite beaucoup Cicéron et ne manque pas de lui emprunter sa définition du droit. Pour lui, le droit naturel est l'idéal du droit positif, son critérium, sa règle. Ce droit est connu par illumination. Mais, après le péché, Dieu dut aider la raison humaine affaiblie, en lui donnant le Décalogue.

Nicolas Hemming, l'auteur du premier traité spécial de droit naturel [3], fonde ce droit sur la nature humaine ; mais en le rattachant à Dieu, son premier principe.

Enfin, dix ans avant l'apparition du *de Jure*, Winkler publie un ouvrage [4] écrit avec beaucoup de méthode et réunissant toutes les qualités des œuvres précédentes. Le premier livre traite de la loi éternelle ; le deuxième, du droit proprement dit ; le troisième, du droit naturel ; le quatrième, du droit des gens ; le

---

[1] *... bei der alten scholastischen Lehre geblieben.* Kaltenborn, p. 193.

[2] *Juris naturalis gentium et civilis* εἰσαγωγή. Colog., 1539.

[3] *De lege naturæ apodictica methodus.* Witebergæ, 1562.

[4] *Principiorum juris libri quinque, in quibus genuina juris tam naturalis quam positivi principia firmissima jurisprudentiæ fundamenta ostenduntur,* etc. Lipsiæ, 1615.

cinquième, du droit civil. Le style est clair, rapide, poétique et classique.

Le droit naturel est regardé comme l'ensemble des principes du droit. Il est propre à la nature raisonnable. Il est éternel, immuable, au point que Dieu ne pourrait le changer... Bien plus, il est Dieu même [1]. La nature innocente pouvait le connaître parfaitement. La nature tombée a besoin d'une pierre de touche pour éviter l'erreur : c'est le Décalogue.

La première source du droit est Dieu... la raison humaine n'est que la seconde.... Le droit naturel humain se distingue de la loi universelle, qui plane au-dessus de tout... L'auteur se moque de ces « pharisiens du droit qui n'estiment que le droit positif, au mépris du vrai droit. Il ne suffit pas, dit-il, d'avoir deux ou trois mots du prêteur pour faire étrangler un homme...[2] Toute la jurisprudence consiste à bien entendre le droit naturel humain. Il faut que la jurisprudence, la morale et la théologie[3] se tiennent embrassées comme les Grâces [4]. Winkler ne veut pas séparer ces trois sciences sœurs. Ce n'est pas à dire qu'il les confonde, car, aussi bien que Bolognet et Connan, il a distingué le droit de la morale.

Tels sont, sans parler du livre de Bacon[5], les principaux travaux accomplis avant Grotius sur le droit naturel. Il ne les a pas connus tous, surtout les allemands qui ne se trouvaient probablement pas dans la bibliothèque de de Thou ; mais n'est-ce pas le devoir de l'histoire d'en signaler l'antériorité, et de rendre aux auteurs la gloire qui leur est due?

Aussi, Kaltenborn, qui se trompe évidemment en datant de la réforme la science du droit de la nature, n'a pas tort de dire que Grotius n'est pas, à proprement parler, le père du droit naturel. Le fils ne précède pas le père. Si les contemporains de Grotius et quelques admirateurs plus récents se sont laissé éblouir par le talent de Grotius, au point d'oublier les devan-

---

[1] Lib. III, cap. VIII.
[2] Lib. III, cap. I.
[3] Lib. I, cap. I.
[4] Lib. II, cap. VII.
[5] *De fontibus juris.*

ciers qui lui ont ouvert les voies, et qui l'ont même quelquefois surpassé, ne serait-ce pas une injustice de laisser tous ses précurseurs dans l'oubli ?

Du reste, Kaltenborn n'est pas le seul qui ait fait entendre une parole de protestation et de contradiction au sujet de la paternité de Grotius.

Lerminier [1] n'a-t-il pas déclaré qu'il serait embarrassé de montrer quels résultats positifs la science du droit philosophique devrait à Grotius?

Un compatriote de Kaltenborn, Harstenstein, n'hésite pas non plus à dire que Grotius n'est pas le père du droit naturel [2].

Un troisième allemand, Schmaus, va jusqu'à écrire que l'auteur du *de Jure* n'a fait que copier les théories scolastiques : « *Alles vas Grotius von dem Rechte der Natur vorbringt ist nichts als die alte scholastische Lehre* [3].

En finissant cette revue rétrospective des ancêtres de Grotius, n'est-ce pas le cas de répéter, en forme de conclusion, la remarque de Labruyère : « Tout a été dit depuis six mille ans qu'il y a des hommes, et qui pensent? » Il était difficile à notre philosophe de faire des découvertes dans le domaine du droit naturel. L'examen rapide de ses successeurs montrera s'ils ont été plus heureux.

§ II. — Le droit naturel après Grotius.

Cinquante ans après Grotius, Pufendorf publie son Traité du droit de la nature et des gens. Qu'y a-t-il dans ses huit gros livres? Rien que les matières du *de Jure* systématisées et mises dans un ordre différent. L'auteur avait expliqué le *de Jure* à l'université de Heidelberg : il devait le connaître parfaitement. Que fait-il? il mêle aux idées de Grotius quelques opinions de Hobbes, et c'est tout. Comme son maître, il fonde le droit naturel sur la constitution de l'homme ; mais il confond le droit

---

[1] *Introduct. génér. à l'hist. du droit*, p. 138.
[2] *Darstellung der Rechtphilosophie des H. Grotius*, p. 485.
[3] *System des Rechts der Natur*, p. 213.
[4] Trad. Barbeyrac. Lyon, 1771.

avec la morale, et fait dépendre la vertu obligatoire, non de l'essence des choses, non du bien en soi, mais de la volonté arbitraire de Dieu, ce qui constitue, après Grotius, un mouvement rétrograde de la science [1].

Leibnitz a prétendu que Pufendorf était fort peu jurisconsulte et nullement philosophe. Lui-même, ce génie si universel, a peu écrit sur le droit. Cependant il lui donne pour premier fondement la raison divine immuable, et non la volonté arbitraire; distinction spécieuse qui ne fournit pas au droit une garantie meilleure que celle qu'elle écarte, car la volonté de Dieu est toujours conforme à sa raison [2].

Thomasius sépare la morale du droit, comme Bolognet, Winkler, Suarez et Connan. Le droit a rapport à la paix extérieure; la morale, à la paix intérieure. Obéir à l'obligation venant du dehors, voilà le droit; obéir à l'obligation venant de la conscience, voilà la moralité.

Schmaus réalise un progrès en distinguant d'une manière précise les trois sphères de la religion, de la morale et du droit.

Dans ses principes métaphysiques de la doctrine du droit [3], Kant s'ingénie à faire de la science du droit quelque chose de distinct de la science de la morale. Celle-ci règle les intentions et donne le devoir lui-même comme motif d'action; l'autre règle les actions seules sans s'occuper du motif qui les inspire [4]. L'impératif du droit est celui-ci : agis de manière à ne pas gêner la liberté d'autrui; celui de la morale : agis suivant une intention qui puisse valoir comme règle générale [5]. Enfin, quand la morale laisse le devoir dans le vague, le droit le détermine avec une précision mathématique. Le droit naturel a ses principes *a priori*; les chercher dans l'empirisme, ce serait faire une tête sans cervelle. Ceci est bien; mais, séparer du droit toute idée de vertu, tout caractère de moralité, comme fait Kant, pour le plaisir de créer une science spéciale du droit, n'est-ce pas faire un corps sans âme?

[1] Lib. II, cap. III, n. 14.]
[2] *De principio juris*, éd. Dutens, t. IV, p. 273.
[3] Trad. Tissot.
[4] Pag. 14.
[5] Pag. 34.

Fichte donne effrontément pour base au droit le moi. Il fait un droit arbitraire, de contrainte, de violence à la façon de Hobbes[1].

Avec Schelling, le droit devient une chose empirique. Il se fait avec l'histoire. Il est toujours en voie de formation.

Au rapport de Kaltenborn qui écrit en 1848, il règne à cette époque en Allemagne une effroyable confusion au sujet du droit, de sa nature, de son essence, de son étendue, de son but. On ne s'entend pas davantage sur « son caractère spécifique, ses rapports avec la morale, la méthode à suivre pour l'étudier[2] ». Il y a huit écoles parmi les jurisconsultes et les philosophes : l'une, qui ne fait pas de progrès ; celle de Hégel, qui fait parfois de la bouillie (Brei) ; une autre, qui tombe dans la morale, ou qui devient éclectique en s'inspirant des Français...[3] etc.

C'est un nombre prodigieux de systèmes qui sont apportés sur « le marché du droit naturel[4] ».

Au demeurant on n'a que l'espérance d'un meilleur résultat pour l'avenir.

Certes, si c'est là le tableau fidèle de la science du droit naturel en Allemagne, deux cents ans après Grotius, il faut convenir que la gloire du *de Jure* n'est pas encore entièrement éclipsée, même dans la « patrie du droit[5]. »

Quant à l'Angleterre, ce n'est ni Selden, ni Hobbes, ni Bentham qui peuvent faire oublier Grotius. Selden confond le droit naturel avec le positif au point de le chercher dans les usages des Juifs[6]. Hobbes nie l'existence du droit naturel[7], et fait dépendre le juste et l'injuste de la volonté des hommes et de la loi[8]. Apôtre de la tyrannie, de l'égoïsme et de la violence, il ose affirmer que le droit de Dieu à l'empire ne lui vient que de sa force[9] ; que l'état naturel est l'état de guerre[10] ; que chacun

---

[1] *Gründlagen des Naturrechts*, 1797.
[2] Kaltenborn, p. 66.
[3] Pag. 78.
[4] Systemchen.
[5] Kaltenborn.
[6] *Jus naturale circa disciplinam Hebræor.*, 1629.
[7] *De Cive*, lib. V, § 2.
[8] *Leviathan*, cap. XV.
[9] *De Civ.*, cap. XV.
[10] *Ibid.*, cap. X.

à un droit absolu à tout[1] ; qu'on ne pèche jamais en exécutant l'ordre d'un souverain[2].

Bentham, le chef de l'école utilitaire, prétend que le droit est créature de la loi, et que le droit naturel ou idéal est une conception dangereuse pour les États dont il peut troubler les institutions.

En France, il me semble qu'on a bien compris le droit naturel. Nos philosophes et nos jurisconsultes en donnent une idée à la fois magnifique et claire, sublime et précise. Quand on ne distinguerait pas ces trois sphères, à la séparation desquelles quelques philosophes attachent une si grande importance ; quand on donnerait souvent au droit naturel le nom de philosophie morale ; quand, attribuant un sens plus vaste aux mots *droit naturel*, on leur ferait signifier et embrasser toutes les relations que l'homme peut soutenir avec Dieu, avec les autres hommes, avec lui-même, et avec les êtres inférieurs, est-ce qu'il n'est pas possible de discerner, dans cette large et complète synthèse, le droit spécial à la nature humaine et l'ensemble des lois qui règlent les rapports sociaux ?

Dans une carte universelle, n'est-il pas toujours facile de découvrir un pays particulier ?

Prenez les lois de Montesquieu dans leur conception la plus étendue : Dieu, le monde, les esprits, les bêtes, l'homme, tous les êtres ont leurs lois. Voilà une idée grandiose du droit naturel[3]. Mettez une simple épithète, et vous avez autant d'espèces de droits naturels qu'il y a d'êtres ayant une nature et une fin différentes. Vous avez, en effet, le droit naturel universel, le droit naturel divin, le droit naturel des esprits, le droit naturel humain, etc. Vous avez même, en analysant le droit humain, le droit naturel privé, le droit naturel social ou national, le droit naturel international, le droit naturel cosmopolite.

Ce droit si vaste est aussi indépendant des lois positives que les vérités géométriques le sont des figures par lesquelles on essaie de les représenter[4].....

[1] *De Civ.*, cap. IX, § 3.
[2] *Ibid.*, cap. XII.
[3] Jouffroy.
[4] Portalis.

En somme, quel progrès a été réalisé depuis Grotius, si les distinctions entre la morale et le droit ont été signalées par Suarez, Connan, Bolognet, Winkler, et si l'existence idéale, ontologique et divine du droit était reconnue dès l'antiquité?

CHAPITRE III

GROTIUS ET LE DROIT INTERNATIONAL.

§ I. — LE DROIT DES GENS AVANT GROTIUS.

Comme il a été proclamé le père du droit naturel, Grotius a été appelé le père du droit des gens.

Mais, puisqu'il y a un droit des gens naturel et un droit des gens positif, on peut se demander lequel des deux doit le jour à Grotius !

D'après Martens [1], il aurait existé jadis une certaine science du droit des gens positif; mais cette science, condamnée par quelques Pères de l'Église, « aurait fait naufrage dans la fange de la philosophie scolastique. » Grotius a l'air de penser qu'il n'existait avant lui ni code régulier de droit international positif, ni théorie méthodique de droit des gens naturel [2].

Et quoi ! depuis le commencement du monde, il y aurait eu tant de traités, de coutumes, d'usages parmi les différents peuples, et nul n'aurait songé à les recueillir pour en faire un code, ou du moins un coutumier ? C'est comme si l'on disait qu'il y a eu des événements, de la matière historique sans qu'il se rencontrât un historien pour rédiger une histoire. S'il est vrai, comme le dit Wheaton, que les peuples de l'antiquité ne se croyaient pas liés les uns à l'égard des autres, à moins qu'il n'existât un pacte formel, cela prouve qu'ils ne soupçonnaient point l'existence du droit des gens naturel [5] ; 'mais encore avaient-ils ensemble des rapports que l'on peut bien appeler

[1] Tom. I, p. 63, 64.
[2] *De Jure*, Prolég., § 1.

droit des gens positif, s'il est vrai que les Iroquois qui dévorent leurs prisonniers en aient un.

Ne pourrait-on pas voir un premier essai de codification dans cette fameuse convention amphictionique remontant à l'an 1496 avant l'ère chrétienne, qui réglait les relations des tribus grecques entre elles?

Est-ce qu'il n'y a pas dans les livres sacrés de l'Orient, et surtout dans la Bible, de vrais codes de droit des gens positif? Est-ce que les savants [1] ne sont pas parvenus à réunir les éléments principaux de la littérature de ce droit dans l'antiquité? Est-ce que le *jus gentium* des Romains, issu d'abord du contact de Rome avec les étrangers, ne forma pas plus tard ces lois communes qui unirent de nouveau les nations de l'Europe lorsque Charlemagne rétablit l'empire d'Occident [2]?

Le christianisme, qui eut toujours pour mission de faire disparaître les vieilles inimitiés de races, et de mettre un lien d'amour à la place de l'antique axiome : *tu haïras ton ennemi*, réussit à faire accepter un droit international dont les formules faisaient partie du droit canon.

Dès le xive siècle, on trouve un code maritime international : le *Consulat de la mer*, auquel deux cents ans plus tard se joint le *Guidon de la mer*.

Au xvie siècle, les universités d'Espagne et d'Italie produisent une foule d'hommes remarquables pour leur science du droit international. Quantité d'écrivains laborieux et consciencieux, ont rassemblé avant Grotius les éléments du droit des gens, dans des traités particuliers sur les alliances les ambassades. Tels sont Conrad Brunnus [3], Lupus, Garat, Faber, Bodin, et la plupart des auteurs de droit de la guerre.

Le plus grand nombre des théologiens catholiques et des juristes protestants, Suarez, Molina, Lessius, Soto, Vittoria, Connan, Bolognet, Winkler, Meisner, Gentilis, etc., ont fait les mêmes distinctions que Grotius entre le droit naturel et le positif. Du

---

[1] M. Egger, *Etudes histor. sur les traités publics chez les Grecs et chez les Romains.* Paris, 1866.

[2] De Savigny, *Gesch der Romischen Rechts im mittelatter.* — Wheaton, t. I, p. 29.

[3] *De Legationibus.* Mayence, 1548.

droit naturel universel, ils séparent le droit naturel qui fixe les rapports des nations; et de ce droit naturel des gens, le droit positif international. Non-seulement ils font la théorie et la philosophie du droit des gens, mais ils en codifient les articles et en enregistrent les pratiques. Les principes du code philosophique se tirent de la raison ; les articles du code empirique se formulent d'après les coutumes, les usages, les faits.

Suarez[1] a très-bien déterminé ces deux espèces du droit des gens : le droit naturel fondé sur l'essence même des sociétés et leur communion providentielle, le droit positif nécessité par les mille relations de voisinage, de commerce, qu'il est indispensable de régler et de définir. Le grand théologien a si nettement marqué les caractères du droit des gens positif, entendu dans le sens moderne, qu'on lui a fait l'honneur de l'avoir découvert le premier[2].

Gentilis s'est occupé de droit des gens en temps de guerre[3] et de droit des gens en temps de paix[4]. Comme il est philosophe, il ne veut pas se contenter de rapporter des faits, des us et des coutumes. Le droit purement empirique lui répugne. Il a à cœur de remonter à la règle suprême, à cette « parcelle de droit divin que Dieu nous a laissée après le péché » et que les nations peuvent contempler. Il blâme Faber et Bodin de n'avoir fait que des « récits d'histoire, » et il a, lui, la prétention de peser les faits « à la balance supérieure de la raison ».

Aussi, est-ce à bon droit que Lampredi, Wheaton et Kaltenborn le regardent comme l'inspirateur de Grotius sous le rapport du droit international[5].

Seulement il doit demeurer certain que l'œuvre de Grotius est plus parfaite que ses devancières. Le *de Jure* est comme la dernière forme des travaux antérieurs. Ceux-ci peuvent dispa-

---

[1] *De Legibus*, lib. II, cap. xix, n. 3.

[2] « Il fut le premier à s'apercevoir que le droit international était composé non-seulement de simples principes de justice, mais encore d'usages longtemps observés, » etc. Mackintosh cité par Wheaton, t. 1, p. 33.

[3] *De Jure belli, de Justitia bellica.*

[4] *De Legationibus.*

[5] Hugo Grotius ist nicht der erste Gründer der modernen Volkerrechts disciplin, denn Albericus Gentilis darf hier mit ihm um den Sieg in die schranken treten. Kaltenborn, p. 228.

raître : le traité de Grotius sauvé, on n'aura presque rien perdu. Et, parce que l'auteur a su composer en homme de talent une synthèse des théories et des éléments qu'il trouvait sous sa main, et le livre et l'écrivain méritent de faire date dans l'histoire du droit de la nature et des gens.

§ II. — LE DROIT INTERNATIONAL APRÈS GROTIUS.

Depuis le *de Jure*, un très-grand nombre d'ouvrages [1] ont été composés sur le droit international. Grotius en a inspiré plusieurs ; mais ses idées n'ont pas été acceptées par tous ses successeurs. Sous le nom de droit des gens, les uns comprennent le droit international naturel ; les autres le droit international positif seulement ; d'autres encore tous les deux à la fois. De là trois écoles, dont voici les principaux représentants :

Pufendorf [2], Hobbes [3] et Rutherforth [4] refusent le nom de droit international à des usages, à des coutumes, qui, disent-ils, n'ont aucune force obligatoire, et ne peuvent faire loi. Le vrai droit international, le seul, c'est l'ensemble des préceptes de morale que la raison applique à la conduite des nations entre elles.

Les publicistes de la deuxième école, au contraire, se plaisent à chercher le droit des gens dans les coutumes, les faits et les usages. Ils déduisent la règle des exemples, sans l'établir *a priori*. D'après eux, le code du droit des gens doit être un manuel, un rituel, un recueil de pratiques, rédigé en dehors des principes de la justice éternelle et de la raison. Il n'aura rien de théorique, d'idéal, de philosophique, d'absolu ; tout y sera positif et contingent. Distinct de la morale des nations, le droit des gens, conventionnel ou coutumier, se fonde sur les traités ou les usages et s'apprend par l'histoire. Tel est l'esprit des ouvrages de Selden, de Moser [5], de Martens [6], de Bentham et de Hégel.

---

[1] Voir la *Bibliographie raisonnée du Droit des gens*, par M. VERGÉ, dans MARTENS, t. II, p. 387.

[2] *De Jure nat. et gent.*, lib. II, cap. III, § 23.

[3] *De Cive*, cap. XIV, § 4.

[4] *Instituts de droit naturel.*

[5] *Le nouveau Droit international européen en paix et en guerre.*

[6] *Précis du Droit des gens moderne de l'Europe.*

A la troisième école, dans laquelle revit et se conserve la doctrine de Grotius, appartiennent : Leibnitz, Zouch, Wolff, Vattel, Byntershoek, Montesquieu, Heffter, Kant, Fœlix, etc., etc.

Leibnitz[1] déclare que le droit international est établi par le consentement exprès ou tacite des nations, mais qu'il a pour base la loi naturelle à laquelle on apporte diverses modifications selon les temps et les lieux.

Zouch[2], successeur de Gentilis à Oxford, dans un livre dont le titre caractérise bien le sujet, ne fait que résumer les idées de Grotius.

Wolf[3] et Vatel[4] distinguent trois sortes de droit des gens positif : le volontaire, le conventionnel et le coutumier, fondés sur le consentement présumé, formel ou tacite des nations.

Bynkershock[5], compatriote de Grotius, établit le droit international sur le double fondement de la raison et de l'usage, mais en laissant à la raison le soin de contrôler l'usage. C'est aussi l'esprit de Montesquieu et de Kant.

Des distinctions nouvelles ont été introduites dans le droit des gens par Heffter et Fœlix. Le premier comprend dans le droit international, naturel ou positif, les règles positives ou naturelles qui fixent les rapports des individus de nationalités différentes. C'est ce que Fœlix appelle droit des gens privé, par opposition au droit des gens public.

Les auteurs de cette dernière école ont entrevu ce que doit être un vrai code de droit des gens, c'est-à-dire un ensemble de règles, de lois, de préceptes positifs, traduisant et formulant, pour la conduite des nations, les préceptes, les règles du droit idéal et absolu. Ce code est-il beaucoup plus complet qu'au temps de Grotius, de Suarez et de Cicéron ? Quel Moïse nouveau, les yeux fixés dans le sein de Dieu, gravera les tables complètes de la loi des nations ? Les philosophes et les théologiens, commen-

---

[1] *Præf. cod. Jur. gent. diplomatic.*
[2] *Juris inter gentes explicatio.*
[3] *Jus methodo scientifica pertractatum.*
[4] *Le Droit des gens, ou Principes de la loi naturelle appliqués à la conduite des nations.*
[5] *Quæstiones Juris publici*, etc.
[6] *Traité du Droit international privé.*

tant l'Évangile, en ont écrit quelques articles ; au milieu des éclairs et des foudres de la révolution française, les jurisconsultes en ont formulé quelques autres ; mais la liste n'est pas achevée. A la place des articles qui manquent, les peuples mettent leurs imparfaites lois, moins imparfaites encore cependant que leurs actes.

CHAPITRE IV

GROTIUS ET LE DROIT PUBLIC NATIONAL.

Bien qu'on n'ait pas revendiqué pour Grotius la paternité du droit public, il ne sera pas sans intérêt de jeter un coup d'œil rapide sur l'histoire de ce droit dont l'auteur a fait mention dans le titre de son livre à côté du droit naturel et du droit international. Le droit public ou constitutionnel a bien aussi son importance, puisqu'il règle les rapports mutuels des gouvernements et des gouvernés, et qu'il organise l'État.

Avant Grotius tout avait été dit sur la nature, l'origine, le but de la société. On savait et on répétait généralement que l'État, né d'un instinct désintéressé de sociabilité[1], ou d'un sentiment de faiblesse cherchant la force et la sécurité dans l'union, a pour but le bonheur de ceux qui se réunissent. On avait comparé l'État à l'individu[2] ; et, comme l'individu, composé lui-même de plusieurs éléments, se gouverne librement et de la façon qui lui semble la plus propre à obtenir sa fin, on accordait à l'État la liberté de se gouverner à son gré. C'était consacrer le principe de la souveraineté de l'État, principe que reconnut également Grotius. Mais de bonne heure on avait cru que si, dans les petites sociétés, les tribus, les cités, tous les membres de l'État pouvaient conserver et exercer leur part de souveraineté, il n'en pouvait être ainsi dans les grandes associations ; et dans

[1] ARISTOTE, *Polit.*, liv. III, ch. IV.
[2] PLATON, *Républ.*, liv. VIII. *Lois*, liv. I.

celles-ci, comme dans l'individu, il y eut une partie destinée à commander, et une autre destinée à obéir.

Aristote, qui avait étudié la constitution de deux cents Etats, ramenait à trois types principaux leurs diverses organisations. Il appelait royauté l'Etat gouverné par un seul ; aristocratie, celui où commandaient quelques chefs d'élite ; et simplement administration, celui où la majorité dirigeait les affaires[1]. Il estimait ces organisations de l'Etat également bonnes, pourvu qu'elles tendissent au bien commun. Elles devenaient mauvaises à ses yeux dès qu'elles sacrifiaient l'intérêt général à l'intérêt particulier. Ainsi pensait Platon[2].

Ces distinctions sont arrivées toutes faites jusqu'à Grotius, qui les adopta. Elles se retrouvent plus ou moins nettement formulées chez tous ses prédécesseurs immédiats. Seulement, parmi ces derniers, régnait la plus grande divergence d'opinions au sujet des droits et des devoirs des gouvernants et des gouvernés.

On peut dire qu'il y avait, à cette époque d'effervescence, deux camps bien tranchés parmi les politiques : les partisans de la monarchie absolue, et les partisans de la démocratie.

Les principaux démocrates étaient : la Boétie, qui publia à dix-huit ans son discours sur la servitude volontaire, Claude Seyssel[3], Buchanan[4], Languet[5] Althus[6], Hotman[7], les fougueux prédicateurs de la ligue, et Mariana, dont le livre fut brûlé à Paris par le bourreau en 1598. En 1577, Bodin, dans ses six livres de la *République*, essayait de combiner la monarchie, l'aristocratie et la démocratie, en traçant le programme du gouvernement parlementaire. Languet faisait dériver la royauté d'un contrat passé entre le roi et le peuple, et prétendait que ce dernier conservait le droit de ressaisir le pouvoir. Hotman, comme les curés de Paris, affirmait que c'est au peuple à élire le roi, et à le

---

[1] *Républ.*, liv. III, ch. v.
[2] *Lois*, liv. II.
[3] *La grande Monarchie de France.*
[4] *Dialogus de Jure regni apud Scotos.*
[5] *Vindiciæ contra tyrannos...* Junio BRUTO, *cella autore.* 1569.
[6] *Politica methodice digesta.*
[7] *Franco-Gallia.*

déposer quand bon lui semble. On mettait en avant ces paroles d'Aristote : S'il y a dans la cité un homme presque divin qui se mette au-dessus des lois, il faut l'ostraciser [1]. »

Mélanchthon soutenait d'abord la souveraineté du peuple; puis, comme d'autres protestants, effrayé de l'horrible licence des guerres de paysans, il chercha un refuge dans l'absolutisme.

Le XVIe siècle avait fait naître un magnifique mouvement de libéralisme avant que Henri IV parvînt à rétablir le pouvoir ébranlé, et à préparer cette monarchie absolue pour la déification de laquelle Bossuet écrivit plus tard son Traité de politique.

Mais avant Bossuet, et au temps de Grotius, on vit paraître une foule d'ouvrages consacrés à la défense des rois. Les principaux auteurs étaient : Hemming [1], Calvacanus [2], Mancinus [3], Topius [4] Gentilis [5], et Barclai [6].

Je ne veux pas parler de ce Machiavel qui, après avoir essayé de corrompre le droit international, en faisant du crime un procédé diplomatique, arme les princes, à l'intérieur, d'un pouvoir tellement tyrannique qu'on a douté si son livre n'était pas une satire sanglante, une amère ironie, destinée à prémunir les peuples contre les forfaits et l'oppression des rois.

Autant les principes des monarchistes étaient rétrogrades, autant ceux des démocrates étaient avancés. Les idées de contrat social et de souveraineté populaire étaient regardées par ces derniers comme des dogmes [7]. Elles ne demeuraient pas sans action, comme de vaines formules : elles donnèrent en 1569 l'indépendance à cette Hollande qui mérita d'être appelée la

---

[1] *Polit.*, liv. III, ch. VIII.
[2] *De Jure majestatis et de auctoritate principum in populum semper inviolabili*, 1612.
[3] *De brachio regio sive de ampla, libera et absoluta potentia*, etc. 1608.
[4] *De regalibus majoribus et minoribus*, 1596, 1607.
[5] *De vi civium in reges semper injusta.*
[6] *De regno et regali potestate adversus... monarchomacos.* 1600.
[7] On voit que ce n'est pas Rousseau qui les inventa. Il les reçut de Locke, qui les reçut de Grotius, qui les reçut de Languet et d'Hotman, qui les reçurent..., etc.

mère de la liberté moderne. Elles s'affirmaient au grand jour et s'imposaient aux esprits.

Il n'est pas difficile maintenant d'expliquer l'origine des opinions si opposées qui se trouvent dans le *de Jure*. Les idées républicaines étaient inspirées par les publicistes français, l'histoire ancienne, et les expériences récentes de la Hollande. Les idées arriérées de monarchie absolue, de servitude politique éternelle, d'aliénation irrévocable de la souveraineté, étaient dues à l'autre école politique, aux champions de la royauté de droit divin.

Mais si Grotius emprunta quelques éléments mauvais au milieu mêlé dans lequel il se trouvait, il faut lui savoir gré d'avoir évité les rêveries et les utopies de ces politiques dépourvus de sens pratique, qui imaginaient des républiques à l'instar de la République de Platon [1].

De tous les devanciers de Grotius, ceux auxquels il eût pu demander les plus saines théories sur le droit constitutionnel sont encore les grands théologiens dont on a déjà cité les noms : Vasquez, Lessius, Soto, Suarez et S. Thomas.

Les deux derniers surtout lui auraient donné une excellente définition de l'Etat, marqué le rôle légitime des princes, et tracé les grandes lignes de la vraie politique. Car ils ont connu et formulé les plus incontestables de ces principes fameux dont notre âge s'honore, et dont l'acceptation dans les esprits, et l'application dans les faits, constitueront le plus magnifique progrès de la politique de l'avenir.

La constitution de 1789 a déclaré que le but de l'association politique est la conservation des droits naturels et imprescriptibles de l'homme, savoir : la liberté, la sûreté, la résistance à l'oppression.

Or, Suarez a proclamé la liberté et l'égalité naturelle des individus [2], la liberté et l'indépendance des Etats [3]. Il a donné la définition du tyran et enseigné des règles de conduite aussi libérales que prudentes à suivre à son égard. « Si le tyran, dit-il, est un usurpateur, tout citoyen peut en débarrasser l'Etat.

---

[1] Morus, *De nova insula Utopia*, 1517.
[2] *Défense de la Foi*, liv. III, ch. II.
[3] *De Legibus*, lib. III, cap. II.

Si l'origine de son pouvoir est légitime, ce n'est plus aux particuliers, mais à la république qu'il appartient de l'attaquer. Nul doute que celle-ci ne puisse le faire, car la société tout entière est supérieure au roi, auquel elle ne confère l'autorité que pour le bien, et sous peine de déposition en cas de tyrannie [1]. »

S. Thomas [2] et Bellarmin [3] ont enseigné la même doctrine ; et Grotius aurait pu demander à ce dernier l'explication de cette patience des premiers chrétiens, dont il a fait dans son *de Jure* un argument en faveur de la tyrannie. Si les chrétiens n'ont pas résisté aux persécuteurs, l'unique raison est qu'ils ne pouvaient pas le faire victorieusement. Bellarmin était loin de ne laisser aux opprimés que le devoir de souffrir et le recours à la prière [4].

L'article 3 de la constitution française fait résider le principe de toute souveraineté dans la nation. C'est aussi l'avis de Suarez [5], de Bellarmin [6], de S. Thomas [7].

L'article 5, en disant que la loi ne défend que les actions nuisibles à la société, semble mettre entre le droit et la morale cette fameuse distinction dont on fait honneur à Kant, et consacrer la liberté de conscience. Mais la liberté de conscience a été soutenue par S. Thomas [8], et la distinction entre le droit et la morale précisée plus d'une fois par Suarez [9].

L'article 6 donne la loi comme l'expression de la volonté générale, et revendique pour tous les citoyens le droit de concourir à sa formation personnellement ou par des représentants.

Le premier de ces principes, si différent des formules romaines, françaises ou espagnoles [10] de l'autorité arbitraire, fut

---

[1] *Defensio fidei*, lib. III, cap. IV. — *De Charitate*, disp. XIII, s. 8.
[2] *De Regimine principum*, lib. I, cap. VI.
[3] *De Romano Pontifice*, cap. VII.
[4] BOSSUET. *Politiq.*, liv. IV, art. I, prop. 3 ; et liv. V, art. II, prop. 6.
[5] *Defensio fidei*, lib. III, cap. II.
[6] *De Laicis*, lib. III, cap. VI.
[7] 1ª 2ᵃᵉ q. 90, art. 3 ad 2 ; q. 97, art. 3 ad 3.
[8] 2ª 2ᵃᵉ q. 10, art. 4.
[9] *De Legibus*, lib. III, cap. XIII, n. 3.
[10] « Quod principi placuit legis habet vigorem. ».... Bon plaisir .... Real-orden. »

celui de nos anciennes assemblées nationales et de nos deux maîtres en théologie [1]; le second existait, depuis longtemps, en théorie, dans Suarez [2], et en pratique dans cette Eglise catholique qui, avant l'apparition de toute assemblée délibérante en Europe, avait déjà tenu cent conciles dont plusieurs œcuméniques.

CHAPITRE V

GROTIUS ET LA QUESTION DE LA PAIX.

On a vu dans les chapitres précédents ce que Grotius a fait pour le droit international en temps de paix et en temps de guerre, pour le droit public et pour le droit naturel. Il reste à voir quelle place il occupe parmi les « amants de la paix; » quels remèdes ont été proposés avant et après lui pour arrêter le mal de la guerre et quel emploi a été fait de ces remèdes.

Comme toutes les situations, tous les rapports des hommes entre eux appartiennent à l'une ou à l'autre des deux catégories de la guerre et de la paix, on pourrait diviser les hommes en deux classes : les amis de la paix et les amis de la guerre.

Or, parmi les premiers, il y a ceux qui se contentent d'un amour platonique pour la paix et se bornent à la désirer, à la célébrer, à la recommander; mais il y a aussi des hommes plus énergiques, plus ardents, plus pratiques, qui ont cherché et trouvé les moyens de faire régner la paix en supprimant la guerre. Ceux-là ne sont pas seulement pacifiques, ils sont pacificateurs, non à la façon des conquérants qui parviennent à faire le calme dans le désert ou les cimetières, mais en apôtres et en philosophes. Grotius est de ce nombre. C'est de son temps que l'on a commencé à rédiger ces fameux projets de paix perpétuelle dont l'exécution est déjà commencée, et qui finiront par être réalisés entièrement pour le salut du monde.

[1] S. Thomas. Suarez.
[2] SUAREZ, *de Legibus*, lib. III, cap. II, n. 3,

Étudions ce travail de pacification, et, étendant nos regards le plus loin possible autour de Grotius, passons rapidement la magnifique revue des pacifiques et des pacificateurs.

§ I. — LES PACIFIQUES.

Voici d'abord les prophètes. Ils annoncent un royaume qui ne verra plus de guerre. « Les nations feront de leurs glaives des charrues, et de leurs lances des hoyaux [1]. Un prince doit venir qui brisera l'arc de la guerre [2]. »

Or, ce prince a déjà paru. Les anges, à sa venue, ont annoncé de nouveau la paix aux hommes de bonne volonté. Et pourtant les prophéties ne sont pas réalisées. Privée de la paix dont elle jouit à son berceau, en proie à mille fléaux et surtout à la guerre, la misérable humanité attend encore le retour promis de son âge d'or. Dans ses épreuves sans fin, elle garde l'espérance, et s'obstine à recueillir les pronostics d'un avenir meilleur. Elle voit les disciples du Christ porter partout la doctrine de paix. Partout on dit et l'on répète que déjà les peuples ont appris à se connaître et à s'aimer en dépit des frontières; que les distances se sont effacées; que l'océan n'est plus *dissociable;* que les montagnes s'abaissent ou laissent passer dans leurs flancs des messagers de paix; que les nations s'appellent d'un bout du monde à l'autre; qu'elles se visitent, et relient les vieilles chaînes trop longtemps rompues de leur parenté… et il court dans l'air comme un tiède zéphyr qui fait penser au paradis terrestre. Des ligues se forment pour la paix, comme on en formait jadis pour la guerre; et, à part quelques clameurs discordantes, on n'entend qu'un immense concert de voix appelant la paix et formulant tout haut des vœux pour elle.

Après les prophètes, les poëtes, qui sont, eux aussi, les interprètes de la divinité, ont annoncé la paix [3], et bien servi cette cause digne d'eux.

Un grand nombre, il est vrai, ont célébré la guerre. On dirait

[1] Michée, ch. IV, ỳ. 1.
[2] Zacharie, ch. XVIII, ỳ. 9.
[3] Virgile, *Egl. IV*, v. 34 ; *Énéide*, ch. I, v. 291.

que le sang humain était pour ceux-là comme une autre Castalie. Homère a chanté les combats, et jamais le monde n'a manqué d'hymnes guerriers ni de Tyrtées.

Trop souvent la muse de la poésie s'est montrée l'amie de Mars. Si Platon chassait Homère de sa République pour avoir mal parlé des dieux, elle mériterait, elle aussi, d'en être exclue pour avoir trop bien parlé de la guerre. Mais souvent aussi elle a chanté la paix, en demeurant fidèle à sa mission première qui était d'adoucir les mœurs farouches des hommes.

L'idée de paix se trouve jusque dans les épopées guerrières de l'Inde et de la Grèce, dans le *Mahabarata* et dans l'*Iliade*. Le poëme indien nous fait voir en effet le jeune Ardjuna, son héros, sur le point de livrer bataille à des rivaux de la même famille que lui, s'arrêtant tout à coup, pâle et glacé d'effroi, à la vue de ses frères qu'il lui faudra égorger, des armées qu'il faudra sacrifier pour arriver à l'empire, et, finalement, déposant son arc aux pieds du dieu sanguinaire qui, monté sur son char, l'excitait au combat.

Quant à Homère, à la façon dont il raconte la guerre excitée par les dieux, ses causes, ses péripéties, ses résultats, ne dirait-on pas qu'il a voulu composer une amère satire contre l'espèce humaine, une batrachomyomachie un peu plus sérieuse que l'autre, un apologue enfin dont les lecteurs devraient dégager les pacifiques enseignements et la haute moralité? Que de leçons instructives dans ces curieux récits! quelle éloquence ont ces milliers de cadavres destinés aux chiens et aux vautours à cause d'une femme infidèle; ces reproches de Jupiter à Mars, la cruelle divinité[1]; d'Agamemnon à Achille[2]; d'Hector à Pâris, le lâche auteur de la guerre[3]; cette joie des armées, à la vue du duel qui va décider, sans périls pour elles, la querelle de Ménélas et de Pâris[4]; ces scènes charmantes de réconciliation entre des héros qui se reconnaissent pour hôtes au moment où ils allaient s'égorger, et qui échangent leurs armes, se serrent la main et

---

[1] Homère, *Iliade*, ch. v, v. 888.
[2] *Ibid.*, ch. i, v. 176.
[3] *Ibid.*, ch. iii, v. 40.
[4] *Ibid.*, ch. vi, v. 345.

concluent au milieu de mille duels une alliance éternelle[1] !

Oui, Homère est un poëte ami de la paix : son *Iliade* le prouve. Le but moral de cette immense tragédie était évidemment de corriger nos mœurs guerrières par la terreur et la pitié.

Disciples inspirés d'Homère, les trois grands tragiques ont répété ses pacifiques leçons. Rien de plus énergique que les imprécations lancées contre la guerre par Philoctète [2] et les matelots de Salamine [3].

Un des champions les plus ardents de la paix, c'est Aristophane. Il est l'adversaire déclaré de cette guerre du Péloponnèse engagée pour des courtisanes ou dans l'intérêt privé de Périclès. Haute philosophie, railleries, obscénités, grossièretés, tout est employé par lui pour faire l'éducation pacifique de ses concitoyens : les noirs et lourds bûcherons d'Acharne, qui ne demandent qu'à se battre, les partisans du général Lamachus, les fabricants d'aigrettes, de casques, de javelots, dont l'industrie ne vit que par la guerre, etc. C'est l'amour de la paix qui inspire plusieurs de ses comédies [4].

Chez les Latins, qui de moins guerrier que le doux Virgile ? Il chante les combats, mais il aime les loisirs de la paix, présents d'un dieu. Son *Enéide* mêle aux récits des batailles les images et les leçons pacifiques. Ici c'est le sage Drances [5] invitant Turnus à vider lui-même sa querelle avec Enée ; là c'est Anchise arrêtant des regards de complaisance sur la couronne d'olivier de Numa, invitant ses successeurs à déposer leurs armes fratricides [6], et donnant au peuple-roi la sublime mission de pacifier le monde [7].

Horace n'est pas plus belliqueux. Arraché à ses études d'Athènes par les républicains, il ne tarde pas à jeter son bouclier, sans nul souci de l'honneur militaire. Cette guerre *détestée*

---

[1] HOMÈRE, *Iliade*, ch. VI, v. 212 ; ch. VII, v. 299.
[2] *Phil.*, vers 435.
[3] *Ajax*, v. 1192.
[4] *Acharniens, Lysistrate, La Paix.*
[5] *Enéide*, ch. XI, v. 361.
[6] *Ibid.*, ch. VI, v. 835.
[7] *Ibid.*, v. 852.

par les mères, il l'exècre ou il la raille. Il donne aux héros de l'*Iliade* leur vrai nom, et déduit de leur folie des conclusions fort peu guerrières[1]. Ses louanges les plus délicates et les plus sincères sont pour le pacificateur qui a fermé le temple de Janus[2].

Auprès de Virgile et d'Horace se tiennent : Sénèque, qui, au lieu de sang humain, conseille de verser celui des forts taureaux de la Phrygie ; Juvénal, qui s'emporte contre les hommes plus féroces que les lions ; Ovide, qui chante la paix divine et lui prédit pour l'avenir une gloire supérieure à celle de la guerre ; Lucain, dont l'opinion se résume en ces mots : Malheur aux guerriers!

En France, la poésie se montre longtemps guerrière. Bertrand de Born a des chants d'une passion sauvage. Dubartas invente pour la guerre des épithètes curieuses et bien méritées. Au milieu des grandes guerres de Louis XIV, Boileau a le courage de railler Alexandre, ce fougueux L'Angéli et tous ceux qui vont « se faire estropier sur les pas des Césars ». Molière fait lancer contre la guerre par ses valets bouffons de spirituelles boutades. Plus tard, Voltaire qui semble, lorsque la passion ne l'aveugle pas, une brillante incarnation du bon sens français, n'épargne pas à la guerre ses sarcasmes et sa haine. Il déteste le divin Achille, et sur le champ de bataille de Rocroy il n'hésite pas à déclarer qu'il préfère les gerbes de blé qu'il y voit aux moissons de lauriers qu'on y a vues. De nos jours encore la paix trouve parmi les poëtes les plus illustres amis, puisqu'elle compte deux hommes de génie : l'auteur de la *Marseillaise de la paix*, et celui de l'*Année terrible*, au nombre de ses défenseurs.

Plus constamment que les poëtes, les philosophes se montrent partisans de la paix. Manou, le législateur indien, déclare la guerre essentiellement illogique, et conseille de l'éviter en ayant recours aux négociations.

[1] I, *Epist.* ii, 6.
[2] IV, *Od.* xv, v. 8.

Platon [1] relègue au quatrième rang la vertu que Tyrtée élevait au premier. Il veut que l'on forme les citoyens à la paix plutôt qu'à la guerre. Les Grecs doivent éviter de se combattre, car ce serait une guerre intestine.

Cicéron estime que l'âme, sachant découvrir sa vraie place au milieu de l'univers, apprécierait peu la gloire. Sénèque se moque des frontières et des hommes qui les fixent. Il s'imagine voir des fourmis séparant un jardin en provinces. Il est d'avis qu'il vaudrait mieux célébrer les ouvrages des dieux, que les brigandages d'un Philippe ou d'un Alexandre.

Quant aux philosophes chrétiens, ils sont naturellement tous amis de la paix. Ils aspirent à l'union par la charité, qui ne connaît ni guerres ni divisions. Ils aspirent même à l'unité politique et religieuse ; et aimer l'unité, c'est aimer la paix. Grotius ne fit que se montrer fidèle au principe chrétien.

Comme La Bruyère se moque de la gloire, en mettant sous nos yeux ces milliers de chats qui, pour elle, se livrent « au plus abominable sabbat, » miaulent tout leur saoûl, se jettent avec fureur les uns sur les autres, jouent de la dent et de la griffe, jusqu'à laisser sur la place neuf à dix mille des leurs, qui infectent l'air à dix lieues à la ronde par leur puanteur ! Si La Fontaine eût mis en drame cette satire, quelle moralité sanglante il eût tirée à l'adresse de l'espèce humaine, qui fait ce que ne font ni les chats ni les loups !

Montaigne n'a que des railleries pour le héros qu'il voit, « furieux et hors de soi, grimper à un mur, en butte à tant d'arquebusades, ou qui, tout cicatrisé, transi et pâle de faim, est déterminé à crever plutôt que de se rendre. »

Pascal essaie de rire de cet homme qui se croit « le droit de me tuer, parce qu'il demeure au delà de l'eau, et que son prince a querelle avec le mien? » Le sourire de Pascal, amer et sarcastique, est moins le dédain spirituel et léger de Montaigne et de La Bruyère, que la colère de Rousseau, appelant les combattants bêtes féroces, et leur demandant s'ils veulent boire du sang.

[1] *Lois*, liv. I.

N'est-ce pas un paradoxe de ranger parmi les amis de la paix le paradoxal avocat du bourreau et de la guerre divine? La vérité est que le comte de Maistre a soumis la guerre à sa subtile analyse, et que l'examen n'a point été favorable.

Il compare le duel de deux gentilshommes à la lutte au couteau de deux coquins vulgaires, et la seule différence qu'il y trouve est dans la longueur des armes[1]. Il ne s'explique pas comment, l'homme étant donné avec sa raison... la guerre est possible humainement. Le mystique philosophe ne trouve pas d'autre explication que cette fameuse loi occulte qui demande du sang humain[2]. Il oublie évidemment ce qu'il a dit naguère, savoir : que « les sophistes avec leurs lois éternelles et immuables, qui n'existent que dans leur imagination, ne tendent rien moins qu'à l'abrutissement absolu de l'espèce humaine. » Il ne tarde pas à combiner un plan de paix universelle. Le meilleur moyen, d'après lui, de mettre fin à la guerre, ce serait d'établir entre les nations la société qu'on a établie entre les individus, et il s'étonne que la raisonnante Europe, au risque de frustrer la loi occulte, n'ait jamais rien tenté en ce genre.

Son frère le capitaine n'épargne pas à son métier ses spirituelles railleries. « Est-il rien de plus naturel et de plus juste que de se couper la gorge avec quelqu'un qui vous a marché sur le pied par inadvertance? On va dans un pré, et là, comme faisait Nicole avec le bourgeois gentilhomme, on essaie de tirer quarte quand il pare tierce... et on court risque de se faire tuer par son ennemi pour se venger de lui... Et on trouve des gens qui désapprouvent cette louable coutume! »

Au milieu même des guerres de la république française de 1793, un député disait à l'Assemblée : « Les combats que se livrent les peuples par ordre des despotes ressemblent aux coups que deux amis, excités par une instigation perfide, se portent dans l'obscurité. Si le jour vient à paraître, ils s'embrassent et se vengent de celui qui les trompait. » Et ce discours d'Isnard

---

¹ *Soirées de Saint-Pétersbourg.*
² *Ibid.*, t. II, p. 17.
³ *Ibid.*, t. I, p. 273.

provoquait l'admiration de ses collègues, qui voulurent embrasser l'orateur [1].

Mais s'il fallait nommer tous les amis de la paix, la liste serait sans fin. Il faudrait y inscrire tous les gens vraiment religieux, tous les sages, tous ceux auxquels on donne le nom intentionnellement dédaigneux d'idéologues et d'humanitaires, tous les vieux guerriers convertis. Car les soldats eux-mêmes deviennent parfois philosophes, et alors, comme disait le général Hoche, ils ne se battent plus. Annibal vaincu aime la paix. Louis XIV, à son lit de mort, s'accuse d'avoir trop aimé la guerre. Napoléon lui-même est pacifique à ses heures : son sénat l'entend un jour répéter l'aveu de Louis XIV ; en face des milliers de cadavres qui jonchent la plaine d'Eylau, il déplore les horreurs de la guerre ; à Sainte-Hélène enfin, il affirme avoir voulu établir en Europe la sainte alliance et renouveler les amphictions de la Grèce. Aveux et regrets tardifs, trop semblables au repentir du moribond qui n'a plus le temps d'expier ses crimes par quelques actes de vertu !

Aujourd'hui, l'idée de paix soulève de véritables croisades. Elle est devenue l'inspiratrice de cette multitude de sociétés qui depuis 1815, époque de leur première origine, travaillent à la propager. Elle rallie à elle, non-seulement les esprits les plus distingués, mais encore les plus malades. Aussi n'est-ce pas une faible preuve de sa merveilleuse puissance et de son irrésistible progrès, que de s'être imposée de vive force à l'esprit si puissant et si sophistique d'un Proudhon, qui avait entrepris de la combattre. En effet, le même homme qui vient, au début d'un livre étonnant à plus d'un titre, d'établir avec tant de conviction apparente [2] la thèse de la guerre, finit par une contradiction, en établissant avec plus de logique et de succès l'antithèse de la paix. Il a voulu prouver que la guerre était un fait divin, une révélation religieuse, une initiation à la justice et à l'idéal, la discipline de l'humanité ; il a fait l'apothéose de l'homme de guerre ; il a montré, contre le sentiment des philosophes et des juristes, mais en s'appuyant, disait-il, sur la

[1] Thiers, *Histoire de la Révolution française*, t. II, p. 25.
[2] *La Paix et la Guerre.*

conscience universelle des masses, que la guerre se produisait comme un jugement régulier rendu au nom et en vertu de la force ; il a constaté que la négation du droit de la force était l'anéantissement de toutes les institutions issues de la guerre ; il a écrit ces choses, et dans son dernier livre il met un chapitre intitulé *Réduction de la guerre à l'absurde*. Il continue en prouvant l'incompétence du jugement de la force ; il établit que la guerre mène à la paix ; il conclut à la transformation de l'antagonisme, à un droit nouveau, à la paix future, à la suppression de la guerre *dont ne veut plus l'humanité* [1].

§ II. — LES PACIFICATEURS.

Au-dessus des pacifiques, les pacificateurs. Non contents d'aimer, de désirer, de conseiller aux hommes la paix, les pacificateurs ont cherché des remèdes à la guerre ; ils ont combiné des plans, rédigé des projets que les hommes d'État n'ont plus qu'à réaliser. Je voudrais analyser quelques-unes de leurs théories, afin de faire ressortir, par le parallèle, celle de Grotius, et afin de faire voir en même temps la marche progressive des esprits vers ce noble but : *l'adoption d'un procédé raisonnable pour vider les différends internationaux.*

Tous ces systèmes qui ont pour auteurs des jurisconsultes, des philosophes, des rois, ont un point commun : c'est de proposer la confédération des nations et d'établir, pour juger les litiges, un tribunal suprême.

Assurément, le meilleur remède aux guerres internationales serait l'unité politique du monde. Alors, le combat cesserait, faute de combattants. Mais en attendant l'empire universel, il fallait bien respecter les nationalités existantes, et les considérer comme des personnes morales ayant leur indépendance et leur souveraineté ; il fallait se contenter de créer une société de sociétés, une unité morale de nations, une confédération. C'est ce qu'ont voulu Henri IV et Sully, Émeric de Lacroix, Grotius, l'abbé de Saint-Pierre et Rousseau, Kant, etc.

[1] *La Paix et la Guerre*, t. II, p. 420.

I. — HENRI IV ET SULLY.

Il y a dans les *Économies royales* de Sully rédigées définitivement en 1625, au rapport de du Maurier [1], un curieux projet qui suffirait seul, pour consacrer à jamais la mémoire de son royal auteur. Je veux parler du plan d'établissement d'une république chrétienne par Henri IV. Sismondi [2] a prétendu que ce grand projet était l'œuvre du ministre, mais d'autres [3] n'hésitent pas à le croire authentique. Le voici.

« Henri IV voulait reconstruire l'édifice du droit public de « l'Europe sur de nouvelles bases, qui devaient garantir l'indé- « pendance de tous les Etats. Pour cet effet, il avait déterminé « de partager la république chrétienne en quinze dominations « qui fussent le plus possible d'égale force, et dont les limites « fussent si bien spécifiées par le consentement universel de « toutes les quinze, qu'aucune ne les pût outrepasser. »

Après avoir esquissé la curieuse organisation géographique et politique [4] de la république chrétienne, Sully continue :

« Outre cela, pour régler *tous les différends* qui seraient nés entre les confédérés, et les vider *sans voie de fait*, on eût établi un ordre et forme de procéder par un conseil général composé de soixante personnes, quatre de la part de chaque domination, lequel on aurait placé dans quelque ville au milieu de l'Europe, comme Metz, Nancy, Cologne ou autre. On en eût fait trois autres en trois différents endroits, chacun de vingt hommes, lesquels tous trois eussent eu rapport au conseil général. De plus, par avis du conseil général, qu'on appellerait le sénat de

---

[1] *Mémoires*, p. 163.

[2] T. XXII, p. 148.

[3] Bazin, *Collect. de Mémoires*. Michaud et Poujoulat, t. II, p. 15.

[4] Il y avait cinq Etats successifs : France, Espagne, Angleterre, Suède et Lombardie; six électifs : Etats du Pape, Empire, Hongrie, Bohême, Pologne et Danemark; deux républiques démocratiques : Belges et Suisses; plusieurs aristocratiques : Venise et villes d'Italie.

La Suisse à laquelle on devait annexer l'Alsace, la Franche-Comté et le Tyrol, ferait hommage à l'Empire tous les vingt-cinq ans.

L'Empire ne devait pas être confié successivement à deux princes de la même famille, etc.

la république chrétienne, on eût établi un ordre et un règle-
ment entre les souverains et les sujets, pour empêcher, d'un
côté, l'oppression et la tyrannie des princes, et de l'autre, les
plaintes et les rébellions des sujets. »

Tel est ce fameux projet qui pouvait faire cesser, pour les nations de l'Europe, l'état de nature où chacune d'elles est seule
juge et seule garante de ses droits, et substituer à cette anarchie
un ordre légal et pacifique. Malheureusement, le poignard de
Ravaillac fit à cette constitution idéale le sort de la *poule au pot*
légendaire.

II. — ÉMÉRIC DE LACROIX.

En 1623, deux ans avant le *de Jure*, fut publié à Paris un livre
fort curieux, renouvelant sous une forme intéressante et pi-
quante, le projet du grand roi. Ce livre est intitulé : *Le Nouveau
Cynée... ou discours d'estat, représentant les moyens d'établir
une paix générale.*

Dans la préface, l'auteur expose qu'il veut déraciner le vice
le plus commun [1] : l'inhumanité. Les uns, dit-il, font de la politique égoïste... il veut faire de la politique universelle. Il croit
qu'il ne traite qu'un sujet « trivial », tant sont nombreuses, à
cette époque si troublée par la guerre, les aspirations des
peuples à la paix. Rien d'étonnant du reste, puisque c'est dans
la tempête qu'on appelle le calme, dans la maladie qu'on fait
des vœux pour la santé.

Qu'on ne compare pas le *Nouveau Cynée* à la *République* de
Platon... Auguste n'a-t-il pas donné la paix au monde ? Rien de
si facile que de l'obtenir, si les princes chrétiens le voulaient...
Le but du livre n'est pas chimérique...

Les guerres, en effet, s'entreprennent pour l'honneur ou le
profit, en réparation de quelque tort ou pour L'EXERCICE ; la
religion n'est qu'un prétexte. »

---

[1] « Mon livre, dit Emeric, ne sera peut-être pas lu par ces ambitieux
guerriers qui nous appellent par mépris hommes de plume et d'écritoire. Il
fut un temps que j'eusse autrement répondu à ces faiseurs-là... »

Grotius, lui aussi, avait un jour, dans un mouvement d'humeur batail-
leuse, menacé un adversaire de l'épée... de son fils.

« Mais qu'est-ce que l'honneur et la vertu militaire? une chose de convention. Le beau mérite de savoir tuer les autres! Une mouche ou un aspic en font autant. »

Quant à la réparation des torts, pourquoi ne s'adresserait-on pas à un arbitre? Y a-t-il du déshonneur à se soumettre à sa décision, quand on l'a choisi soi-même? S'il y a des gens qui ont besoin de *l'exercice* de la guerre, il faut les envoyer aux cannibales et aux sauvages. Il faut diminuer le nombre des soldats, et les employer aux travaux publics [1]. Si la pauvreté est une cause de guerre, le gouvernement n'a qu'à donner des héritages aux malheureux..., il y a tant de terres en friche! »

Emeric a les idées les plus larges sur le patriotisme et la religion.

« Pourquoi moi, qui suis Français, voudrais-je du mal à un Anglais, Espagnol ou Indien? Je ne le puis, quand je considère qu'ils sont hommes comme moi. »

« Puisque la religion est grâce surnaturelle, les armes n'y font rien. La diversité des religions n'empêche pas la paix. Ce qui y met obstacle, c'est la prétention que tout le monde embrasse nos persuasions comme règle infaillible... les fautes de l'entendement n'ont que Dieu pour juge. »

Après avoir constaté la fragilité des traités de paix « dont on ne sait jamais si la postérité voudra homologuer les articles, vu que les volontés sont muables, et que les actions des hommes de ce temps n'obligent pas leurs successeurs, » Emeric proclame qu'il n'y a qu'un moyen de sauvegarder la paix, c'est d'instituer « un tribunal international et arbitral ».

« Il serait nécessaire de choisir une ville où tous les souverains eussent perpétuellement leurs ambassadeurs, afin que les différends qui pourraient survenir, fussent vuidez par le jugement de l'assemblée... Que si quelqu'un contrevenait à l'arrêt d'une si notable compagnie, il encourrait la disgrâce de tous les autres princes, qui auraient beau moyen de le mettre à la raison. »

« Les villes de Grèce se rapportaient bien à l'arrest des am-

---

[1] C'est la thèse de MM. Larroque et de Girardin.

phictions, et *ceux qui ne leur obéissaient, encouraient l'indignation commune.* Les anciens princes de la Gaule passaient leur différends par l'advis des druides, sous peine d'être excommuniés et abominez de tout le peuple.

« Tous les dits princes jureraient de tenir pour loy inviolable ce qui serait ordonné par la pluralité des voix, et de *poursuivre par armes* ceux qui s'y voudraient opposer.

« Ce serait la paix universelle [1]. Resterait la paix intérieure qui serait faite dans chaque monarchie. »

Mais n'y a-t-il pas les éternelles objections? Les méchants, par exemple.

« Les méchants? répond Emeric; qu'on publie seulement la paix de par le roy, et vous verrez tous ces fiers à bras soupples comme un gand. »

A l'instar de tous les avocats de la paix, il conclut par un vœu final : « Dieu qui manie le cœur des roys, les veuille disposer à une si sainte entreprise... C'est un devoir pour le pape d'y concourir. »

« Que voulons-nous faire avec ces armes? vivrons-nous toujours à la façon des bêtes? Représentons nous deux armées prêtes à s'entrechoquer... les regards furieux des soldats... les cris barbares accompagnez d'un tonnerre de canons... puis une mêlée épouvantable, une boucherie d'hommes... Après, le carnage s'étend sur les personnes faibles, etc. Il est temps de faire régner la raison et la justice... On a été par le passé prodigue de la vie des hommes. On a veu un déluge universel de leur sang... Baste! c'était *une saignée* nécessaire pour purger le monde de ses humeurs superflues, et Dieu se voulait servir de ce moyen pour establir les monarchies. Maintenant il faut les affermir par une bonne paix... Cela dépend de vos majestés, grands monarques! »

« Quant à moi, dit Emeric en terminant, je ne puis faire que des vœux et d'humbles remontrances qui seront peut-être inutiles... mais quelques-uns qui liront ce livre m'en sauront

---

[1] Emeric ne veut rien moins qu'une confédération du globe, dans laquelle entreraient « la Perse, la Chine, le Précop de Tartarie, le Japon, le Maroc, le grand Mogor » (*sic*). Pag. 68, etc.

gré, et m'honoreront, comme j'espère, de leur souvenance[1]. »

Je ne sais pas si tous les lecteurs du *Nouveau Cynée* ont rempli l'espérance de son aimable auteur; pour moi, j'avouerai que bien peu de livres m'ont autant surpris et charmé que celui-là. Il est écrit avec un naturel, une verve admirables, un bon sens et un sel tout français. Il n'est pas aussi savant que l'ouvrage latin de Grotius, mais il plaît infiniment davantage. Sous sa pauvre petite couverture de parchemin jauni par le temps plutôt que par la main du lecteur, il renferme les plus hautes et les plus intéressantes conceptions des modernes amis de la paix.

III. — L'ABBÉ DE SAINT-PIERRE.

Grotius avait pu lire, avant d'entreprendre son *de Jure*, le livre de son contemporain de Lacroix. Le fameux projet de l'abbé de Saint-Pierre ne parut qu'un siècle après, vers 1716. C'était un esprit original que cet abbé, qui se fit expulser de l'Académie pour avoir refusé à Louis XIV le surnom de Grand; qui ne voulut pas *perdre* plus de quatre heures à composer son discours de réception, et qui ne sut jamais l'orthographe. Il rédigea une vingtaine de projets utilitaires, dont quelques-uns lui attirèrent des épigrammes. On disait, par exemple, qu'il voulait utiliser même les médecins, les journaux et les marrons d'Inde. On l'appelait *le bon abbé*, et ses ouvrages, les rêves ou les utopies d'un homme de bien.

C'est qu'en en effet cet homme n'était pas de son siècle. Il semblait bâtir en l'air, comme les oiseaux d'Aristophane et les aigles d'Ésope. Son génie devançait son temps. Comme Sully, comme Émeric de Lacroix, il écrivait pour l'avenir. C'était vraiment une utopie que ce projet éclos deux ou trois cents ans avant sa réalisation.

Dès le début, l'auteur met en parallèle les États et les familles.

« Les familles qui vivent dans des sociétés permanentes, et

[1] Pag. 226.

qui ont des lois et des juges armés, ne sont pas exposées aux malheurs de la guerre. Les chefs de ces familles savent que celui qui userait de violence au lieu de prendre la voix des juges... n'aurait rien de bon à espérer et serait puni sévèrement. Ils peuvent avoir des contestations et des procès, mais sans craindre les meurtres, les incendies, les pillages que causent les armes. Malheureusement les souverains n'ont point encore formé entre eux de société permanente, ni établi de tribunal, pour régler sans guerre leurs différends ; ils restent exposés aux malheurs de la guerre. »

Le moyen de remédier à cette situation, c'est d'adopter le plan que l'abbé de Saint-Pierre résume en cinq articles.

Art. 1er. Il y aura entre les souverains signataires du traité proposé, une alliance perpétuelle pour se procurer mutuellement, durant tous les siècles à venir, sûreté entière contre les guerres étrangères et les guerres civiles; pour se garantir la possession de leurs États et de la souveraineté; pour se procurer d'immenses profits par la diminution des dépenses militaires, et le perfectionnement de l'industrie; le moyen *de déterminer plus promptement, sans risques et sans frais leurs différends futurs et l'exécution fidèle des traités.*

Art. 2. Les alliés contribueront en proportion de leurs revenus aux dépenses communes de la grande alliance.

Art. 3. Les grands alliés, *pour terminer leurs différends, renoncent à la voie des armes pour la voie de conciliation devant l'assemblée générale.*

Art. 4. Si quelqu'un d'entre les grands alliés refuse d'exécuter les jugements de la grande alliance, ou fait des préparatifs de guerre, celle-ci armera et agira contre lui offensivement.

Art. 5. Les plénipotentiaires régleront, à la pluralité des voix, les articles additionnels à ce traité, qui ne pourra être modifié que du consentement unanime des alliés.

Comme Henri IV, c'était une confédération européenne que voulait l'abbé de Saint-Pierre. Mais le roi prétendait bouleverser l'Europe pour y tailler le damier de ses quinze États, tandis qu'il acceptait, lui, la division établie par le traité d'Utrecht. Il évitait l'inconvénient d'un remaniement de la carte. Seulement, en prétendant assurer à jamais aux monarques, même malgré les sujets, la possession de leurs Etats, c'était créer un très-grave danger, parce que les alliances des rois contre les peuples provoquent les alliances des peuples contre les rois. Mais les améliorations entrevues par l'auteur dans les finances, les arts, l'industrie, le commerce, tous les perfectionnements constatés par ses ingénieuses statistiques, ne lui laissaient augurer de son plan que des avantages pour les sujets et pour les princes.

Chose curieuse, l'abbé pacificateur ne recule pas devant l'emploi de la force pour contraindre les récalcitrants à entrer dans son alliance. Grâce à cet énergique moyen, il se laisse bercer du doux espoir que le traité de paix perpétuelle pourra être signé avant la fin de 1729, et il promet à Louis XV, s'il réalise le projet de son aïeul Henri le Grand, le surnom de *Louis le pacificateur*, le plus beau et le plus rare de tous les titres [1].

L'extrait que publia plus tard Rousseau du projet de l'abbé de Saint-Pierre, n'offre rien d'original ni de saillant, si ce n'est le contraste des maux résultant de l'absence de société européenne, avec les biens que produirait l'alliance « préparée depuis longtemps par l'empire romain, Charlemagne et l'Eglise ».

Rousseau fait remarquer qu'il ne suppose pas des hommes tels qu'ils devraient être, bons, généreux, désintéressés; mais tels qu'ils sont, injustes, avides et préférant leur intérêt à tout. Il ne leur demande qu'une chose : assez de raison pour voir ce qui leur est utile. Ses arguments s'appuient tous sur l'arithmétique.

Ce qui distingue surtout le projet de l'abbé de Saint-Pierre, c'est son caractère positif, intéressé, mercantile. Les mots *bienfesance* et *nuisance*, qui s'y trouvent répétés, pourraient se traduire par profits et pertes. Aussi ne s'explique-t-on pas que le cardinal de Fleury ait parlé de « missionnaires pour toucher les cœurs des princes, quand l'auteur lui présenta son livre : c'était des hommes d'affaires, qu'il eût fallu envoyer chercher des actionnaires pour cette entreprise commerciale.

[1] Voir *l'Abbé de Saint-Pierre,* par M. de Molinari.

IV. — KANT.

Kant est le métaphysicien de la paix perpétuelle. Il en établit la possibilité ; il constate le droit et le devoir qu'ont les États de l'exiger et de la promouvoir. Il indique quelques moyens pratiques de la réaliser, tels que la persuasion, la contrainte, mais en comptant principalement sur le lent et infaillible travail de la Providence. Il marque les conditions préalables de cette paix, comme l'abstention des violences provocatrices ; les conditions essentielles, comme la constitution républicaine de chaque peuple, et la réunion de toutes les républiques en une vaste confédération. Ses devanciers n'avaient guère fait que le code positif de la paix ; il en a écrit, lui, le code philosophique.

Publié en 1795, son projet se divise en deux sections, avec deux suppléments et deux appendices. La première section pose les articles préliminaires de la paix ; la deuxième, les articles définitifs. Les suppléments traitent des garanties de la paix, et les appendices, de sa possibilité.

Malgré cette disposition singulière et tourmentée de son esquisse, malgré l'obscurité de certaines expressions qui traduisent mal l'idée, Kant frappe et ravit l'esprit du lecteur par le ton magistral de son style, la largeur de ses vues, la hauteur souvent sublime de ses pensées.

Après avoir assuré que le gouvernement n'avait rien à craindre d'un faiseur de théories pour lequel l'homme politique professe autant de dédain qu'il a de complaisance pour lui-même, Kant énumère ce qu'il appelle les articles préliminaires d'une paix perpétuelle entre les nations. Jamais de traité ambigu qui laisse subsister un danger de guerre... éviter de livrer les États indépendants, comme une marchandise dont on trafique .. abolir les armées permanentes, supprimer les emprunts qui sont souvent une ressource pour la guerre... ne pas s'ingérer de force dans le gouvernement d'un autre État.. éviter les violences, les guerres à outrance qui ne permettraient de conclure la paix que dans « le vaste cimetière de l'humanité ».

Viennent ensuite les articles définitifs de la paix, au nombre

de trois. Ce sont les conditions essentielles de la paix perpétuelle.
D'abord la constitution de chaque État sera républicaine. C'est
celle qui offre le plus de garantie pour la paix. Dans une république en effet, chacun décide si l'on fera la guerre ou non. Or,
on hésitera certainement à s'exposer en personne à toutes les
calamités, à la ruine, à la mort... tandis qu'un prince, qui ne
fait pas le moindre sacrifice de ses jouissances, décide la
guerre comme une partie de plaisir. »

Une fois constitués en républiques, les États formeront une
fédération. C'est leur droit et leur devoir. « Chaque peuple,
comme chaque individu, peut et doit exiger, même par la force[1],
d'un autre avec lequel il vit dans l'état de nature, qu'il forme
avec lui une société garantissant à chacun son droit. »

Si les sauvages de l'Amérique nous inspirent de la répugnance
et de la pitié, parce qu'ils préfèrent les combats perpétuels d'une
liberté déréglée à la tranquillité d'une liberté bien ordonnée, à
plus forte raison les peuples civilisés doivent-ils sortir d'un ordre
de choses ignominieux, au lieu de faire consister leur honneur
à demeurer dans une sauvage indépendance... Le champ de
bataille ne saurait être un tribunal... la victoire, en faisant gagner le procès, ne fait pas gagner la cause[2]. Les traités passagers
ne suffisent pas pour tirer de l'état de guerre et de nature les
nations... Du haut du tribunal suprême du pouvoir moralement
législatif, la raison condamne sans exception la guerre, comme
voie de droit... elle fait un devoir immédiat de l'état de paix...
Les États n'ont pas le droit naturel de se faire la guerre en se
dévorant... ils doivent former un état de nations qui embrasse
insensiblement tous les peuples de la terre. »

Le troisième article définitif consacre le droit « cosmopolitique » en revendiquant pour chacun, le privilége de faire
partie de la société universelle des hommes, et de devenir
citoyen du monde.

Quelle est la garantie de la paix perpétuelle ? C'est la nature

[1] Kant répète vingt fois dans le projet de paix, que le droit d'association
pour les individus et de fédération pour les États, est exigible par la force.
Voir pag. 260, 266, etc.

[2] « Vaincre n'est pas convaincre. » (V. Hugo, *les Misérables*.)

elle-même, ou la Providence, qui mène tôt ou tard les êtres à leur fin. Il n'est pas nécessaire que les hommes soient des anges, pour qu'on puisse les soumettre à la forme sublime d'une constitution républicaine, gage infaillible de paix... Seraient-ils des démons, qu'on pourrait encore les y amener par la raison... Il n'y a pas de réforme morale à opérer préalablement en eux. Ce n'est pas le cœur qui doit faire la constitution politique, c'est l'esprit. La constitution amènera ensuite la réforme morale.

Une autre garantie de la paix serait que les politiques voulussent entendre et suivre les conseils des philosophes. La philosophie ne doit pas être reléguée au dernier rang comme une servante. Aussi bien la servante ne porte pas toujours la traîne de sa maîtresse, mais elle marche devant parfois en tenant le flambeau.

Que l'homme politique n'objecte pas l'impossibilité prétendue de réaliser, en pratique, cette paix perpétuelle dont il reconnaît, avec le philosophe, la possibilité en théorie. Si l'homme d'État se croit impuissant à la procurer avec ses moyens mécaniques et ses procédés imparfaits, il en est d'autres que les siens. La morale vaut bien la politique empirique, qui doit toujours plier le genou devant elle... C'est la morale qui, en préparant le règne de la justice, rend possible le problème de la paix. « Cette paix n'est pas une chimère, et ce problème est un de ceux dont le temps, vraisemblablement abrégé par la marche de l'esprit humain, nous promet la solution. »

V. — AUTRES AUTEURS DE PROJETS.

Sully, Lacroix, l'abbé de Saint-Pierre et Kant sont loin d'avoir partagé seuls, pendant deux siècles, les intentions pacifiques de Grotius. Sans parler de William Penn qui, dès l'année 1593, exposait, dans une lettre à Henri IV, l'idée d'une pacification générale, basée sur un système de juridiction commune, [1] je pourrais citer une foule de noms qui ne sont pas tous sans célébrité.

[1] BOUVET, *le Droit public européen*, p. 206.

En 1624, pendant la rédaction du *de Jure*, Nemmayr publiait à Jéna un projet de paix [1]. Il proposait l'entrevue ou le congrès, comme remède à la guerre, et se faisait l'écho des aspirations antiguerrières de ses contemporains. En 1644, un anonyme adjure « les chrétiens » de licencier leurs armées, et de recourir à la médiation pour terminer leurs querelles.

Un peu plus tard, en 1650, un orateur qui s'intitule *ange de paix* [2] fait remarquer aux rois, dans un discours pathétique, que c'est mauvais signe pour eux, que les monarchies soient en guerre, pendant que les républiques jouissent de la paix.

C'est encore Leibnitz, qui rêve une fédération européenne sur le plan du moyen âge, avec le pape et l'empereur au sommet.

Des juristes comme Martens, Burlamaqui, Pinheiro, tracent le plan d'une république universelle de nations et demandent une confédération. Fichte approuve le projet de paix de Kant. Bentham, citant comme exemple la confédération américaine, la diète germanique, la ligue suisse, et prenant pour but l'utilité générale, réclame l'établissement d'un tribunal arbitral pour la décision des litiges internationaux.

Tels sont les principaux représentants de l'idée de paix jusqu'au xixe siècle. Comment parler de tous ceux qui, dans les derniers temps, ont voulu concourir à la pacification du monde ?

L'Europe, si longtemps ébranlée par les guerres de la république et de l'empire, a cherché avec ardeur les moyens de sauvegarder à l'avenir son repos. Non-seulement de simples publicistes, comme Gondon d'Ossone, Saint-Simon, Fourrier, Bouvet, Pecqueur, Larroque, Fr. Passy, etc., mais des princes, mais des conquérants même, ont rêvé la suppression de la guerre.

Pendant que Napoléon voulait faire la conquête morale de l'Europe, comme il l'avait faite par les armes; pendant qu'il songeait à la réduction des armées permanentes, à une fédération européenne, à un institut européen, à l'application, dans des États unis d'Europe, du congrès américain ou des amphic-

[1] *Von Friedes handlüngen*, etc.
[2] *Angelus pacis*, p. 77.

tions de la Grèce, le mystique empereur de Russie était souvent, dans ses nuits d'insomnie et de prière, poursuivi du désir d'établir un congrès des nations et de substituer l'arbitrage aux batailles. Il écoutait l'abbé Piatoli, s'inspirait de l'Évangile, et combinait la sainte alliance.

Aujourd'hui les apôtres de la paix se sont faits légion. Ils ont cherché la force dans l'union. C'est en 1815 que se fonde la première société des amis de la paix. L'année suivante, une autre est établie à Londres. Ces sociétés voient surgir autour d'elles une foule d'émules et se livrent à une active propagande. En 1843, elles tiennent un premier congrès à Londres. Plusieurs autres se réunissent à Bruxelles, à Paris, à Francfort, etc. L'un de ces congrès, tenu à Londres en 1851, adjure les gouvernements de recourir à l'arbitrage en cas de conflit, de diminuer leurs armements;... il fait un devoir aux instituteurs de la jeunesse, aux écrivains, aux publicistes, d'employer leur influence à déraciner du cœur des hommes les haines héréditaires, les jalousies politiques et commerciales, à propager les principes de paix, à préparer l'opinion pour un nouveau droit international. C'est là le programme des sociétés de paix de Hollande, d'Amérique, de Londres, de Paris...

§ III. — LA PACIFICATION.

Or, la preuve que tous ces progrès, poursuivis dans l'ordre des idées par les amis de la paix, ne sont pas de pures rêveries métaphysiques, c'est que les hommes d'État les adoptent, et que les gouvernements commencent à les réaliser.

Dans de solennelles assemblées politiques, des hommes graves, des princes [1] qui ne sont certes ni des idéologues ni des utopistes, proposent l'adoption de congrès européens, de tribunaux d'arbitrage, de code international, de confédération. Comme autrefois ceux d'Osnabruck, de Munster et de Vienne, les plénipotentiaires réunis à Paris en 1856, exprimèrent le vœu que les États, avant d'en venir aux armes, aient recours à la mé-

[1] Napoléon III à l'ouverture de la session de 1863.

diation d'une puissance amie. Depuis ce temps, une dizaine de traités particuliers conclus entre diverses puissances, expriment formellement la clause que les différends seront soumis à l'arbitrage, et non vidés par les voies de la force [1].

Dans l'espace de quelques années, on a pu trouver, sans épuiser la liste, une trentaine de cas où l'arbitrage a terminé heureusement des litiges internationaux. C'est le président de la République française qui, dans le cas le plus récent, fut choisi pour arbitre entre l'Angleterre et les États-Unis [2].

Entre les États indépendants, la médiation n'est qu'un procédé accidentel et sans garantie de durée. Mais il est des pays où le tribunal arbitral est une institution définitive qui fonctionne avec la plus parfaite régularité. Tels sont la Suisse, les États-Unis, la confédération germanique. Là, les alliés ne se font la guerre sous aucun prétexte. Ils soumettent leurs différends à la diète, au lieu de les dirimer par la force des armes. On essaie d'abord la voie de la médiation. Si ce moyen ne réussit pas, et qu'une sentence juridique devienne nécessaire, il y est pourvu par un jugement auquel les parties adverses se soumettent sans appel.

Quand une constitution semblable aura été acceptée par les nations, quand il y aura des États-Unis d'Europe, et même du monde, quand on aura de nouveau réalisé de progrès que connaissait la Grèce il y a trente-trois siècles, alors le règne de la guerre sera fini, et celui de la paix commencera.

Ce ne sera certes pas la paix absolue, puisque ce monde ne peut la posséder; mais ce sera une paix analogue à celle qui règne actuellement dans le sein des États. La justice aura succédé à la violence, le débat au combat, le tribunal au champ de bataille, la raison à l'animalité, la civilisation à la sauvagerie.

Or, c'est là l'unique paix que réclament ceux qu'on se plaît à nommer des utopistes. Utopistes! comme si l'utopie n'était pas un rêve irréalisable, tandis que la suppression de la guerre par l'arbitrage, la médiation, la confédération, est déjà un fait his-

[1] Traités entre la Belgique et le Hanovre, la Suisse et l'Italie, etc.
[2] H. BELLAIRE, *Etud. histor. sur les arbitrages.*

torique! Les vrais utopistes sont ceux qui, rebelles à l'idée de progrès et niant le mouvement quand on marche devant eux, rêvent et prophétisent pour l'avenir les mœurs du temps présent, l'immobilité dans le crime, l'éternité de la guerre.

Puisque l'on a réprimé les guerres privées par les trêves de Dieu, puisque l'on a remplacé les ordalies par des procédures régulières, puisque les duels illégaux ont cédé devant les édits sévères de S. Louis, de Henri IV et de Richelieu, pourquoi donc les duels internationaux seraient-ils éternels? Pourquoi l'Europe, qu'a préparée jadis l'unité politique, n'accepterait-elle pas l'unité morale d'une confédération?

Si les hommes refusent d'accomplir cette œuvre, ou s'ils se trouvent impuissants, elle ne s'en produira pas moins. La Providence s'en chargera : *Fata volentem ducunt, nolentem trahunt.*

RÉSUMÉ ET CONCLUSION

SOUS FORME DE PROPOSITIONS

I

Le plan du *de Jure* est assez logique. Les critiques de Barbeyrac et de tous ceux qui regardent le livre de Grotius comme un traité de droit naturel et des gens, sont mal fondées. L'auteur a voulu s'occuper de la guerre. Or, dans un traité de ce genre, il n'est pas mal de prouver, comme l'a fait Grotius, « la possibilité d'une guerre juste ; de chercher ensuite quelle est la guerre juste ; de déterminer enfin ce qu'il y a de juste dans la guerre ». Seulement le juriste s'étend trop longuement sur les droits privés, qui sont plutôt matières à procès que sujets de guerre. Il ne s'agissait pas de rédiger un code civil.

II

C'est à tort que Grotius prétend avoir suivi la métho tique. L'éclectisme demande de l'érudition et de l'indépendance. Grotius est érudit, mais pas assez indépendant. Il se laisse dominer et fasciner par les faits, séduire par les autorités qu'il invoque. Républicain, il loue la monarchie absolue, parce qu'il reçoit une pension de Louis XIII. Ami de la paix, on le prendrait pour un partisan outré de la guerre, à l'entendre exposer les effrayantes théories qu'il emprunte à l'histoire. En négligeant les concepts *a priori* de la raison, pour ne fonder le droit que sur des faits et dits, il tombe dans l'empirisme et dans de flagrantes contradictions.

Les divisions presque infinitésimales que Grotius introduit parfois dans son sujet, et la disposition de ses thèses rappellent la scolastique. Il a une méthode de transition entre la scolastique et la renaissance.

III

Le *de Jure* n'est pas une composition littéraire. C'est plutôt une compilation, une juxta-position de textes étrangers. Grotius cite pour le fond et pour la forme. Il ressemble à Hérile de La Bruyère. Il paie tribut au goût érudit de son siècle. La satisfaction qu'éprouve le savant à la vue de ses thèses, n'a pas d'équivalent pour le littérateur. Les qualités principales du style sont : la fermeté et la concision ; les défauts : la sécheresse et l'obscurité.

IV

Quoi que disent Felden et Osiander, Grotius n'a pas trop mal défini la guerre : *Status per vim certantium*. La guerre étant un phénomène bilatéral, il était difficile d'en apprécier la justice par un seul jugement. Il faut la réduire à son élément simple : la force, afin de pouvoir définir la guerre juste : *la force mise au service du droit*.

V

Contre les objections de Carnéade basées sur la diversité des lois, l'impossibilité de discerner le juste de l'injuste etc., Grotius prouve victorieusement l'existence du droit par l'analyse de la nature raisonnable et sociale, et par les heureux effets qu'il produit dans la société et dans l'individu. Mais, à côté de ces preuves appuyées sur l'expérience et le principe de causalité, il manque la preuve ontologique.

VI

En définissant le droit en général : la règle des actions morales, Grotius ne l'a pas assez distingué de la morale. Kant, après Thomasius, Winkler et Bolognet, a mieux séparé les deux sphères.

VII

La définition du droit naturel donnée par le *de Jure*, est bonne, quoique Felden et Bæcler la trouvent obscure. Grotius ne s'élève pas jusqu'à la conception augustinienne et ontologique du droit, mais il se garde de donner le nom de droit, comme l'ont fait certains juristes, à des lois purement physiques ou a des instincts animaux. Aux yeux de Grotius, la morale n'est pas toujours obligatoire. C'est la différence qu'il y a entre lui et Kant, lequel proclame comme également obligatoires les devoirs de droit et les devoirs de morale, sans que ces derniers toutefois soient exigibles extérieurement et par contrainte, comme les premiers. D'après le *de Jure*, le fondement de l'obligation n'est pas la volonté de Dieu, mais l'essence même du bien qui s'impose. Le droit grotien n'a rien de divin : il n'est que relatif, contingent et semblable aux ombres de la caverne de Platon.

VIII

Par son origine, ses caractères, son étendue, son objet, son obligation, le droit des gens positif se distingue du droit des gens naturel, plus encore que celui-ci ne se distingue du droit naturel universel. La manière dont Grotius a compris le droit des gens, lui donne la supériorité sur les juristes romains et sur Pufendorf, etc.

IX

La guerre étant, d'après Cicéron, un procédé bestial, comment ce qui est propre aux bêtes peut-il n'être pas contraire à la nature humaine, à la droite raison, au droit naturel ? Réponse : Il n'est pas contraire au droit naturel, à la raison, de mettre la force au service de la justice ; mais ce qui leur est contraire, c'est de recourir au procédé bestial pour vider un différend, quand le procédé raisonnable peut suffire ; c'est de lutter pour l'iniquité ; de faire que la force prime le droit ; de régulariser la guerre de façon à en faire une sorte de duel judiciaire, d'ordalie, etc. Dans ces conditions, la guerre est un crime de lèse-humanité, de lèse-raison.

X

Grotius a eu tort de déclarer sans distinction, que la guerre n'est pas opposée à la nature sociale (*natura socialis*). Il y a deux états chronologiquement différents, dans lesquels on peut considérer la nature sociale : premièrement, l'état qui précède l'établissement de la société ; deuxièmement, l'état qui le suit. Or, quoi que disent Hobbes et Kant, dans le premier état, la nature humaine sociale ou plutôt *sociable*, n'appelle pas nécessairement la guerre, puisque, au contraire, étant *sociable*, elle demande l'établissement d'une société paisible. L'homme n'est pas naturellement un *loup* pour l'homme. La nature humaine n'a pas de faculté spéciale qu'on doive appeler *bellicosité* ou *combattivité*. Si la guerre se produit souvent dans l'état de non-société qu'on appelle bien à tort l'*état de nature*, elle ne doit être néanmoins considérée que comme un accident. Il n'est pas contraire à la nature *sociable* de mettre la force au service de la justice, ou même de faire la guerre pour amener l'*état social*. Mais il lui serait essentiellement contraire de mettre la force au service de l'injustice, de régulariser le recours à la violence au point d'éterniser la guerre et d'ajourner à jamais l'établissement de la société ; car ce serait priver cette nature *sociable* du complément qu'elle réclame.

Quant à l'état de société, si on le conçoit *a priori* comme un état parfait de paix, où règne la tranquillité de l'ordre, où chacun trouve la satisfaction de son penchant à l'association, il est clair que ce concept si pur rejette toute idée de sang, de trouble, de guerre...

Mais si l'on descend dans le monde des faits, si l'on tient compte des mauvaises passions qui rendent impossible la réalisation du type idéal de la société ; si l'on se rappelle que l'un des buts de l'association est de pouvoir mettre une force invincible au service des droits de chacun, on avouera que la guerre n'est pas incompatible avec cet état social.

Ainsi, n'est pas contraire à la société civile la guerre que font les gendarmes aux voleurs. Ainsi encore, ne serait pas contraire à la société des nations, si elle existait, la guerre que feraient les armées de la confédération à une nation injuste. Mais, est contraire à la société civile la guerre privée faite au mépris des tribunaux. Est contraire également à la *nature sociable* des nations la guerre que se font les peuples, sous le nom de *guerre dans les formes*.

XI

Ni le droit humain, ni le droit divin n'interdisent absolument la guerre privée. Grotius a raison contre Erasme et les pacifiques exagérés.

XII

La guerre publique n'est pas plus interdite que la guerre privée. Mais Grotius a tort de traiter trop légèrement les aspirations pacifiques des prophètes et des Pères de l'Eglise. Une paix entre les Etats, analogue à celle qui existe entre les particuliers, n'est pas une *utopie*.

XIII

La guerre *mixte* faite par l'Etat aux malfaiteurs et aux révoltés est légale et légitime. Mais Grotius se trompe en s'appuyant sur l'Ecriture sainte, pour refuser au peuple le droit de résister au pouvoir. Sa partialité évidente lui fait rejeter, quand elles lui sont contraires, les opinions des hommes dont il accepte le témoignage, quand ce témoignage lui est favorable.

Sous le rapport du droit humain, Grotius se montre plus libéral, et il reconnaît aux peuples les droits de résistance stipulés dans les constitutions.

XIV

En dernière analyse, la cause suprême justificative de la guerre est le *droit violé*. Les causes justificatives de la guerre privée, de la guerre mixte, de la guerre publique, ne sont que les droits privés des particuliers, les droits publics des États, ou les droits respectifs des sujets et des princes.

XV

Il est permis de défendre par la force sa vie, ses membres, l'honneur, la pudeur. Grotius a raison contre les moralistes trop sévères qui défendent de tuer le brigand. Quant aux biens extérieurs, il faut distinguer des choses nécessaires et indispensables, qui constituent comme un *moi* extérieur, les biens superflus. Si le droit positif autorise à défendre ces derniers par la violence, il n'est pas aussi sûr que la raison et l'Evangile le permettent.

XVI

Grotius fait de la propriété l'ouvrage de la loi ou de la volonté des premiers hommes. Il fallait distinguer une propriété qui est de droit naturel : celle des choses indispensables à la vie, et une propriété artificielle : celle du superflu. La dernière seule est l'ouvrage de la loi, et peut être modifiée et remaniée au gré des intéressés.

Les raisons par lesquelles on essaie de prouver que la mer ne saurait être possédée comme la terre, sont sans valeur.

Il est faux que les parents aient, comme le veut Grotius, droit de propriété absolue sur leurs enfants. Il est faux que l'homme puisse se soumettre à une servitude complète en abdiquant sa personnalité et en se suicidant moralement.

XVII

L'Etat a, comme l'individu, ses biens particuliers, qu'il peut défendre. Il a même le droit d'intervenir en faveur d'un voisin, en vertu des principes de la fraternité internationale. Grotius a exagéré la personnalité et l'indépendance des peuples. Il a négligé de parler de la sociabilité des Etats. Il est faux que l'Etat puisse s'imposer une servitude parfaite, et que cette servitude soit éternelle.

XVIII

Grotius a bien défini l'essence de la souveraineté : elle comprend les pouvoirs législatif, administratif, judiciaire ; elle est la volonté collective du peuple, supérieure aux volontés individuelles. En indiquant comme mesure des droits de la souveraineté la volonté de ceux qui se réunissent, il a donné un excellent moyen de les reconnaître. Il suffit en effet de consulter les constitutions.

XIX

Le *de Jure* donne au droit de punir les fondements que les philosophes ont regardés comme les plus solides, savoir : l'expiation, le droit de défense, la triple utilité du coupable, du lésé et de la société. L'auteur n'a pas demandé l'abolition de la peine de mort, comme Beccaria, mais, dans son extrême délicatesse de chrétien, il conseille d'éviter les fonctions de juge criminel.

XX

Il est faux que l'Etat tout entier ne puisse être le sujet propre de la souveraineté. Dans les petites républiques, en effet, on peut dire que c'est le peuple qui se gouverne. Grotius confond la souveraineté avec le gouvernement, deux choses très-distinctes. La souveraineté réside essentiellement dans le peuple. Le gouvernement peut être délégué à une ou à plusieurs personnes, mais la souveraineté ne se délègue pas. Le peuple ne saurait s'en dépouiller comme d'un manteau, pas plus que l'individu ne peut se dépouiller de sa personnalité. Grotius a formulé les erreurs les plus monstrueuses sur les droits prétendus du monarque absolu. Il est faux qu'un tel prince puisse être substitué à l'Etat, aliéner les hommes comme des choses, sacrifier l'intérêt commun à son propre intérêt, et faire passer ses crimes pour des actes méritoires.

XXI

Grotius sacrifie les peuples aux rois absolus. Mais, à côté du code étrange et insensé de l'absolutisme, le philosophe a posé ce principe de haute politique : les droits des peuples à l'égard des princes dépendent de la volonté des peuples.

XXII

Les lois de la guerre, d'après le droit des gens positif et la doctrine des *tempéraments*, forment le plus frappant contraste. C'est la barbarie légale en face de la charité évangélique. Dans la guerre de 1870-71, d'après le droit grotien, tous les Français, sans distinction d'âge ni de sexe, auraient pu être massacrés ou réduits à un esclavage éternel. Les propriétés publiques et particulières seraient tombées au pouvoir des vainqueurs. La France aurait été rayée du nombre des nations, ou serait devenue un vaste *ergastulum*. Voilà à quels excès est conduit Grotius, par son étrange manie de rechercher dans l'histoire les actes criminels des hommes de guerre, et de donner ces actes comme licites, parce qu'ils sont demeurés impunis. Il ne peut trouver qu'une excuse : c'est d'avoir voulu, peut-être, inspirer l'horreur de la guerre.

XXIII

En revanche, les *tempéraments* respirent la douceur la plus exquise, l'humanité, la charité. Là, Grotius réfrène et dompte le monstre qu'il a déchaîné. Il réprime la guerre avant de chercher à la supprimer.

XXIV

Il est possible, en effet, de remédier à la guerre et de la supprimer. S'il y a des prophètes de mauvais augure qui annoncent l'éternité de la guerre, ou des pharisiens qui passent à côté du genre humain en proie au fléau, sans essayer de le guérir, il y a des hommes qui n'ont pas désespéré du grand malade. Grotius est de ceux-là. A ses yeux, la guerre n'est pas éternelle de sa nature. Seulement, il faut s'entendre. Il ne s'agit pas de la guerre que se livrent les êtres inférieurs, ni de l'antagonisme en général qui existe entre les hommes, mais il s'agit uniquement de l'*antagonisme sanglant*, du *combat comme moyen de vider un litige*, de la *guerre judiciaire*. Or, cette guerre-là peut et doit disparaître du droit des gens, tout comme le duel judiciaire a disparu du droit civil. Si les individus ont renoncé aux guerres privées, pourquoi les peuples ne renonce-raient-ils pas à leurs guerres publiques, aussi insensées et aussi barbares que les duels du moyen âge ?

Ce n'est pas Dieu non plus qui veut éterniser la guerre comme châtiment. Il a bien d'autres fléaux sous la main. Le *Deus Sabaoth*, ou des armées célestes, est un Dieu de paix.

XXV

Du reste, les remèdes sont connus, et ils ont déjà été expérimentés avec succès. Un premier remède préventif, c'est la conférence ou le congrès. Les ennemis n'ont qu'à commencer par où ils finissent d'ordinaire.

XXVI

Un autre remède, c'est la médiation ou l'arbitrage, dont l'histoire fait constater l'efficacité. Grotius a, lui aussi, son projet de paix perpétuelle. Ce qu'il veut, ce n'est pas la paix absolue, la suppression de tout recours à la force, mais la *cessation de la lutte sanglante comme procédé judiciaire*. Avant Kant, il fait un devoir aux chrétiens de s'allier entre eux, et d'établir, pour juger les différends des États, *un tribunal suprême*. La confédération qui créerait au-dessus des peuples réunis une autorité supérieure jugeant en dernier ressort, n'est pas une rêverie utopique. L'unité politique même n'est pas une absurdité. On sait comment se forment et se brisent les unités nationales et les grands empires. Le patriotisme est plutôt expansif qu'exclusif. Le nombre des patries et des nations de l'Europe n'est pas irréductible. L'unité a été réalisée déjà. Elle a maintenant un type dans l'unité religieuse. Aussi bien, la confédération désirée par Grotius ne supprime ni les patries ni les patriotismes.

XXVII

A défaut des précédents moyens, le sort serait préférable aux batailles pour régler les différends. Du reste, les combats ne sont guère que des jeux de hasard. Et s'il faut absolument verser du sang, mieux vaudraient le duel ou la lutte entre un petit nombre de champions que des immolations d'armées.

XXVIII

Quant aux remèdes moraux proposés par Grotius : la prudence, la bonne foi, la charité, ils ne sont certes pas les moins efficaces. Mais la prudence est poussée trop loin par l'auteur du *de Jure*, et elle devient de la pusillanimité et de la lâcheté.

XXIX

Les admirateurs de Grotius : Barbeyrac, Pufendorf, de Burigny, Vico, Hallam, Cauchy, Laferrière, exaltent son génie. M. Pradier Fodéré le compare à Galilée et à Descartes. Grotius lui-même a l'air de croire qu'il n'y avait rien ou peu de chose avant lui sur le droit de la guerre, le droit naturel, le droit international, le droit public, etc. Or, sur aucun de ces points, l'originalité de Grotius n'est aussi remarquable qu'on le prétend généralement. Il faut en dire autant de l'influence par lui exercée.

XXX

Avant Grotius, on peut compter une quinzaine de traités spéciaux sur le droit de la guerre. Les principaux sont ceux de Gentilis et d'Ayala, dont Grotius a tiré un très grand parti. Il existait en outre un grand nombre de travaux sur le même sujet dans des études sur le droit naturel, le droit des gens, la morale, etc. Toutes ces sources contiennent les éléments de la doctrine du *de Jure*.

XXXI

Depuis Grotius, on a compris l'illégitimité de la guerre dans les formes, au point de vue du droit naturel. Des progrès notables se sont réalisés dans la pratique de la guerre, et manifestés principalement dans la manière de traiter les prisonniers. Il suffit de rappeler la convention de Genève.

XXXII

Grotius n'est pas, comme on l'a dit, le père du droit naturel. Ce droit, Platon, Aristote, Cicéron, l'ont connu et décrit. Ce dernier même a distingué le droit naturel spécial aux hommes, du droit universel; et le droit, de la morale, en parlant de droit strict et de droit large. S. Thomas, Vasquez, Connan, Suarez, Molina, Lessius, Soto, Bolognet, prédécesseurs immédiats de Grotius, ont parfaitement défini le droit naturel, son objet propre, son idéal. Plusieurs ont vu la distinction kantienne du droit et de la morale. Parmi les protestants, Oldendorp, Hemming, Winkler, peuvent être regardés comme les prédécesseurs de Grotius. S'il ne les a pas connus tous, ils n'en ont pas moins le mérite d'avoir publié leurs ouvrages avant lui.

XXXlII

Peu de progrès ont été accomplis depuis Grotius dans la sphère du droit naturel. Pufendorf même est rétrograde en confondant absolument le droit et la morale, que Thomasius et Kant ont distingués. De l'aveu de Kaltenborn, les différentes écoles allemandes laissent beaucoup à désirer. En Angleterre, Hobbes, Selden, Bentham ne sont pas à la hauteur de Grotius. Les philosophes et juristes français : Montesquieu, Jouffroy, Portalis, etc., ont entrevu la réalité objective du droit supérieur et idéal.

XXXIV

Grotius n'est pas, comme on l'a dit, le père du droit des gens : ni du droit des gens naturel, ni du droit des gens positif. Il faut bien tenir compte, en effet, des amphictions, des panégyries, des congrès de la Grèce, du *jus gentium* romain ; des codes spéciaux, tels que le *Consulat* et le *Guidon de la mer* ; des traités érudits de Conrad Brunnus, de Lupus, etc. La philosophie du droit des gens se trouve dans les théologiens. Whéaton fait à Suarez l'honneur d'avoir le premier distingué le droit des gens positif du droit des gens naturel. Gentilis est regardé par Lampredi comme l'inspirateur et le maître de Grotius.

XXXV

Parmi les successeurs de Grotius, Pufendorf nie l'existence du droit positif international. Leibnitz admet ce droit en le subordonnant au droit naturel. Wolf et Vattel adoptent la théorie du *de Jure*. En somme, on peut remarquer trois tendances distinctes. Les uns, comme Martens, ne semblent tenir compte que du droit positif et des faits. D'autres, comme Mackintosh, n'ont égard qu'au droit des gens naturel. D'autres enfin, mieux inspirés : Heffter, Kant, Taulier, Portalis, etc., voudraient harmoniser les deux droits, en réalisant autant que possible dans la pratique, et en formulant dans les codes internationaux, les prescriptions naturelles du droit des gens philosophique.

XXXVI

Relativement au droit public, tout a été dit avant Grotius sur l'Etat, sa nature, son but, etc. Au xvi⁰ et au xvii⁰ siècle, deux partis se font remarquer par l'opposition de leurs principes sur les rapports du peuple et du souverain. Les uns sont partisans des rois : Barclai, Gentilis, Machiavel, etc. ; les autres sont pour le peuple : La Boétie, Seyssel, Buchanan, Languet, Mariana, etc. La théorie de la souveraineté du peuple était connue du temps de Grotius. Ses principaux et ses plus sûrs maîtres en politique auraient été S. Thomas et Suarez, chez lesquels se trouvent formulés les plus acceptables des principes de la constitution française de 1789, savoir : l'égalité naturelle, le droit de résistance à l'oppression, la souveraineté du peuple, etc.

XXXVII

Grotius mérite une place d'honneur parmi les *amants de la paix*. On distingue, en effet, les pacifiques et les pacificateurs. Les premiers sont les amants platoniques de la paix. Tels étaient Homère, Virgile, Horace, Voltaire, Lamartine, Platon, Cicéron, Sénèque, La Bruyère et Pascal. Les autres travaillent plus efficacement en faveur de la paix. Ils sont membres des sociétés de paix ; ils font dans les congrès politiques ou privés des motions tendant à l'établissement *de tribunaux internationaux, de confédérations* ; ils publient des projets de paix, dont l'idée fondamentale est de *substituer le débat au combat, pour la réglementation des litiges internationaux*. Grotius est un de ces pacificateurs, qu'il serait trop long de nommer. Il a paru après Sully et Emeric de Lacroix, mais avant l'abbé de Saint-Pierre, Rousseau, Bentham, Kant, etc.

Son projet, à peu près parfait en théorie, a commencé depuis longtemps déjà à se réaliser, et l'on peut suivre les progrès trop lents sans doute, mais incontestables, de la pacification.

XXXVIII

Depuis 1783, l'arbitrage a évité la guerre dans une trentaine de cas. Des nations se sont engagées par traités à recourir à ce moyen pacifique de vider leurs différends. Le tribunal international fonctionne dans les confédérations et les Etats-Unis actuellement existants. Il ne reste qu'à universaliser le système de l'*arbitrage*, ou celui plus parfait encore de la *confédération*. C'est vers ce progrès que marche, et marchera, même malgré elle, l'humanité.

TABLE

TROISIÈME PARTIE.

ESSAI CRITIQUE.

Vu et lu.

Lyon, le 25 mars 1875.

Le Doyen de la Faculté des Lettres,

G. A. HEINRICH.

Permis d'imprimer.

Lyon, le 29 mars 1875.

Le Recteur de l'Académie de Lyon,

DARESTE.

PARIS. — IMPRIMERIE JULES LE CLERE ET Cⁱᵉ, RUE CASSETTE, 29.

APPENDICES

A L'ÉTUDE SUR LE DROIT DE LA GUERRE DE GROTIUS.

I

La liste suivante servira à marquer la place du *de Jure* parmi les œuvres de Grotius, et à prouver la prodigieuse activité intellectuelle de cet homme extraordinaire.

1599 Poemata nonnulla, seu characteres Pontificis Romani, regis Gallorum, regis Hispaniæ, cardinalis Alberti Austriaci, reginæ Angliæ et Ordinum fœderatorum. Leyde, in-8.

1599 Martiani Capellæ Satyricon, seu de nuptiis Philologiæ et Mercurii libri duo, et de septem artibus liberalibus libri totidem, emendati et notis illustrati. Leyde, in-8.

1599 Stevini portuum investigandorum ratio, metaphraste H. Grotio. Leyde, in-4.

1600 Syntagma Aratæorum græce et latine cum notis. Leyde, in-4.

1601 Adamus exsul, tragœdia. Leyde.

1601 Poemata sacra. La Haye, in-4.

1601 Epistolæ ad Gallos. Leyde.

1608 Christus patiens, tragœdia. Leyde.

1609 Mare liberum, seu de jure quod Batavis competit ad indica commercia. Leyde, in-8.

1609 D. Baudii et H. Grotii epicediæ in Arminium.

1610 De antiquitate Reipublicæ Batavæ. Leyde, in-4.

1613 Ordinum Hollandiæ et Westfrisiæ pietas ab improbissimis multorum calumniis, præsertim vero a Sibrandi epistola, vindicata. Leyde, in-4.

1614 Bona fides Sibrandi. Leyde, in-4.

1614 Ordinum Hollandiæ decretum pro pace Ecclesiarum, munitum S. Scripturæ, conciliorum, Patrum, confessionum et theologorum testimoniis. Utrecht, in-4.

1614 Lucani Pharsalia cum notis. Lugd. Batavor.

1617 Poemata collecta et edita a Guillielmo Grotio. Leyde, in-8.

Ce recueil, publié par le frère de Grotius, contient: 1° trois livres intitulés *Silvæ*; 2° un livre d'élégies; 3° un autre sur des sujets divers; 4° des épigrammes; 5° une paraphrase en vers latins du titre Ier du second livre des *Instituts* de Justinien.

1617 Defensio fidei catholicæ de satisfactione Christi adversus F. Socinum. Leyde, in 8.

1622 Bewys van den vaeren Gottsdienst. La Haye, in-4.

1622 Joannis Stobæi florilegium , dicta poetarum continens, latino carmine redditum. Paris, in-4.

1622 Disquisitio an Pelagiana sint ea dogmata quæ nunc sub eo nomine traducuntur. Paris, in-8.

1622 Apologeticus eorum qui Hollandiæ, Westfrisiæ et vicinis quibusdam nationibus ex legibus præfuerunt ante mutationem anni 1618, quo ea referuntur quæ adversus H. Grotium et alios acta judicataque fuerunt. Paris, in-8.

1624 Silvæ sacræ et silvæ ad F. A. Thuanum. Paris, in-4.

1625 *De Jure belli ac pacis..... Paris, in*-4.

1626 Excerpta ex tragœdiis et comœdiis græcis, latinis versibus reddita. Paris, in-4.

1627 De veritate Religionis christianæ. Leyde, in-12.

1629 Obsidio Grollæ. Amsterdam, in-folio.

1630 Euripidis tragœdia Phœnissa, cum versione. Paris, in-8.

1631 Inleydinge tot hollandsche Rechtsgelehrstheyt. La Haye, in 4.

1635 Sophomphaneas. Amsterd. in-4°.

1636 De Cœnæ administratione ubi pastores non sunt. Amsterd. in-8.

1640 De absoluto reprobationis decreto. Amsterd. in-4.

1640 Commentatio ad loca quædam novi Testamenti quæ de Antichristo agunt aut agere putantur. Amst. in-8.

1640 Tacitus cum notis. Leyde, in-12.

1641 Annotationes in libros Evangeliorum et varia loca S. Scripturæ. Amst. in-folio.

1642 Annotata in Consultationem Cassandri de articulis Religionis inter Catholicos et Protestantes. Leyde, in-8.

1642 Animadversiones in Riveti animadversiones. Amst.

1642 Votum pro pace ecclesiastica. Amst. in-8.

1642 Via ad pacem ecclesiasticam. Amst. in-8.

1642 Florum sparsio ad jus Justinianum. Paris, in-4.

1642 De origine gentium Americanarum. Paris, in-8.

1642 Annotationes in Epistolam ad Philemonem. Amst. in-folio.

1643 De origine gentium Americanarum dissertatio altera. Paris, in-8.

1644 Annotationes in vetus Testamentum. Paris, 3 in-fol.

1644 Annotationes in novum Testamentum. Paris, 1 in-fol.

1647 De imperio summarum potestatum circa sacra.

1646 Philosophorum sententiæ de fato. Amsterd. in-12.

1652 Quædam hactenus inedita et ex belgice editis latine versa argumenti theologici, juridici et politici. Amst. in-12.

1655 Historia Gothorum, Vandalorum et Longobardorum. Amst.

1657 Annales et historiæ de rebus belgicis usque ad inducias anni 1609. Amst. in-folio. Cet ouvrage avait été commencé dès l'an 1614.

1697 Anthologia græca latinis versibus reddita. Utrecht, 3 vol. in-4.

1701 Parallelon rerum publicarum libri tres, de moribus ingenioque populorum Atheniensium, Romanorum et Batavorum. Harlem, 3 in-8.

Ce Parallèle, dans lequel l'auteur donne l'avantage à son pays, était écrit avant 1602.

On a encore de Grotius une foule d'autres petits opuscules dont la date est incertaine, et qui ont été réunis dans un des neuf volumes in-folio publiés sous le nom de l'auteur à Amsterdam, en 1679. Tels sont, par exemple, les traités intitulés :

Conciliatio dissidentium de re prædestinatoria,

Dissertatio an semper communicandum per Symbola,

Explicatio trium utilissimorum locorum N. Test. in quibus agitur de fide et operibus, etc., etc.

Ces neuf volumes, dans lesquels un des fils de Grotius croyait publier les OEuvres complètes de son père, ne renferment pas, tant s'en faut, toutes les productions de ce génie si laborieux et si fécond.

Quand un riche laboureur recueille son abondante moisson, on enlève les gerbes réunies en faisceau; mais il reste encore par les champs tant d'épis, que les glaneurs les plus diligents ne pourront jamais les ramasser tous.

En 1751, les jésuites de Paris possédaient une traduction en vers latins des *Suppliantes* d'Euripide, qui n'a jamais été publiée. Grotius lui-même fait allusion dans ses lettres à des travaux qui n'ont jamais été connus. Il mentionne, par exemple, un traité sur la liberté du commerce des neutres [1] et un portrait de Zénon [2]. Que renfermaient et que sont devenus tous ces

[1] Lettre 207, 2ᵉ recueil.
[2] Lettre 465, 2ᵉ recueil.

manuscrits faisant partie de la bibliothèque que la Reine de Suède paya a la veuve de son ministre 4,400 florins? .

Le recueil des lettres de Grotius, en 2 vol. in folio publiés à Amsterdam en 1687, en contient 2510. Quelques-unes se trouvent répétées [1], mais combien ont été oubliées! D'autres ont été données par Burmann (Sylloge epistolarum, t. II, p. 380-445).

En 1806 Meermann en publiait 91 nouvelles à Harlem. Stolker, quelques autres à Leyde en 1809. M. Geffroy en retrouvait encore de nouvelles dans un voyage en Suède en 1857.

La correspondance de Grotius était très-étendue et très-active. Toutes ses lettres connues jusqu'à présent sont si intéressantes au point de vue de l'histoire religieuse, politique et littéraire de son temps, que l'on ne saurait s'empêcher de déplorer la perte de celles qui ont été emportées comme les feuilles de la Sibylle, à tous les vents du ciel.

II

Voici maintenant le catalogue des principales éditions et versions du *de Jure*; des commentaires, des critiques et des différents travaux auxquels il a donné lieu.

La première édition, parue en mars 1525, fut rapidement épuisée. Dès le 29 août suivant, il ne restait plus que quelques exemplaires [2] chez le libraire Buon. Celui-ci préparait une seconde édition, quand la mort vint le frapper [3]. Après des lenteurs qui impatientèrent plus d'une fois Grotius, la deuxième édition parut enfin en 1631 chez Blaeu d'Amsterdam [4] Une troisième édition fut donnée quelque temps après avec des additions par le même Blaeu, chez lequel Grotius s'arrêta le 8 avril 1632 pour lui remettre ses notes.

Dans la suite, l'auteur, au lieu d'ajouter de nouvelles notes à chaque édition, se contenta de recueillir tout ce que ses lectures lui fournissaient de détails relatifs au *de Jure*. Ce recueil finit par atteindre des proportions telles que le livre devait en être augmenté de moitié [5]. Il enrichit l'édition de 1642, la dernière que vit Grotius, et que les suivantes reproduisirent.

En 1680, des notes de Gronovius parurent dans les éditions du *de Jure* faites en Allemagne, en Hollande et à Naples.

Quelques années seulement après sa mort, Grotius obtint un honneur que l'on n'accorda généralement aux anciens qu'après une longue suite de siècles.

En 1691, Becman, professeur de politique, d'histoire et de théologie à Francfort-sur-l'Oder, publia le *de Jure cum notis variorum*.

---

[1] Exemple : les numéros 452 et 455.
[2] Lettre 104.
[3] Lettre 185.
[4] Lettres 243, 252, 260 et 262.
[5] Lettre 471, 2e recueil.

En 1696 parurent simultanément deux éditions in-folio : l'une à Francfort, de Jean Tesma, professeur de droit ; l'autre à Utrecht, avec un commentaire perpétuel du chanoine Van der Muelen. Au rapport de Barbeyrac, ce commentaire était le plus étendu et le plus solide que l'on eût encore vu.

Mais je ne veux pas énumérer toutes les éditions du *de Jure*. En 1758 d'Ompteda [1] en comptait déjà 45. Voici seulement celles que l'on regarde comme les meilleures : cum notis Gronovii, Amstelodami 1700, 1701, 1702 et 1712 ; cum notis Gronovii et Barbeyracii, Amstel. 1719 et 1735, 2 vol. in-8° ; nouvelle édition par Tydemann, Utrecht, 1772 in 8° ; avec commentaire de Van der Muelen. Ultraj. 1696, 1700 et Amstel. 1704, 3 vol. in-folio ; avec commentaire de Cocceius, 1751, 5 vol. in-4 ; etc., etc.

Le *de Jure* fut traduit dans les principales langues de l'Europe : en suédois, par ordre de Gustave-Adolphe ; 3 fois en anglais, 2 fois en flamand. En tête d'une version allemande se voyait une longue préface de Thomasius sur l'histoire du droit naturel.

La première traduction française fut faite par de Courtin, envoyé extra-ordinaire de Suède près de Louis XIV ; la deuxième, par Dugour, en 1692. La troisième version, publiée par Barbeyrac en 1729, et arrivée dès 1768 à sa sixième édition, prouve le profond intérêt que l'on prenait alors à ces nobles études.

Enfin en 1867, M. Pradier a donné une traduction nouvelle du *de Jure*, en 3 vol. in-12. Paris, librairie Guillaumin.

Comme toutes les œuvres importantes, le *de Jure* provoqua des passions contraires et des jugements contradictoires. Il fut vivement admiré, mais aussi très-vivement attaqué. La critique, qui semble n'avoir pas osé braver Grotius de son vivant, n'épargna pas, après sa mort, son œuvre principale.

En 1653, un professeur de Helmstadt, Felden, publiait des « Annotata in H. Grotii librum *de jure belli ac pacis* [2], etc. » Ce prétentieux professeur s'était vanté de prouver qu'il n'y avait pas une page dans le livre de Grotius qui ne contînt des fautes grossières. Saumaise s'était fort réjoui de cette promesse. Après avoir été l'ami intime de Grotius, qu'il appelait « Supereminentissime », il lui était devenu hostile ; et le 20 novembre 1645, il écrivait de Leyde à Sarrau une lettre où perce trop évidemment sa jalousie, et où il s'ingénie à rabaisser les talents de son ancien ami.

Certes, le jaloux Saumaise eût été singulièrement déçu, et il eût subi de cruelles *tortures* en voyant la pauvreté et le néant des critiques de Felden. La mort lui épargna cette peine.

A part quelques remarques intéressantes sur la propriété, à laquelle il donne pour fondement la liberté humaine, tout en avouant qu'il faudrait, selon le droit naturel, diviser le monde en parties proportionnelles au nombre des habitants [3], le reste n'est qu'une répétition des théories de

[1] *Littérature du droit des gens.*
[2] Amst., 1653, in-18.
[3] P. 92.

Grotius, ou, comme dit Barbeyrac, l'exercice d'un péripatéticien qui se bat contre son ombre [1].

Malgré l'inanité de cette prétendue réfutation Graswinkel, compatriote, ami et parent de Grotius, qui avait copié pour l'imprimeur le manuscrit du *de Jure*, crut de son devoir de répondre à Felden en 1654 [2]. Sa défense n'est pas forte. Graswinkel n'était guère qu'un scribe et un compilateur. Il ne fit que lancer quelques traits sans blessures contre son adversaire. Celui-ci riposta en 1663 ; mais Graswinkel ne répondit pas, soit impuissance [3], soit dédain [4], ou défaut de loisir, comme le suppose Bayle, qui aimait à contempler ces joutes littéraires et à marquer les coups des champions.

En face des critiques hostiles, on vit un professeur d'histoire de l'université de Strasbourg se prendre d'une admiration outrée pour le *de Jure*. C'était Bœcler [5]. Son admiration allait jusqu'à l'enthousiasme. Apprenant que Pufendorf se préparait à composer son traité du droit de la nature et des gens, il écrivait à un certain baron de Boinebourg, cette lettre étrange : « Je vous le jure, illustre monsieur, personne, non, personne n'atteindra jamais sous ce rapport la perfection de Grotius. Son œuvre demeure et demeurera éternellement hors de toute comparaison. Quiconque essaiera de faire mieux, sera pour la postérité un sujet de risée. » Bœcler s'était laissé charmer par l'érudition de Grotius. A l'en croire, l'université de Strasbourg se partagea en deux camps. Lui et ses partisans reçurent le nom de *Grotiens*. Les autres avaient à leur tête un vieux juriste très-opposé à ce qu'il regardait comme des doctrines nouvelles. C'était un tenant du *Corpus juris*, de ce droit romain qui, disait-il, « a été inspiré du ciel, et dont pas une syllabe n'est opposée à la droite raison ».

En dehors de ces luttes passionnées qui s'engageaient autour de Grotius, et qui constituaient en droit une sorte de querelle des anciens et des modernes, le *de Jure* fut l'objet d'un grand nombre de travaux.

Voici quelques noms et quelques dates.

1663 Jani Klenckii institutiones juris naturalis ex methodo Hug. Grotii. Bergæ, in-12.

1666 Gasp. Ziegleri..... in H. Grotii de jure libros notæ et animadversiones subitariæ. Wittebergæ, in-8.

1671 Observationes in libros tres de jure belli ac pacis H. Grotii a Jo. Adam. Osiandro. Tubingæ, in-8.

Cet ouvrage commence par une curieuse vie de Grotius. Celui-ci est accusé d'avoir été romain, dans l'espoir d'être nommé cardinal ; arminien, photinien, socinien, et surtout, ce qu'il y a de plus déplorable, partisan de la paix religieuse [6].

---

[1] Préface de la traduction du *de Jure*, p. 8.
[2] *Structuræ ad censuram Jo. a Felden ad libros H. Grotii de jure belli*. Amst., 1654.
[3] Thomasius.
[4] Buddæus.
[5] *In Hug. Grotii jus belli ac pacis commentatio*. Argentorati. 1663.
[6] P. 28.

1673 Observationes politicæ et morales in H. Grotii librum de jure belli etc.

L'auteur, Henri Hemming, dut à ce travail l'honneur d'être envoyé comme ministre à la diète de Ratisbonne, par Frédéric Guillaume Ier de Prusse. Le *de Jure*, comme à Grotius, lui portait bonheur.

1694 Valentini Belthem... Introductio ad H. Grotii opus de jure belli ac pacis. Jenæ, in-8.

1694 Jus naturæ et gentium ex H. Grotii de bello ac pace opere, methodo erotematica, a Jo. Suicero. Tiguri, in-8.

1682 Jo. Georg. Kulpis. Collegium grotianum. Francf. in-4.

1719 Phil. Reinh. Vitriarii. J. C. Institutiones juris naturæ et gentium ad methodum H. Grotii. Lugd. Batav. in-8.

1744 Heineccii Jo. Prælectiones academicæ in Grotii de jure belli et pacis libros. Berolini.

1806 Pölitz. Commentatio de mutationibus quas systema juris naturæ et gentium a Grotii temporibus hucusque expertum fuerit. Wittemberg.

1848 Kaltenborn. Die Vorlaüfer des Hugo Grotius aüf dem Gebiete des Jus naturæ et gentium. Leipzig.

1850 Harstenstein. Darstellüng der Rechtsphilosophie des Hugo Grotius. Leipzig, in-4.

Je ne parlerai pas des études moins étendues faites par les historiens du droit de la nature et des gens, ni des jugements des philosophes ou des jurisconsultes. J'ajouterai seulement à ces catalogues si longs, qui marquent l'importance du *de Jure*, la liste des principales biographies de l'auteur.

Les voici par ordre de dates.

III

Life of H. Grotius par Barksdale. London 1652. in-12.

Vita Hugonis Grotii. Leyde 1704.

Vita H. Grotii. Lugd. Batav. 1704.

Vita H. Grotii. Francfort 1722. in-8. par Schudt.

H. Grotii Belgarum Phœnicis manes ab iniquis obtrectationibus vindicati, par Lehmann. Lips. 1727. 2 vol. in-12.

Leven van H. de Groot, Amsterd. 1771.

Historie van het leven de heeren H. de Groot, par Brandt. Dordrecht 1727. 2 vol.

Oratio de H. Grotio, par Seegar. Ultraj. 1785.

Dissertatio de vita H. Grotii, par Lundblad. 1796.

Leven van H. de Groot Amst. 1785, par Klinkmaker.

Laudatio H. Grotii par Cras. Amst. 1796.

Hugo Grotius nach seinen Schicksalen und Schriften Dargestellt. par
Luden. Berlin 1806. in-8.

Leven van H. de Groot, par Oudeman. Amst. 1824.

Luther und Grotius, par Creuzer. Heidelberg 1816.

Life of H. Grotius, par Butler. Lond. 1896.

Huig de Groot, par Vries. Amsterd. 1827.

Grotius papizans, par Laurentius, Amsterd. 1830.

H. Grotius Rückkehr zum Katholischen Glauben, aus dem hollan-
dischen des Broere, von Lûdvig Clarus. Trier 1871.

ERRATA

Page 7, ligne 7, *au lieu de* Hygni, *lisez* Hygin.
— 15, — 6, *au lieu de* contre, *lisez* entre.
— 30, — 4, *au lieu de* toucher Lutzen, *lisez* tomber à Lutzen.
— 45, note 1, *au lieu de* Rukkehr, *lisez* Rükkehr.
— — 5, *au lieu de* Patimiana, *lisez* Patiniana.
— 88, ligne 8, *au lieu de* guerre primitive, *lisez* guerre punitive.
— 107, — 5, *au lieu de* Simon, *lisez* Sinon.
— 121, — 11, *au lieu de* textes étranges, *lisez* textes étrangers.
— 123, — 18, *au lieu de* Labruyère, *lisez* La Bruyère.
— 128, — 29, *au lieu de* à instinct, *lisez* à un instinct.
— 140, — 15, *au lieu de* international; positif, *lisez* international
positif;
— 141, — 21, *au lieu de* un droit des gens, *lisez* en droit des gens.
— 169, — 27, *au lieu de* intinsèque, *lisez* intrinsèque.
— 170, note 1, *au lieu de* Donnat, *lisez* Domat.
— 197, ligne 11, *au lieu de* cinquième, *lisez* premier.
— 199, note 1, *au lieu de* titre de Bellus, *lisez* livre de Bellus.
— 210, ligne 9, *au lieu de* Loto, *lisez* Soto.
— 214, — 14, *au lieu de* Alles vas, *lisez* Alles was.
— 224, — 22, *au lieu de* Claude Seyssel, *lisez* Claude de Seyssel.
note 5, *au lieu de* Bruto cella, *lisez* Bruto celtà.
— 249, ligne 9, *au lieu de* entre l'Angleterre et les États-Unis, *lisez*
entre l'Angleterre et le Portugal.
— 251, — 13, *au lieu de* metho   tique, *lisez* méthode éclectique.
— 267, — 25, *au lieu de* 1870-1771, *lisez* 1870-1871.

PARIS. — IMPRIMERIE JULES LE CLERE ET Cie, RUE CASSETTE, 29.

IMPRIMERIE JULES LE CLERE ET Cie, RUE CASSETTE, 29.